한홍

다윗의 숨겨진 전설

다윗의
숨겨진
전 설

대왕 다윗의 잘 알려지지 않은 위대한 이야기

한 홍

규장

다윗의 마음으로 살아가기를

오래전, 제가 삼십 대 후반이었을 때 《남자는 인생으로 시를 쓴다》라는 제목으로 다윗의 인생에 관한 책을 낸 적이 있습니다. 다윗은 성경에서 드물게 십 대 시절부터 칠십 대까지 인생 전체가 파노라마처럼 자세히 소개된 사람입니다. 그의 인생은 한 가정을 책임지며 치열한 경쟁 사회를 살아가는 오늘날의 크리스천들이 겪는 모든 성공과 실패와 배신과 눈물과 고독을 다 종합해 놓은 것 같은 한 편의 드라마입니다.

남들은 한 분야에서만 뛰어나도 성공한 인생이라고 하는데, 그는 뮤지션이었고, 시인이었고, 장군이었고, 정치가로서 발군의 실력을 발휘한 놀라운 인물이었습니다. 하지만 보이지 않는 곳에서는 수많은 시련과 아픔 속에서 눈물로 하나님께 매달리지 않으면 살 수 없었던 여린 감정의 사람이기도 했습니다. 그 방대한 인생 스토리를 겨우 230페이지짜리 책으로 담아내기는 너무 부족하다는 생각을 그때도 많이 했습니다.

그런데 코로나 사태가 한창이던 2020년도 후반부터 제가 섬기는 새로운교회 주일 강단에서 다시 다윗의 이야기를 다루게 되었습니다. 같은 것을 보아도 어떤 눈으로 보는가에 따라서 보이는 게 다른 법이라고 하더니, 오십 대 중반을 훌쩍 뛰어넘은 제가 다시 만나게 된 다윗은 삼십 대 후반에 보았던 다윗이 아니었습니다. 사람들이 오십 대를 지천명(知天命)의 나이라고 하는 것은 그 나이가 되어서야 비로소 하늘의 뜻을 알게 되기 때문이라고 합니다. 크리스천의 시각으로 보면 그 나이가 되어서야 비로소 하나님의 마음을 조금 더 깊이 있게 이해하는, 영적 성숙함을 가지게 된다는 의미일 것입니다.

어느 정도 제삼자의 입장에서 바라보았던 다윗의 이야기를 중년 남자로서 치열한 삶의 현장에서 여러 경험을 거친 후에 보게 되니 훨씬 더 생생하게 받아들이게 되고 그를 이해하게 되었다고나 할까요. 전에는 아무 생각 없이 읽었던 다윗의 시들이, 인생의 힘든 광야를 지나면서 다시 펼쳐 보니 한 글자 한 글자 살아서 제 영혼을 울리곤 했습니다. 때로는 시편을 읽으며 그것이 다윗의 언어인지, 저의 언어인지 구별이 안 될 정도로 진한 감동이 솟구치곤 했습니다.

이 마음이 성도들에게도 전달되었는지, 다윗의 장구한 인생 이야기를 주일 강단에서 다루는 동안 코로나 시국 후반부의 두려움과 고통을 이겨낼 수 있었다는 간증이 차고 넘쳤습니다.

다윗의 이야기는 이미 주일학교 시절부터 들어와서 성도들에게 많이 알려져 있습니다. 그러나 또 의외로 자세히 알려지지 않은, 그러나 분명히 성경에 기록되어 있는 놀라운 이야기들도 많습니다. 저는 그런 이야기들을 중점적으로 다뤄보고 싶었습니다. 그래서 이 책의 제목을 《다윗의 숨겨진 전설》이라고 정하게 되었습니다. 이십여 년 전에 냈던 《남자는 인생으로 시를 쓴다》에서 자세히 다루지 못한, 그러나 우리가 반드시 알아야 할 영웅 다윗의 감동적인 스토리들을 그래도 그동안 조금은 더 영적으로 철이 든 목사의 손으로 소개하고자 합니다.

이 책이 치열한 이 땅을 사는 이 시대 모든 크리스천들에게 조금이나마 위로의 목소리가 되기를 바랍니다. 다윗을 통해 제가 느꼈던 감동이 독자들에게도 전해지기를 바랍니다.

또한 특별히 이 책이 이 땅의 중년 크리스천들에게 공감과 위로의 길잡이가 되기를 바랍니다. 저 같은 중년의 크리스천들은 이룬 것이 많아 보이고 사회에서 중추적인 역할을 감당하다 보니 강해 보이지만, 실은 여린 마음을 감추고 있는 이들이 많습니다. 대부분은 아직 연로한 부모님을 부양하며 한편으론 채 독립하지 못한 청년 세대 자녀들을 돌보면서 살아가는, 쉽지 않은 인생들입니다. 그렇다고 장차 그들로부터 우리 세대가 부모님을 향해 베풀었던 것 같은 부양은 받지 못할 것을 알면서도 말입니다.

꿀벌처럼 열심히 일하며 살아왔는데 사회에서는 조기 은퇴의 압박을 받고, 평균 수명은 늘어나서 은퇴 후의 제2의 인생은 어떻게 살아가야 할지도 고민입니다. 그러나 그들이 의연하게 자기 자리를 지켜주었기에 가정과 교회와 나라가 이만큼 서 있을 수 있는 것 아닐까요.

광야에서 하루하루 막막했지만 하루하루 눈물로 하나님께 매달렸던 다윗처럼, 그들이 다윗의 마음으로 살아가기를 바라며 이 책을 헌정하고 싶습니다.

2023년 가을

한 홍

프롤로그

KING DAVID'S
HIDDEN LEGEND

1

전설의
시 작

chapter 1

이새의 아들

사무엘상 16:1-13

사실 하나님이 처음 기름 부어 세우신 이스라엘의 왕은 다윗이 아니라 사울이었다. 그런데 사울이 중간에 타락하여 하나님께 불순종하는 리더가 되어버렸기에, 하나님께서는 그를 버리시고 어린 다윗을 기름 부어 세우셨다.

사무엘은 사울을 아들처럼 아끼며 그에게 큰 기대를 걸었었다. 그랬기에 사울의 실패는 분명 사무엘에게 큰 충격이고 아픔이었다. 그러나 하나님께서는 언제까지 과거의 실패에 붙들려서 오늘을 낙심 가운데 보낼 수 없다고 하신다.

여호와께서 사무엘에게 이르시되 내가 이미 사울을 버려 이스라엘 왕이 되지 못하게 하였거늘 네가 그를 위하여 언제까지 슬퍼하겠느냐 너는 뿔에 기름을 채워 가지고 가라 내가 너를 베들레헴 사람 이새에게로 보내리니 이는 내가 그의 아들 중에서 사람은 실패했어도 하나님의 비전은 계속되어야 한다. 이제 그만 툭툭 털고 일어나서 다시 시작하라고 하신다. 우리도 언제까지고 사람 때문에 받은 상처를 부여잡고 낙담하고 있어선 안 된다. 예수님의 이름으로 일어나 툭툭 털고 새로운 미래로 나아갈 준비를 해야 한다.

사람은 실패해도
하나님의 역사는 무너지지 않는다

하나님의 역사는 사람의 실패 때문에 무너지지 않는다. 하나님께서는 사무엘에게 '베들레헴 사람 이새의 아들 중에서 한 왕을 보았다'라고 말씀하셨다. 여기서 '보았다'란 말을 영어성경에서는 '내가 이미 선택해 놓았다'로 번역했다. 이 말에는 하나님께서 이미 오래전부터 그를 주목하며 보호하고 계셨다는 뜻도 포함된다. 하나님께서는 그 누구도 알지 못했던 새로운 왕을 예정해 놓으셨던 것이다.

왕을 뽑는 데 있어서, 하나님께서는 이스라엘의 첫 번째 왕인 사울에 이어 또 한번의 의외의 선택을 하신다. 사울은 이스라엘 열두 지파 중 가장 미약했던 베냐민 지파에서 나왔는데, 그를 대신할 새로운 왕도 유다 지파의 땅 중에서 극히 작은 도시인 베들레헴에서 나오게 된다. 하나님이 큰 도시가 아닌 작은 촌 동네 베들레헴에서 이스라엘의 다음 왕을 선택하셨다는 사실을 주목하라.

다윗은 예수님을 상징하는 인물이다. 훗날 예수 그리스도께서도 이 작은 동네 베들레헴에서 탄생하시게 된다. 베들레헴은 당시 아무도 주목하지 않던 시골 촌 동네였다. 이력서에 베들레헴 출신이라고 쓰면 무시당하기 쉬운, 그런 곳이었다. 그런데 거기서 다윗 왕과 예수님이 태어나셨다.

하나님의 역사는 항상 사람들이 잘 주목하지 않는 곳에서 일어난다. 우리가 서 있는 바로 그 자리가 우리 시대의 베들레헴같이 쓰임 받을지도 모른다.

사람 보는
기준

사무엘은 베들레헴으로 가서 이새의 집 문을 두드렸다. 모든 이스라엘 백성이 존경하는 하나님의 사람 사무엘의 방문에 이새는 얼마나 놀라고 떨렸을까. 사무엘의 용건을 듣고 이새는 더욱 긴장했을 것이다. 그는 떨리는 마음으로 자기 아들들을 모두 사무엘 앞에 도열시켰다. 이새의 첫째 아들 엘리압을 보고 사무엘은 그 훤칠한 외모에 내심 흡족했다. "여호와의 기름 부으실 자가 과연 주님 앞에 있도다"(삼상 16:6)라고 생각했다.

사람은 누구나 눈에 좋아 보이는 것, 외형적으로 뛰어난 것에 마음이 가게 마련이다. 하나님의 사람 사무엘도 어쩔 수 없는 인간이었기에 처음에는 인간적인 눈으로 이새의 아들들을 바라보았다. 그는 영웅호걸의 풍모를 가진 장남 엘리압이 마음에 쏙 들었다.

'아, 이 사람이 하나님이 선택하신 사람일 것이다!'

그는 이렇게 지레짐작했다. 엘리압은 요즘으로 치면 일류대학 졸업장에 화려한 스펙을 가진 인재였다. 그러나 하나님은 즉시로 사무엘의 생각이 틀렸음을 지적해주셨다. 그리고 나서 주신 하나님의 말씀은 우리가 사람들과 부대끼며 살아가는 동안, 반드시 마음속에 새겨야 할 인생 말씀이다.

> 여호와께서 사무엘에게 이르시되 그의 용모와 키를 보지 말라 내가 이미 그를 버렸
> 노라 내가 보는 것은 사람과 같지 아니하니 사람은 외모를 보거니와 나 여호와는 중
> 심을 보느니라 하시더라 삼상 16:7

우리는 여기서 사람과 하나님의 사람 보는 기준이 확연히 다름을 알 수 있다. 사람은 겉모습을 보지만, 하나님은 중심을 보신다.

외모로 사람을 판단하는 것은 얼마나 위험한 일인가. 알리바바의 창업자 마윈의 인터뷰를 본 적이 있다. 회사 초창기에 그는 회사의 미래를 맡길 만한 엘리트 인재라고 생각해서 사람을 뽑았는데, 힘들 때면 더 좋은 조건을 찾아 미련 없이 떠나버리는 이기주의자들이 너무 많아서 크게 실망했었다고 한다. 그는 인성이 실력 이상으로 중요하다는 사실을 시간이 지나고 나서야 깨달았다고 말했다.

크리스천인 우리도 겉모습만 보고 사람을 잘못 판단하는 경우가 얼마나 많은가. 오래전에 지인에게서 좋은 사위를 보았다는 말을 들었다. "어떤 사람이기에 좋은 사위냐?"라고 물었더니 "의사예요. 그것도 서울대 나온 의사"라는 것이다. 또 "어떤 사람이 좋은 아들을 두었다"라기에 "왜 좋은 아들이냐?"라고 물었더니 "사업가인데 돈을 잘 번다"라는 것이다.

결국 우리가 생각하는 '좋다'의 기준은 돈 많이 벌고, 좋은 대학 나오고, 안정된 직업을 갖는 것이다. 그 사람의 인격이 어떤지, 가정에서 어떤 배우자요 어떤 아버지인지 같은 것들은 다 뒷전으로 밀려난다. 그런 생각이 바로

엘리압을 왕의 후보로 생각하는 마음이다.

결혼 상대를 구할 때, 회사 직원을 구할 때, 교회에서 사람을 세울 때도 우리는 엘리압처럼 겉모습이 출중한 사람들을 선호한다. 키 크고, 인물 좋고, 학벌 좋고, 돈 있고, 집안 좋으면 일단 합격이다. 그것은 우리가 스스로를 크리스천이라고 하면서도 세상의 가치관에 많이 물들어 있기 때문이다. 그러다가 후에 실망하고 땅을 치며 후회하는 경우가 한두 번이 아니다.

문제는 우리가 우리 자녀들도 그런 세상 기준으로 성공하기를 원하며 그들을 몰아붙인다는 것이다. 하나님께 자녀를 위해 기도할 때도 사울이나 엘리압 같은, 세상적으로 성공하는 사람이 되게 해달라고 기도하는 경우가 대부분이지 않은가?

다행히 사무엘은 하나님과 동행하는 사람이었기에 하나님께서 즉시로 그의 잘못된 선입관을 고쳐주실 수 있었다. 나 역시 사람인지라 인간적인 눈으로 사람을 잘못 볼 때가 있다. 그래서 늘 하나님께 내가 인간적인 눈으로 사람을 잘못 볼 때는 하나님이 이처럼 즉시로 고쳐주시기를 기도한다. 하나님은 영이시기에 사람의 마음을 보신다. 그러나 우리는 육체를 입은 인간이기에 할 수 없이 사람의 겉모습을 본다.

하나님은
중심을 보신다

그렇다면 우리는 올바른 사람 보는 기준을 갖기 위해 어떻게 해야 할까? 먼저 내가 사람을 볼 줄 안다는 교만을 버려야 한다. 첫인상만 믿지 말고, 신중히 기도하며 시간을 두고 사람을 분별해야 한다. 그래야 하나님께서 하나님만이 아시는 사람의 마음을 보시고 우리의 잘못된 선입관을 고쳐주실 수 있다. 우리는 우리 배우자나 자녀들을 볼 때도 성급하게 판단하지 말고 기도하며 영의 눈으로 보아야 한다.

엘리압의 멋진 겉모습만 보고 감탄했던 사무엘 선지자에게 하나님께서는 "나 여호와는 '중심'을 보느니라"라고 하셨다. 여기서 '중심'을 영어성경에서는 'heart'(마음)라고 표현하는데, 이는 히브리어로 '레브'다. '레브'의 보다 정확한 의미는, 인간의 지정의(知情意)를 어우르는 사람의 내면세계, 영적 상태를 가리킨다. 특히 여기서 말하는 '중심'은 그야말로 그 사람이 인생에서 가장 소중하게 생각하는 가치와 그 마음의 열정을 말한다.

다윗은 하나님과 친밀해지려는 열정이 그 누구보다 뜨거웠던 사람이다. 앞으로 다윗의 인생을 더 살펴보면 알게 되겠지만, 그는 어릴 때부터 백발노인이 될 때까지 하나님과 교제하고 하나님을 예배하는 것을 세상 그 무엇보다 사랑했다. 하루 종일 하나님을 생각하고 예배했다. 잘될 때나 잘 안 될 때나, 광야 시절이나 왕궁에 있을 때나 변함이 없었다.

다윗은 넘어지고 실패할수록 하나님께 더 가까이 갔다. 아무리 큰 잘못을 저질렀어도 야단맞을 줄 뻔히 알면서 항상 하나님께 가까이 왔다. 어떤 상황 속에서도 하나님의 임재 앞으로 가려는 그의 순수한 열정이 하나님의 마음을 사로잡았다.

다윗의 입에서는 항상 찬송이 흘러나왔다. 기도는 그의 호흡이었고, 말씀은 그의 양식이었으며, 예배는 그의 전부였다. 연약한 가운데서도 오직 하나님만을 사랑하려는 그 순수한 열정, 하나님은 다윗의 그 마음을 사랑하셨다. 우리도 평생 하나님을 향한 열정이 가득한 사람이 되어야 한다. 예배가 세상 최고의 경쟁력이다.

사무엘상 16장 8,9절을 보면 엘리압에 이어서 이새의 나머지 아들들도 차례로 사무엘 앞을 지나간다.

이새가 아비나답을 불러 사무엘 앞을 지나가게 하매 사무엘이 이르되 이도 여호와께서 택하지 아니하셨느니라 하니 이새가 삼마로 지나게 하매 사무엘이 이르되 이도 여호와께서 택하지 아니하셨느니라 하니라 삼상 16:8,9

하지만 이제 사무엘은 엘리압 때와는 달리 영적 분별력을 수습하고 정신을 차렸다. 엘리압 이후로 이새의 다음 아들들부터는 인간적 판단을 미루고 기도하며 하나님의 눈으로 차분히 살폈다. 그랬더니 금방 누가 하나님이 택한 사람이 아닌지를 알 수 있어서 바로바로 선택의 폭을 좁혀 갈 수 있었다.

마침내 이새의 일곱 아들들이 다 나왔다. 그런데도 사무엘은 "여호와께서 이들을 택하지 아니하셨느니라"라고 잘라 말했다. 간단하게 그걸로 끝이다. 아무리 인간적 조건이 좋아 보여도 하나님이 택하지 않으셨으면 결코 쓰임 받을 수 없다.

홍수 때 먹을 물이 없다는 말처럼, 사람은 많은 것 같은데 정말 쓸만한 사람은 없다. '아들이 일곱이나 되는데 그중에 하나는 쓸만하겠지' 하는 것은 인간적 생각이었다. 모두들 낙담할 때, 하나님께서는 아무도 생각지 못했던 새로운 카드를 준비하셨다.

사람이 제쳐둔 다윗을
하나님이 드러내시다

사무엘은 이새의 아들 중에 하나님이 택하신 사람이 반드시 있음을 알았다. 성령께서 그렇게 확신을 주셨기 때문이다. 그래서 그는 이새에게 "네 아들들이 다 여기 있느냐"(삼상 16:11)라고 질문했다. 순간 이새는 양심이 콱 찔렸다.

'아들이 하나 더 있다는 것을 사무엘이 어떻게 알았을까.'

그랬다. 아버지 이새는 왕이 될 사람을 선택하는 그 중요한 자리에 여덟 형제 중의 막내인 다윗은 아예 불러오지도 않은 것이다. 다윗은 사자 같은 형들에 가려져서 존재감이 없었다. 당시 히브리 문화에서 '막내'란 인간적으로 별 기대할 것이 없다는 의미로도 통했다. 그래서 어린 다윗은 아버지로부터도 평가 절하 당했을 것이다.

부모라고 해서 자기 자식을 다 아는 게 아니다. 부모가 세상 기준으로 판단하여 '이 아이는 별 볼 일 없어'라고 제쳐놓은 아이들일수록 오히려 영의 눈으로 다시 봐야 한다. 그 아이가 다윗일 수도 있다.

그런데 이새가 다윗을 그 자리에 부르지 않은 것은, 단순히 그가 아직 어린 막내였기 때문만은 아니었을지도 모른다.

내가 죄악 중에서 출생하였음이여 어머니가 죄 중에 나를 잉태하였나이다 시 51:5

다윗의 이 고백을 근거로, 어떤 성경학자들은 다윗이 이새의 정식 부인에게서 태어난 아들이 아니라, 떳떳지 못한 불륜관계를 통해 낳은 아들이었을 것으로 추측한다. 그래서 아버지 이새는 왕의 후보를 선정하는 자리에 일부러 다윗을 부르지 않았을 거라고 말이다. 만약 그게 사실이라면 다윗은 어릴 때 자라면서 집안에서 형들로부터도 차별과 구박을 많이 받았을 것이다. 그래서 더 밖으로 돌며 들판에서 양 떼들과 시간을 많이 보낸 것인지도 모른다.

어쨌든, 하나님께서 사무엘에게 리스트에서 빠진 후보가 있다고 알려주지 않으셨다면 다윗에게는 아예 기회조차 오지 않았을 것이다. 다윗은 그러니까 인간적 조건으로만 보면, 아예 리스트에도 없는 아들, 시험 칠 자격도 안 주어졌던 인물이었다. 그러나 사람들이 그렇게 무시하고 리스트에 올리지도 않은 사람을 하나님께서는 찾아내셔서 역사의 중심에 세우셨다.

우리가 다윗처럼 어떤 인간적 약점을 갖고 태어났다고 해서, 다윗을 리스트에서 빼버린 이새처럼 사람들이 우리의 가능성을 무시하고 아예 후보 리스트에 올리지 않았다 할지라도, 절망해선 안 된다.

혹시 자신이 영영 잊힌 것이 아닐까 불안해하지도 말라. 하나님은 당신을 잊지 않으셨다. 하나님께서 쓰시겠다고 하면 땅끝까지 가서라도 당신을 찾아서 드러내실 것이다. 믿음을 가져라! 또 타고난 조건들이 남들보다 부족하여 열등감에 시달리고 있는 사람이 있다면, 용기를 가져라. 하나님은 가장 작은 자를 가장 크게 쓰신다. 그 하나님을 신뢰하라.

철부지인 줄 알았던
다윗의 탁월함

"아직 막내가 남았는데 그는 양을 지키나이다"(삼상 16:11)라는 말은 노골적으로 다윗을 폄하하는 말이었다. '굳이 다른 아들이 더 있느냐고 물어

보신다면, 그 아이는 아직 막내(나이가 어린 철부지)이고, 들에서 양이나 지키는(능력이 없어서 가장 하찮은 일을 하는) 그런 아이입니다. 어떻게 그런 아이가 왕의 후보가 될 수 있겠습니까'라는 뜻이었다.

그러나 다윗은 그렇게 함부로 무시해도 되는 철부지 아이가 아니었다. 그는 자신에게 주어진 자리에 성실한 사람이었다. 다윗은 어릴 때부터 목동으로 자랐다. 목동이라고 무시하면 안 된다. 당시 목동은 들에서 양을 치면서 사자와 곰 등으로부터 양을 지키며 강한 체력을 연마한 전사였다. 목동으로서 익힌 전투력은 훗날 그가 골리앗을 쓰러뜨리는 데 결정적인 기술이 된다.

목동 출신 다윗. 그의 인생의 모든 순간은 다 하나님의 지도자가 되기 위한 과정이었다. 우리 인생의 아주 보잘것없는 순간조차도 하나님의 귀한 사명을 위한 과정이다. 성경에서 하나님은 빈둥거리며 노는 사람을 불러 쓰신 적이 없다. 땀투성이가 되어 고기 잡던 베드로와 요한을 부르신 예수님 아니신가.

어느 선교 단체는 선교사 후보생들의 훈련 과정으로 한 달간 다른 이들의 구두를 닦게 한다고 한다. 성경은 '작은 일에 충성하지 못한 자가 어찌 큰일에 충성하겠느냐'라고 말한다. 위대한 비전이 있는 자는 당장 오늘 주어진 작은 일에 성실해야 한다. 내게 주어진 작은 일에도 소홀히 하지 않고 성실하면 하나님의 큰일에 쓰임 받을 것이다.

동시에 다윗은 약한 양 한 마리를 돌볼 줄 아는 따뜻한 목자의 마음을 가졌다. 지도자는 사람을 이용하는 자가 아니다. 자신에게 이용 가치가 있는 존재만 쓰는 게 아니라, 양 한 마리처럼 철저하게 무력하고 약한 존재까지도 품어주는 사람이다. 사실 국가 경영 리더십도 어떤 면에서는 백성 하나하나를 목양하는 것이다. 훗날 다윗은 목자의 마음으로 백성을 다스려 모두의 존경을 받게 된다.

더욱이 다윗은 집안 식구들로부터 무시당하며 들에서 혼자 양을 쳤기에 누구보다 하나님을 예배하고 찬양하는 시간을 많이 가질 수 있었다. 오직 하나님만을 열망하는 뜨거운 예배자 다윗은 어린 시절 외로운 광야에서 만들어졌던 것이다.

하나님은 이미 다윗의 잠재력을 알아보셨다

다윗이 왕으로 세워지는 뜻밖의 상황을 목격한 아버지 이새와 형들의 마음이 어땠을지, 생각을 해봤다. 처음 사무엘이 이새의 아들 중 하나에게 왕으로 기름 붓겠다고 했을 때, 모두 장남 엘리압을 생각했을 것이다. 엘리압이 아니라면…, 적어도 그날 모인 다른 여섯 아들 중에 하나라고 생각했을 것이다. 그런데 다 아니라며, 그 자리에 있지도 않은 다윗을 불러오라고 한다. 다들 얼마나 당황했을까?

게다가 사무엘은 다윗이 오기 전까지는 식사 자리에 앉지도 않겠다고 했다. 위대한 선지자 사무엘이 그렇게 말한 것은 이제부터 하나님께서 그만큼 다윗을 높이시고 귀하게 쓰시겠다는 선포다. 다윗이 불러오는 데는 적어도 한 시간 이상 걸렸을 텐데, 그때까지 모두 꼼짝 못 하고 서서 다윗을 기다려야 했다. 베들레헴의 장로들도, 아버지 이새도, 다윗의 일곱 형들도 마찬가지였다. 그동안 막내라고 무시하고 눈길도 주지 않았던 소년에게 그들은 이제 왕의 예우를 갖춰야 했던 것이다.

그로부터 얼마 후, 이스라엘 군이 블레셋 군의 골리앗과 대치했을 때, 다윗이 전쟁터에 나간 형 엘리압에게 도시락 심부름을 가게 됐다. 전쟁터에 갔다가 이스라엘 군대와 하나님을 모욕하는 골리앗의 말을 들은 다윗은, 이스라엘의 하나님을 모욕하는 저 골리앗을 죽여야 하지 않느냐고 담대히 선포했다. 그런데 엘리압은 그런 다윗을 오히려 무시하고 야단쳤다.

"들에 있는 양들은 누구에게 맡겼느냐!"

이 말은 '너는 들에서 양이나 치는 목동이지, 감히 이런 전쟁터에 나와서 싸울 수 있는 용사가 아니다'라는 경멸의 말이었다. 그러고는 "나는 네 교만과 네 마음의 완악함을 아노니 네가 전쟁을 구경하러 왔도다"(삼상 17:28)라며 사납게 쏘아붙였다. 이는 '지금 너보다 전투 경험도 많고 나이도 많은 사울 왕과 이스라엘의 모든 군사들도 어쩔 수 없이 가만히 있는 게 안 보이느냐. 그런데 아직 나이도 어린 네가 어찌 상황도 분별하지 못하고 나서서 천하에 적수가 없는 장수 골리앗을 마치 이웃집 강아지 보듯이 우습게 보느냐. 너한테는 이 전쟁이 그냥 구경거리나 장난 같아 보이느냐'라는 것이다.

엘리압의 상황 분석은 정확했다. 그러나 엘리압은 동생 다윗이 하나님이 기름 부으신 특별한 사람이라는 점을 간과했다. 엘리압은 어린 다윗의 담대한 말에 담겨 있는 큰 믿음을 보지 못했다. 그저 세상 사람들과 똑같이 철없는 어린아이의 객기로만 봤다.

복음서를 보면 예수님의 고향 사람들은 항상 예수님을 무시했다.

"나사렛에서 무슨 선한 것이 날 수 있느냐. 목수 요셉의 아들이 아니냐…."

심지어 예수님의 가족들까지도 그때까지는 대부분 부활의 예수님을 믿지 않았다. 사람이 사람을 판단하는 데는 명확한 한계가 있다. 나와 가장 가까운 사람들이라 해도 마찬가지다. 그러나 사람은 보지 못했던 다윗의 잠재력을 하나님은 정확히 보고 계셨다.

나도 모르고 남들도 모르는
하나님만 아시는 잠재력

1955년에 조셉 루프트(Joseph Luft)와 해리 잉햄(Harry Ingham)이라는 두 심리학자가 발표한 심리학 논문에서 '조하리의 창'(Johari's Windows)이라는 개념이 소개되었다.

조하리의 창은 마음의 창으로, 크게 네 가지 영역으로 이뤄진다. 자신도 알고 타인도 아는 '열린 창', 자신은 알지만 타인은 모르는 '숨겨진 창', 자신은 모르지만 타인은 아는 '보이지 않는 창', 나도 모르고 타인도 모르는 '미지의 창'이 바로 그것이다. 대인관계를 맺는 데 있어서 이 네 가지의 창을 잘 이해하고 활용하면 좋은 관계를 맺어갈 수 있다고 한다.

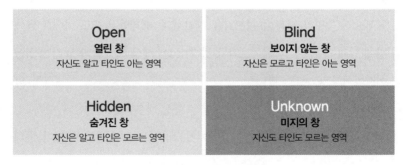

조하리의 창(Johari's Windows)

나는 여기서 나도 모르고 타인도 모르는 '미지의 창'은 바로 하나님만이 아시는 영역, 곧 성령의 영역이라고 믿는다.

어린 다윗의 놀라운 잠재력에 대해서 사실 다윗 자신도 잘 몰랐고, 그의 아버지 이새와 형들도 몰랐다. 다윗의 가족이 얼마나 그를 과소평가했는지는 엘리압의 말을 통해 익히 짐작할 수 있지 않은가. 사울 왕과 참모들이 보기에도 다윗은 아직 전투 경험도 없는 앳된 소년에 불과했다. 종합해보면, 어떤 인간의 눈으로도 다윗의 잠재력을 알 수가 없었다는 얘기다. 오직 하나님의 사람 사무엘만이 성령의 감동으로 그를 기름 부어 세웠지만, 아마 사무엘도 인간인지라 속으로는 반신반의했을 것이다.

그러나 하나님께서는 그 어떤 인간의 눈으로도 알 수 없었던 다윗의 놀라운 잠재력을 아셨고, 그를 통해 큰일을 이루셨다. 골리앗을 거꾸러뜨린 것은 시작에 불과했다. 사람은 사람의 잠재력을 다 알 수 없다. 설령 부모라 해도 자녀의 위대한 잠재력을 다 아는 것은 아니다. 부모도 세상적 기준으로 아이를 보고, 뛰어난 아이를 그렇지 못한 아이보다 더 편애하기 십상이다. 그러나 하나님의 게임 보드에서 후반전이 끝날 때 누가 빛날지는 아무도 모른다.

하나님의 사람을 가장 잘 알아보지 못하는 사람이 인간적으로 가장 가까운 사람들일 수도 있다. 가까운 가족이나 친구가 우리를 무시할 수 있다. 그러나 걱정하지 말라. 사람들이 우리를 어떻게 보는가보다 더 중요한 것은 하나님께서 우리를 어떻게 보시는가이다. 자신들이 무시했던 다윗을 택하시는 하나님의 선택에 놀란 형들처럼, 사람들은 자신들이 무시했던 당신을 쓰시는 하나님을 보고 놀라게 될 것이다.

하나님이
높이 세우신 자

세월이 흘러 다윗이 위대한 통일 제국을 이루고 난 뒤, 칠십 세의 나이로 세상을 떠날 때 남긴 유언을 보면 마음이 찡하다. 사무엘하 23장에 소개된 그 유언의 서두에서 다윗은 자신을 "이새의 아들 다윗 … 높이 세워진 자"(삼하 23:1)로 소개한다.

그의 아버지 이새는 권력자도, 재벌도 아니었다. 그저 이름 없는 시골 촌부에 불과했다. "이새의 아들"이란 말은 다윗을 시기했던 사울 왕이나 다윗에게 반란의 기를 들었던 세력들이 다윗을 조롱할 때 사용했던 용어다. 다윗이 보잘것없는 시골 베들레헴의 목동 출신이라는 것을 트집 잡아 그를 무시한 것이다. '변변찮은 배경의 촌뜨기'라는 꼬리표가 평생 다윗을 따라다녔다.

그러나 다윗은 스스로 이 말을 사용함으로써 아무것도 아닌 자신을 높이 들어 세우신 하나님을 찬양했다. 대적들은 그를 비하하기 위해 이 말을 썼지만, 다윗은 오히려 그런 자신을 높이 쓰신 하나님을 찬양하기 위해 이 말을 썼다.

"그래, 너희들이 비난하는 대로 나는 촌놈이다. 그런 보잘것없는 촌놈을 이렇게 위대한 왕으로 세우신 하나님이 얼마나 위대하시냐."

우리도 다윗처럼 주위 사람들이 우리를 폄하하고 무시하기 위해 던지는 조롱의 말에 위축되지 말고, 오히려 부족한 우리를 승리자로 만드시는 하나님을 찬양해야 한다.

다윗이 자신이 "이새의 아들"임을 밝히면서 부끄러워하지 않을 수 있었던 것은 하나님께서 그를 높이 세우셨기 때문이다. 왕가의 후손이나 귀족이나 부자의 후손도 아닌 시골 목동에 불과했던 다윗이, 수십 계단을 수직 상승하여 제국의 왕의 자리에 올랐다. 그것도 허수아비 왕이 아닌 실력과 인품으로 모두의 존경을 받는 왕, 이스라엘 역사상 최고의 왕으로 기억되는 위치까지 올라간 것이다.

그런데 다윗은 자기 힘으로 그 자리에 간 것이 아니라 하나님이 세워주셨음을 선포한다. 하나님은 진정한 '킹 메이커'시다. 우리는 자수성가하는 사람이 아니라 하나님의 은혜로 세워진 사람들이다. 우리의 시작이 아무리 보잘것없다고 할지라도 하나님이 한번 우리를 세워주기로 작정하시면 막을 자가 없다.

chapter **2**

불가능한 승리

사무엘상 17:12-54

기름 부음 받은 다윗은 한동안 계속해서 초야에 묻혀 지냈다. 그가 차기 왕으로 기름 부음 받았다는 사실은 사무엘과 이새를 비롯한 다윗의 가족들, 그리고 베들레헴의 장로들 외에는 아무도 몰랐다. 아직 사울 왕이 시퍼렇게 살아 있는데 이 말이 새어나가면 베들레헴 마을 전체가 멸망 당할 수도 있었기에 모두 입조심을 했을 것이다. 아무도 몰랐던 다윗을 온 나라가 주목하는 영웅으로 만들어준 것은 바로 블레셋의 용장 골리앗을 쓰러뜨리는 사건을 통해서였다.

구약성경에 나오는 전투 중에 가장 유명한 전투는 군대와 군대가 맞붙은 대규모 전쟁이 아니었다. 용사와 용사가 일대일로 맞붙었던 다윗과 골리앗의 싸움이었다. 예수님을 안 믿는 사람들도 대부분 알 만큼 유명한 이 대결은, 일반적으로 약자가 강자를 이기는 기적 같은 반전의 상징으로 인식되어왔다.

그러나 하나님이 보시기에 다윗은 결코 약자가 아니었고, 골리앗은 결코 강자가 아니었다.

무서운 거인 장수 골리앗

이스라엘을 치러 밀려온 블레셋 군의 선봉장은 거인 장수 골리앗이었다. 그는 가드 사람이었는데, 가드는 가나안 초기 원주민이었던 거인족 아낙 자손의 후손들이 살던 곳이다. 수백 년 전 이스라엘의 정탐꾼들이 처음 약속의 땅에 왔다가 아낙 자손들의 체구를 보고 놀라 돌아가서 열 명 중 여덟 명이 '그들에 비하면 우리는 메뚜기 떼와도 같습니다. 게임이 안 되는 싸움입니다'라고 했다. 그 바람에 모든 이스라엘 백성이 겁에 질려서 싸워보기도 전에 덜덜 떨며 울었던 적이 있었다. 이 사건으로 인해 이스라엘 백성의 약속의 땅 진입이 사십 년이나 늦어졌다. 악한 마귀들은 예나 지금이나 세대를 초월하여 끊임없이 하나님 백성들의 앞길을 막고 공격해오는 것 같다.

골리앗의 큰 체구는 아낙의 피를 물려받았기 때문일 것이다. 성경은 그의 키가 "여섯 규빗 한 뼘"(삼상 17:4)이라고 했는데, 이를 현대 치수로 환산하면 약 2미터 80센티미터나 되는 거인이다. 골리앗은 그냥 키만 큰 게 아니라 온몸이 근육질인 천하장사 전사였을 것이다. 블레셋이 과거 패배의 기억을 극복하고 이스라엘을 전격 침공한 것도 그런 골리앗을 믿었기 때문이었다.

게다가 그의 갑옷과 무기는 보기만 해도 무시무시했다. 그는 놋으로 만든 투구와 놋으로 만든 비늘 갑옷을 입었는데, 갑옷의 무게만 오천 세겔, 즉 60킬로그램에 가까웠다. 거기다가 다리 부분을 보호하는 놋 각반까지 찼다. 신체 조건으로 보나 무장 상태로 보나 빈틈이 없는 상대였다. 한마디로 어지간한 무기로는 골리앗을 쓰러뜨리는 것이 불가능했단 얘기다.

공격 무기도 대단했다. 어깨 사이에는 놋 단창을 메었는데, 이는 비상용 무기로 어깨 사이에 메고 다니다가 던지는 일종의 표창 같은 가벼운 창이었다. 그의 진짜 주 무기인 창은 그 자루가 옷을 짜는 베틀 채 같았고, 창자루를 제외한 창날 부분만 무려 7킬로그램이나 될 정도로 엄청나게 무겁고 큰 무기였다. 이런 창을 휘두르고 던질 정도였으니 골리앗이 얼마나 무서운 장사였는지를 알 수 있다. 그런데다가 골리앗은 방패 든 자를 앞세워서 이중으로 자신을 보호하고 자신의 위용을 과시하려 했다.

이는 우리의 힘과 지혜만으로는 결코 꺾을 수 없는 강한 상대, 즉 사탄을 상징한다. 또한 그의 무시무시한 갑옷과 무기는 돈과 권력과 각종 세상적 힘으로 무장한 채 우리를 위협하는 사탄의 권세와 힘을 상징한다. 사탄은 골리앗처럼 강하고 무섭고 빈틈이 없다. 사람의 지혜와 능력으로는 상대가 안 된다. 우리는 오직 하나님의 능력으로 이길 뿐이다. 그러니 하나님의 능력을 덧입어야 한다. 하나님의 전신갑주로 무장해야 한다. 그것만이 골리앗처럼 막강한 어둠의 세력과 대적할 수 있는 유일한 길이다.

작은 순종, 결정적인 터닝포인트

블레셋은 지금까지 수도 없이 많이 이스라엘 침략을 시도했었다. 하지만 이번엔 전 이스라엘 군대가 다 나가서 맞서지 않으면 안 될 정도로 블레셋 군대의 규모가 컸던 데다가, 무시무시한 적장 골리앗을 앞세우고 왔기 때문에 거의 나라가 망할 수도 있는 위기 상황이었다. 양군이 대치한 가운데 골리앗은 사십 일 밤낮을 이스라엘에게 싸움을 걸며 위협했다. 사울 왕과 이스라엘 군대 중 그 누구도 골리앗과 맞서 싸우겠다고 나서지 못하고 겁에 질려 웅크리고 있는 형국이었다.

바로 이때, 다윗이 전쟁터에 도착한 것이다. 이새에게는 여덟 아들이 있었지만, 전쟁에 참여할 수 있는 나이가 되어 전쟁터에 나가 있는 아들은 세 명뿐이었다. 다윗을 포함한 나머지 아들들은 아직 참전하기에는 나이가 어려 집에 남아 있었다. 그러므로 다윗이 골리앗과 싸우려면 그가 전쟁터에 나갈 어떤 특별한 계기가 있어야 했다. 그리고 하나님께서 그 계기를 만들어주셨다. 아버지 이새가 전쟁터에 나가 있는 형들에게 식량을 갖다주라는 심부름을 시킨 것이다.

즉, 다윗은 싸우러 전쟁터에 간 것이 아니었다. 호기심 때문에 자기 발로 싸움 구경을 간 것도 아니었다. 아버지 이새가 형들에게 먹을 것을 전해주고 그들의 안부를 살펴보고 오라는 심부름을 시켰기 때문에 간 것이다. 다윗은 아버지에게 이렇게 항의할 수도 있었다.

"아버지, 절 뭘로 보고 이러세요? 지난번에 사무엘 선지자님이 제가 나중에 왕이 될 거라고 기름 부으신 것을 기억 못 하세요? 훗날 왕이 될 제가 지금 형들 도시락 날라다 주는 심부름이나 해야겠습니까?"

그러나 다윗은 그렇게 하지 않았다. 겸손하게 아버지의 명령에 즉각 순종했다. 성경을 보면 다윗이 "아침 일찍 일어나서 아버지가 명령한 대로 음식을 가지고 전장으로 달려갔다"고 했다(삼상 17:20 참조). 자기가 주인공으로 싸우는 것도 아니고, 그저 형들에게 도시락 날라다주는 잔심부름이나 하는 일을, 다윗은 일찍 일어나서 열정을 가지고 했다. 작지만 온전한 그 순종이 다윗을 이스라엘의 국민 영웅으로 부상하게 하는 터닝포인트가 될 줄 누가 알았겠는가.

우리 인생에서 축복의 기회는 항상 사고처럼 터진다. 큰 위기가 오히려 변장된 축복으로 터지는 것이다. 평범한 일상의 어느 순간이 엄청난 인생 전환점으로 가는 기회가 되는 것이다. 그렇기에 항상 "나는 큰일을 해야 할 사람이기 때문에 이런 하찮은 일은 어울리지 않아"라는 태도를 버리고 모든 순간에 최선을 다해야 한다. 오늘 내게 주어진 하루하루, 한순간 한순간에 겸손히 순종하며 최선을 다하라.

성경 속 믿음의 영웅들을 보면 상황과 환경이 척척 열려서 그 일을 해냈다기보다, 어떤 상황과 환경 속에서라도 하나님의 인도하심을 믿고 적극적으로 순종하는 자세를 보여주었다. 그렇게 작은 일에 충성했더니 하나님께서 큰일을 맡겨주신 것이다. 우리는 어떤 상황과 환경이 와도, 설령 그것이 아무리 지루하고 작아 보이는 일이라 할지라도, 거기에 배어 있는 하나님의 섭리를 믿고 최선을 다해야 한다.

항상 하나님과 동행하는 자는 평범한 일상의 한순간이 엄청난 축복의 순간으로 변할 것이다. 우리 중에도 하나님의 일을 하고 싶은데 기회가 안 주어진다고 생각하는 사람이 있을 것이다. 자신이 자격이 안 되어서 기회가 주어지지 않는 것으로 생각하지 말라. 하나님께서 부르신 사람은 그 어떤 불리한 상황 속에서도 하나님을 믿고 신실하게 걸어가다 보면 어느 순간 축복의 기회가 열리게 되어 있다.

그리고 다윗이 그랬던 것처럼, 본인조차도 그 기회를 처음에는 쉽게 알아채지 못한다.

하나님은 조건으로
일하지 않으신다

세상 조건으로만 보면 다윗은 전쟁에 나설 군번이 안 되었다. 뭔가를 보여주고 싶어도 그가 아직 어리고 힘이 없다는 이유로 출전 기회조차 주어지지 않았다. 이처럼 세상은 공정하지 않다. 어느 정도 스펙을 갖추지 못하면 아예 시험 볼 기회조차 주어지지 않는 경우가 대부분이다.

요즘 청년들은 스펙 쌓기 경쟁에 올인하고 있다. 자신의 이력과 경력을 최대한 화려하게 꾸밈으로써 경쟁에서 유리한 위치를 차지하고자 한다. 그 과정에서 이미 스펙을 갖춘 사람들, 좋은 학벌과 집안 배경을 갖춘 사람들을 부러워한다. 그러면서 자신이 성공하지 못하는 것은 남보다 열악한 조건을 갖고 태어났기 때문이라고 푸념한다.

문제는 크리스천 청년들조차도 그런 패배주의적 생각을 하는 경우가 많다는 것이다. 하나님의 일을 할 때도 우리는 인간적인 자격 조건이 어느 정도 갖춰져 있어야만 한다고 생각한다. 자신의 능력이나 인격적 자질이 부족해서 하나님이 쓰시지 못한다고 생각하는 사람이 의외로 많다. 그러나 그렇게 생각하면 다윗은 거인 골리앗에 비해 너무 작은 존재였지 않은가. 그럼에도 불구하고 하나님은 그런 연약한 다윗을 부르시고 사용하셨다.

하나님은 우리의 부족한 것들은 얼마든지 무한한 하나님의 능력으로 채워주신다. 중요한 것은 온전히 하나님을 의지하는 믿음과 하나님 없이는 아무것도 아니라는 겸손이다.

보잘것없는 조건의 다윗을 들어 쓰셔서 골리앗을 쓰러뜨리는 하나님께서, 인간적으로 부족한 우리도 사용하실 것이다.

골리앗의 도발과
이스라엘의 침묵

다윗이 전쟁터에 도착했을 무렵 양쪽 군대는 팽팽하게 대치 중이었다. 다윗이 형들을 만나서 도시락을 전달하고 이런저런 이야기를 하고 있을 때, 마침 상대 진영에서 골리앗이 걸어나오는 것을 보았다. 다윗은 골리앗이 쩌렁쩌렁 울리는 큰 목소리로 이스라엘 병사들을 향해 싸움을 거는 것을 들었다. 그곳에 있던 다른 병사들과 달리 다윗은 그날 처음 골리앗을 봤다. 생전 본 적 없는 거대한 골리앗의 흉포한 모습과 무서운 고함 소리에 다윗도 처음엔 많이 놀랐을 것이다.

사울과 이스라엘 병사들은 지난 사십 일 동안 보인 것과 똑같은, 비참한 반응을 보였다.

> 이스라엘 모든 사람이 그 사람을 보고 심히 두려워하여 그 앞에서 도망하며
>
> 삼상 17:24

그들은 심히 두려워하여 그 앞에서 도망했다. 그들은 지금 골리앗을 처음 본 것도 아니고 벌써 사십 일째 보고 있다. 그 사십 일 동안 골리앗의 위협은 아침저녁으로 계속됐다. 이스라엘은 사십 일 동안이나 하루의 시작과 끝을 모두 골리앗의 위협에 눌려온 것이다.

골리앗과 아직 창끝 한 번 맞대본 적이 없고, 골리앗의 공격을 직접 겪어본 것도 아닌데, 순전히 두려움과 걱정 근심으로 사십 일을 심리적 패배감에 눌린 채 보낸 것이다.

사탄이 우리를 공격할 때도 이런 식으로 밤낮없이 두려움과 걱정 근심을 공격한다. 아직 아무 일도 일어나지 않았지만, 최악의 미래를 상상하게 하며 우리를 무기력하게 만든다. 영적 전쟁은 시간이 지난다고 상황이 나아지는 것이 아니다. 세상 경험이 중요하다고 하지만, 경험에만 함몰되는 것은 오히려 위험하다. 사십 일에 걸친 골리앗 경험은 오히려 그들의 공포심을 배가시킬 뿐이었다. 누군가 하나님의 사람이 담대하게 돌파구를 마련하지 않으면 교착 상태의 패배감에 빠져 금방이라도 가라앉기 직전이었다.

골리앗을 향한
다윗의 분노

한편, 하나님의 사람 다윗은 완전히 다른 마음가짐으로 문제에 접근한다.

다윗이 곁에 서 있는 사람들에게 말하여 이르되 이 블레셋 사람을 죽여 이스라엘의 치욕을 제거하는 사람에게는 어떠한 대우를 하겠느냐 이 할례 받지 않은 블레셋 사람이 누구이기에 살아 계시는 하나님의 군대를 모욕하겠느냐 삼상 17:26

이스라엘 군은 지난 사십 일 동안 골리앗이 하나님을 모욕하며 싸움 거는 말을 밤낮으로 들어왔지만, 다윗은 그날 처음 들었다. 다윗은 골리앗의 위세에 대한 공포보다는 하나님을 모욕하는 그의 오만함에 더 큰 화가 났다. 여기서 우리는 다윗의 마음이 왜 보통 사람과 달랐는지, 그 마음이 왜 하나님의 마음에 맞는 사람이었는지를 알 수 있다.

세상의 소리를 많이 듣는 것은 오히려 영적 담대함을 죽일 수 있다. 얼마나 오래 그 문제와 씨름했는가보다 어떤 마음으로 그 문제를 대하는가가 중요하다. 이스라엘 군은 하나님을 모욕하는 것에 대한 분노보다 골리앗의 위세에 대한 공포가 더 컸기에 아무 대응도 못 했던 것이다.

골리앗은 다른 이스라엘 병사들에게는 공포의 존재였지만, 다윗에게는 하나님을 모독하는 괘씸한 존재일 뿐이었다. 다윗은 오히려 골리앗을 향해 전의를 불태우게 되었다. 그것은 다윗이 그만큼 하나님을 사랑했기 때문이다.

사울을 비롯한 이스라엘 군대는 자신들의 안위만 걱정하며 골리앗과의 싸움을 피했다. 그들은 하나님의 영광이 훼손되는 것에 대해서는 전혀 관심이 없었다. 평소 하나님을 마음으로 예배하고 사랑하지 않았기 때문이다. 우리가 무엇 때문에 분노하는가는 우리의 평소 가치관을 보여준다.

다윗은 살아 계신 하나님을 모욕하는 골리앗의 오만함에 불같이 분노했다. 물질적 포상만 생각하는 사울의 부하들과는 달리, 다윗은 하나님의 영광에 대한 열정으로 움직였다. 이것은 다윗이 평소 그만큼 하나님을 깊이 사랑하고, 하나님과 교제했다는 뜻이다. 평소 하나님을 깊이 사랑하는 사람이 아니면 이런 위기 상황에서 다윗처럼 반응할 수 없다.

하나님의 영광을 위해 살기로 다짐하고 헌신하면, 두려움이 사라진다. 오랜 싸움으로 단련된 노련한 이스라엘 병사들도 남다르게 큰 덩치의 골리앗을 보고 고함을 지르며 겁에 질렸다. 하지만 다윗은 골리앗에 대한 두려움보다 하나님의 영광에 대한 열정이 훨씬 더 컸다.

믿음이 크면 두려움을 넘어선다. 우리 인생의 골리앗을 넘는 길은 하나님을 더 깊이 예배하는 것이다. 하나님을 더 깊이 사랑하는 것이다. 하나님의 영광에 사로잡히는 것이다. 많은 것이 부족하지만 하나님을 향한 열정으로 가득한 다윗 같은 사람. 하나님은 바로 그 사람을 통해 역사하실 것이다. 영적으로 너무나 어두운 이 시대에 하나님께서는 주의 영광을 위해 담대히 싸울 다윗 같은 용사를 찾고 계신다. 우리는 바로 그 부르심에 답해야 한다.

하나님의 강하심을 믿기에 달려간다

골리앗은 사십 일 밤낮으로 이스라엘 병사들을 위협하면서 공포 분위기를 조성했다. 이스라엘의 모든 병사들은 싸워보기도 전에 두려움에 사로잡혀 아무것도 하지 못했다. 이스라엘 병사들은 골리앗을 잘 알았지만, 다윗은 하나님을 잘 알았다. 그래서 다윗은 골리앗을 보고도 두려워하지 않았다. 오히려 그가 하나님을 모욕하는 것에 대해 분노하며 그를 죽일 것이라고 말했다. 하나님의 영광에 대한 다윗의 열정이 골리앗에 대한 두려움을 넘어섰기 때문이다. 다윗은 이미 마음에서부터 이긴 것이다.

애꾸눈들만 모여 사는 섬에서는 두 눈을 다 가진 사람이 비정상이라는 말이 있다. 지금 이스라엘 군대는 골리앗의 장대한 모습과 무시무시한 고함 속에서 사십 일간 공포심에 사로잡혀 아무것도 못 하고 있다. 하나님의 백성이라고는 하나, 두려움으로 인해 영적 눈이 어두워져 있었다.

다윗의 큰형 엘리압은 다윗의 담대한 선포를 아무것도 모르는 철부지의 허풍으로만 여겼고, 사울 왕도 네 힘으로는 안 된다며 다윗을 말렸다. 엘리압은 평생 다윗을 보아온 사람이고, 사울도 왕궁에서 자신을 위해 수금을 탔던 다윗을 지근거리에서 보며 하나님이 함께하시는 자임을 알았다. 그런데도 그들은 이 엄청난 위기 앞에 다윗의 영적 저력을 알아보지 못했다. 다윗은 이 모든 것을 무릅쓰고 출전한 것이다.

다윗은 적의 약함이 아니라 하나님의 강하심을 믿고 나갔다.

나는 만군의 여호와의 이름 곧 네가 모욕하는 이스라엘 군대의 하나님의 이름으로
네게 나아가노라 삼상 17:45

다윗에게 백발백중의 뛰어난 물맷돌 던지는 실력이 있었다고는 하나, 그
가 그것만 의지했다면 결코 하나님이 쓰실 수 없었다. 하지만 하나님은 다
윗을 쓰실 수밖에 없었다. 항상 하나님을 예배하는 다윗이 하나님의 이름
을 부르며 하나님만을 의지함으로 골리앗에게 달려들었기 때문이다. 그러니
하나님은 다윗의 편이 되어 함께 싸워주실 수밖에 없게 된 것이다. 이후로도
다윗은 수많은 전쟁을 치르면서 늘 "여호와를 의지하라, 여호와를 바랄지어
다"라는 한 마디 구호로 모든 명령을 대신했다.

사십 일 동안 골리앗만 바라본 이스라엘 병사들은 골리앗의 그 무서움에
얼어붙었다. 그러나 항상 하나님과 동행한 다윗, 하나님만 바라보며 살아
오다가 잠깐 골리앗을 바라본 다윗은 골리앗을 전혀 두려워하지 않았다.
본문을 보면 다윗은 하나님 이야기를 골리앗 이야기보다 네 배나 더 많이 한
다. 다윗의 관심은 항상 하나님이지, 눈앞의 문제가 아니었다.

우리도 세상보다 하나님을 네 배는 더 많이 생각해야 하지 않을까. 우리
모두 세상의 미디어를 보는 시간보다 하나님께 예배하고 기도하는 시간을
지금의 네 배로 늘린다면, 우리는 차원이 다른 인생을 살 것이다.

평소의 친밀함이
결정적인 순간에 담대함을 가져온다

우리가 하나님의 거룩에 완전히 사로잡히면, 우리 앞을 가로막고 있는 어떤 무서운 장벽도 더 이상 장벽이 아니게 된다. 문제는 골리앗의 크기가 아니라 다윗의 믿음이다.

세상이 얼마나 강한가가 아니라 우리의 믿음이 얼마나 큰가가 문제다. 세상은 우리를 압도해 들어오지만, 하나님은 세상을 압도하신다. 그 하나님을 의지하고 굳게 서라. 그러면 하나님이 도와주실 수밖에 없다. 그는 신실하신 하나님이시며, 자기 이름으로 우리를 구원하신다.

우리는 당시 다윗이 느꼈을 압박이 얼마나 컸을지 감조차 잡을 수 없다. 트로이 전쟁에서 트로이와 그리스 연합군의 운명을 걸고 맞붙었던 헥토르와 아킬레우스처럼, 다윗과 골리앗은 양국의 운명을 걸고 싸웠다. 이제 갓 스무 살도 안 된 청년 다윗에게 얼마나 외롭고 힘든 싸움이었을까. 지켜보는 수많은 이스라엘 병사들이 있었지만, 그 누구도 다윗을 도와줄 사람은 없었다.

우리 인생도 그렇다. 평소 그 많던 사람들이 인생의 위기의 순간에는 하나도 안 보인다.

우리의 골리앗과는 우리 스스로가 싸워야지, 다른 그 누구도 대신 싸워줄 수 없다. 그러나 바로 이런 외로운 싸움의 현장에서 우리의 믿음이 자란다. 우리와 함께하시는 이는 오직 하나님뿐이시라는 사실을 우리는 골리앗 앞에 혼자 섰을 때 가장 간절히 믿게 된다.

골리앗과의 싸움에서는 담대한 믿음이 필요한데, 이것은 평소 우리가 하나님과 얼마나 친밀하게 동행했는지에 달렸다. 다윗은 만약의 경우를 생각해서 물맷돌 다섯 개를 들고 나갔지만, 처음 던진 한 번의 돌로 골리앗을 무너뜨렸다. 그것은 다윗의 마음이 그만큼 평온하고 침착했다는 뜻이다.

태산같이 강한 상대, 양측에 도열한 수많은 적군과 아군의 시선. 지켜보는 자들이 오히려 손에 땀을 쥐는 순간이었다.

그러나 정작 다윗은 평정심과 집중력을 잃지 않았다. 평소에 하나님을 깊이 예배하는 예배자는 위기의 순간에도 평정심을 잃지 않고, 최선의 실력을 발휘한다. 그렇게 다윗은 세상을 충격에 빠뜨린 기적 같은 승리를 얻어냈다. 데뷔전이 이렇게 엄청났던 인물이 다윗 말고 또 있을까?

적들도
실은 두려워하고 있다

드디어 결투가 시작되었다. 골리앗이 먼저 다윗 쪽으로 가까이 다가갔다. 그런데 여기서 우리가 눈여겨볼 부분이 있다. 골리앗이 그렇게 엄청난 갑옷으로 중무장을 하고 있었으면서도 방패 든 경호병을 앞에 세우고 전진해왔다는 점이다. 이중 보호막을 친 셈이다. 말로는 그렇게 다윗을 무시하더니 왜 정작 싸울 때는 방패병까지 앞세우고 왔을까?

생각해보면 블레셋과 이스라엘이 사십 일 밤낮을 서로 싸우지 않고 대치한 것도 이상하다. 블레셋은 골리앗이라는 엄청난 전사가 있었는데, 왜 이스라엘을 바로 공격하지 않았을까? 만약 공격했다면 사기가 땅에 떨어져버린 이스라엘 군대를 간단히 무너뜨릴 수 있었을 텐데 말이다.

사십 일을 위협만 하고 공격은 하지 않았다는 것은, 골리앗과 블레셋 군대도 실은 어느 정도 겁을 먹고 조심하고 있었다는 뜻이 아닐까? 사실 지난 몇십 년간 있었던 큰 전쟁들에서 블레셋은 번번이 이스라엘에 대패했다. 무기와 병력의 압도적 우위를 가졌음에도 하나님이 도우시는 이스라엘에 늘 어이없이 무너졌다. 그랬기에 블레셋은 골리앗이라는 엄청난 장군을 앞세웠으면서도 이스라엘과의 전면전을 껄끄러워했던 것이다.

블레셋처럼 마귀도 교회를 공격할 때 허장성세가 심하다. 마귀는 자신에게 교회의 머리이신 예수님을 이길 실력이 없다는 것을 스스로 잘 알기에 전면전을 꺼린다. 그래서 실제로 공격하는 것처럼 위협해서 교회를 두렵게 함으로써 기를 꺾은 뒤에, 스스로 붕괴하기를 기다리는 것이다. 마귀는 골리앗처럼 온갖 위협을 가하면서 공격해오지만, 사실 속으로는 교회의 반격을 두려워하고 있다.

결전의 순간

자, 어쨌든 드디어 결전의 순간이 다가왔다. 골리앗은 사십 일 밤낮을 이스라엘을 위협하며 조금씩 이스라엘 진영 쪽으로 가까이 접근해왔다. 처음에는 양군이 대치한 가운데 골짜기 밑에서 고함을 지르다가 점점 이스라엘 진영 쪽으로 올라와서 사십 일째 되는 날에는 거의 오르막 중간 지점까지 올라와 있었을 것이다.

사실 일대일 결투에서 이렇게 적을 올려다보는 위치를 선정한 것은 아주 어리석은 짓이다. 하지만 골리앗이 이렇게 한 것은 이스라엘 병사 중 누구도 감히 그와 싸우려 나서지 않을 것이라는 오만한 자신감에서 비롯된 움직임이었다.

그런데 이 오만함이 그의 치명적인 패착이 되고 말았다. 그저 방어에 급급했던 다른 이스라엘 병사들과는 달리, 다윗은 처음부터 방어가 아닌 공격을 택했기 때문이다.

블레셋 사람이 일어나 다윗에게로 마주 가까이 올 때에 다윗이 블레셋 사람을 향하여 빨리 달리며 삼상 17:48

다윗은 어릴 때부터 맹수들과 맞서며 산과 들을 뛰어다녔던 날렵한 사람이었다. 게다가 덩치도 작았으며 몸에 육중한 갑옷도 없었기에 골리앗과는 비교도 할 수 없을 만큼 날쌨다. 그런 다윗이 위에서 아래로 총알처럼 빠르게 골리앗을 향해 달려 내려갔으니 골리앗은 당황했을 것이다. 골리앗뿐 아니라 그 앞을 경호하고 있던 방패를 든 자도 당황했을 것이다.

우리는 골리앗과 싸울 때 어기적거려선 안 된다. 반드시 이긴다는 확신을 가지고 새벽을 깨우면서 빠르게 전진해야 한다. 우리의 빠른 결단력이 적을 당황시킨다.

총알같이 달려 내려가던 다윗의 손에서 눈 깜짝할 사이에 물맷돌이 날아갔다. 골리앗은 다윗의 막대기만 보았지, 물맷돌은 미처 보지 못했다. 다윗을 그만큼 얕잡아 보았기 때문에 제대로 전력 분석을 하지 못한 것이다. 그래서 "교만은 패망의 선봉"(잠 16:18)이라고 성경은 말한다.

블레셋

골리앗

방패 든 자

다윗

이스라엘

다윗과 골리앗의 결투

성경에 묘사된 대로 이 숨 막히는 결투의 순간을 그림으로 표현한 것을 보자. 우선 다윗은 골리앗 앞에 선 방패 든 자를 넘어야 했다. 다윗은 달려 내려오는 스피드에서 골리앗의 방패병 위로 솟아오르기 위해, 한 번 더 점프하여 날아올라 물맷돌을 날렸을 것이다. 그리고 그 돌은 위에서 아래로 떨어지는 돌이었기 때문에 날아가는 속도가 평지에서보다 훨씬 빨랐을 것이다.

손을 주머니에 넣어 돌을 가지고 물매로 던져 블레셋 사람의 이마를 치매 돌이 그의 이마에 박히니 땅에 엎드러지니라 삼상 17:49

다윗의 손을 떠난 물맷돌은 무섭도록 정확하게 골리앗의 이마를 가격했다. 골리앗은 분명 머리를 보호하는 투구를 쓰고 있었는데 어떻게 이마에 돌이 박혔을까? 골리앗이 아래에서 위를 보고 올라오는 위치였다는 것을 기억하라. 반면 다윗은 위에서 아래로 빠르게 달려 내려왔으니 골리앗은 고개를 쳐들고 다윗을 맞이할 수밖에 없었을 것이다. 그리고 그때 투구가 뒤로 젖혀지면서 골리앗의 이마가 드러났을 것이다. 만약 태양이 높이 떠올라 있는 상황이었다면 잠시 골리앗의 시야도 캄캄해졌을 확률이 높다.

골리앗이 '땅에 엎드려졌다'는 말은 그냥 넘어진 게 아니라, 즉사해서 넘어졌다는 뜻이다. 얼마나 세게 맞았으면 그 육중한 거인이 돌 하나에 고꾸라지느냐고 생각할 수 있다.

그러나 이건 보통 돌이 아니다. 다윗과 골리앗이 맞붙은 쉐펠라 지역 골짜기의 돌은 보통 돌보다 밀도가 두 배 정도 높은 중정석(barium sulphate)이었다. 여기서 "이마에 박히니"라는 말의 원어적 의미는 물맷돌이 골리앗 이마에 구멍을 뚫을 정도로 강하게 맞아서 이마 가운데가 함몰되었음을 뜻한다. 이것은 결코 아이들이 장난으로 던지는 돌이 아니라, 광야에서 오랜 세월 수많은 맹수와 싸우며 다듬어진 무술의 고수가 정확하게 겨냥하고 혼신의 힘을 실어 던진, 날카롭고 단단한 돌이었다.

골리앗은 온몸을 갑옷으로 무장하고 머리도 튼튼한 투구로 감쌌지만, 아무 소용이 없었다. 다윗은 한 치의 오차도 없이 정확하게 약간 드러난 골리앗의 이마 한가운데를 명중시켰다. 평생 맹수들과 싸우면서 익힌 다윗의 돌팔매 실력에 하나님의 역사하심이 임했기 때문이다.

당시 훈련된 사람이 던지는 물맷돌은 초속 35미터 정도로 웬만한 야구 투수가 던지는 공에 필적하는 속도였다고 한다. 기록에 따르면, 이런 물맷돌로 200미터 이상 떨어진 목표물도 맞출 수 있었다고 하니, 정확도도 대단히 높다. 한마디로, 다윗의 물맷돌은 그 어떤 저격수의 라이플보다 더 무서운 위력을 발했을 것이다.

세상의 칼 대신
믿음의 물맷돌로 이기다

그 당시 전투에서 칼이나 창 없이 상대를 쓰러뜨린다는 것은 불가능했다. 그러나 다윗은 '칼 없이' 골리앗을 쓰러뜨렸다.

다윗이 이같이 물매와 돌로 블레셋 사람을 이기고 그를 쳐죽였으나 자기 손에는 칼이 없었더라 삼상 17:50

하나님의 사람은 꼭 세상과 같은 무기를 쓸 필요가 없다. 우리는 세상의 힘이 아닌 하나님의 힘으로 이긴다. 세상과 같은 방법으로 해야 세상을 이긴다는 생각을 버려라.

예수님께서는 "너희에게 믿음이 겨자씨 한 알 만큼만 있어도 이 산을 명하여 여기서 저기로 옮겨지라 하면 옮겨질 것"(마 17:20)이라고 하셨다. 우리 손에는 세상의 칼은 없어도 믿음의 물맷돌이 있다. 기도하며 담대히 그것을 던지면 원수가 무너질 것이다.

골리앗이 죽어 쓰러지는 것을 본 다윗은 잠시도 지체하지 않고 달려가 그 시신을 밟고, 목을 베었다. 그것은 패배한 적에게 주는 최고의 모욕으로, '내가 너를 완전히 이겼다'라고 온 세상 앞에 선포하는 것이었다.

칼이 없던 다윗은 골리앗의 칼로 죽은 골리앗의 목을 베었다. 골리앗은 그 칼을 이스라엘 군대의 피로 물들이려 했다. 설마 자기 칼이 자신의 피로 물들게 될 줄은 꿈에도 몰랐을 것이다.

교회를 공격하는 사탄도 골리앗처럼 자신의 칼에 자신이 무너지게 될 것이다. 다윗이 골리앗의 머리를 들고 개선한 것처럼, 예수 그리스도께서는 사탄 권세를 무찌르시고 만천하의 구경거리로 삼으실 것이다. 그리고 우리에게 그 승리를 함께 누리게 하실 것이다.

골리앗이 죽는 것을 보는 순간, 사십 일 내내 기세등등했던 블레셋 군은 공포에 사로잡혀 순식간에 비명을 지르며 퇴각하였다. 사탄의 세력이 아무리 강성해 보여도 우두머리가 쓰러지는 순간 허수아비와 같이 무너질 것이다. 다윗이 선포했던 대로 골리앗 한 사람의 패배는 블레셋 군 전체의 패배로 이어졌다.

블레셋 군이 퇴각하자 사십 일 내내 두려움에 사로잡혀 아무것도 못 하고 있던 이스라엘 군은 사기가 충천하여 고함을 지르며 블레셋 군대를 추격하여 섬멸했다. 이스라엘 군 전체는 다윗의 승리에 힘입어 용맹한 하나님 군대의 모습을 되찾았다.

설마 그럴 리야 없었겠지만, 만약 다윗이 이 싸움에서 졌다고 가정해보자. 먼저 다윗이 비참하게 죽었을 것이고, 연이어서 이스라엘 군대가 섬멸당했던 블레셋 군의 입장이 되었을 것이다. 그러나 하나님은 결코 하나님의 사람에게 그런 일이 일어나지 않게 하신다.

위대한
전설의 시작

사울 왕을 비롯한 모든 이스라엘 군을 공포에 떨게 했던 골리앗. 그를 무너뜨림으로 인해 다윗은 일약 나라를 구한 영웅으로 급부상했다. 갓 스무 살도 안 된 청년 다윗은 이 한 번의 승리로 인해 일반 코스로는 수십 년 걸려야 간신히 갈 수 있는 자리를 순식간에 갈 수 있게 되었다. 하나님께서 하시는 일은 그토록 놀랍다.

골리앗은 다윗의 인생에 걸림돌이 아니라 디딤돌이었다. 골리앗에 대한 사람들의 두려움이 크면 클수록, 그를 쓰러뜨린 사람에게 주어진 영광도 커지게 되어 있다.

싸움이 어려우면 어려울수록, 그 싸움의 승자에게 오는 영광이 크다. 우리 인생 앞에 놓인 문제가 크면 클수록, 그 문제를 돌파할 때 주어지는 면류관은 더욱 클 것이다.

골리앗이 다윗의 인생에 걸림돌이 아니라 디딤돌이 되어주었듯이, 우리 인생의 모든 위기도 하나님의 은혜로 돌파하고 나면, 걸림돌이 아니라 디딤돌이 될 것이다. 골리앗의 죽음은 위대한 하나님의 사람 다윗의 전설의 시작이었다.

또한 골리앗의 죽음은, 약 이십 년 후 다윗이 이스라엘의 왕이 되면서 이루게 될 또 하나의 전설인 예루살렘 정복의 신호탄이기도 했다.

> 다윗은 그 블레셋 사람의 머리를 예루살렘으로 가져가고 갑주는 자기 장막에 두니라 삼상 17:54

다윗은 골리앗의 머리를 들고 몇 시간을 걸어서 예루살렘으로 가지고 갔다. 당시 예루살렘 성은 여부스 족속이 점령하고 있던 곳으로, 천혜의 요새였다.

여호수아 시대 이후로 수백 년 동안 이스라엘을 비롯한 어떤 민족도 정복할 수 없었던 난공불락의 성이었다. 그랬기 때문에 다윗은 성안으로 들어가지는 못하고, 예루살렘 성곽 밖 어느 곳에 그 머리를 두었을 것이다. 어느 학자들은 다윗이 골리앗의 머리를 둔 곳이 훗날 예수님이 십자가에 못 박히신 골고다(시신들이 많이 묻혀서 '해골'이란 뜻)가 아니었을까 하는 추측도 하지만, 이는 확실치 않다.

다윗은 왜 그때 골리앗의 머리를 예루살렘까지 가지고 갔을까? 그리고 청년 다윗은 이때 예루살렘 성벽을 올려다보며 무슨 생각을 했을까? 나는 성령의 어떤 감동이 있었기에 다윗이 골리앗의 머리를 예루살렘까지 가지고 갔을 것이라 믿는다.

다윗은 이미 그때 예루살렘이 자신의 새 역사를 여는 중심이 될 것을 알았는지도 모른다. 그래서 자신이 이뤄낸 신화적인 승리의 상징, 골리앗의 머리를 이 성 외곽에 꽂으면서 속으로 이렇게 되뇌었을 것이다.

"예루살렘을 차지하고 있는 여부스 족속들아, 보아라. 이것은 하나님이 주신 기적 같은 승리의 상징이다. 나는 반드시 돌아온다. 내가 돌아올 때는 혼자 오지 않는다. 나의 군대가 함께 와서 이 도시를 너희 이방 족속들로부터 되찾아, 나의 도시로 만들 것이다. 모두가 이길 수 없다고 하던 골리앗을 이겼듯이, 모두가 난공불락이라고 하는 예루살렘도 하나님의 도움으로 정복할 것이다."

그때부터 다윗과 예루살렘을 하나로 묶는 하나님의 시간이 시작되었다고 나는 믿는다. 그리고 이십 년 후에 다윗은 정말 돌아와서 예루살렘을 정복했다. 예루살렘은 그즈음을 기점으로 '다윗 성'으로 불리게 된다. 이 모든 것이 어찌 우연이겠는가.

하나님께서 지금부터 우리 삶에 보여주시는 예루살렘 같은 비전이 있을 것이다. 아직은 가능성으로 있을 뿐이지만, 믿음으로 품고 기도하라. 하나님의 때에 그 비전이 반드시 기적같이 이뤄질 것이다.

KING DAVID'S
HIDDEN LEGEND

2
광야 속에서
희망을 쏘다

chapter 3

왕의 마음을 가진 도망자

사무엘상 23:1-14

다윗은 골리앗을 쓰러뜨리고 이스라엘의 일약 스타로 떠올랐지만, 그를 질투한 사울 왕의 미움을 받아 목숨의 위협을 받으며 쫓겨 다니는 도망자 신세가 되고 말았다. 다윗은 사울 왕의 추적을 피해 광야로 피했다가, 이스라엘의 적인 블레셋 땅으로까지 도주했다.

그러나 블레셋이라고 해서 다윗이 안전하게 몸을 숨길 수 있는 곳은 아니었다. 다윗을 두려워한 블레셋 왕과 신하들의 경계심으로 인해 다윗은 정신병자 시늉을 하며 간신히 빠져나올 수 있었다. 그는 그 비참하고 힘든 상황 속에서도 하나님을 찬양하고 의지하는 찬송시인 시편 34편과 56편을 썼다. 이 시들을 읽어보면, 인생의 광야를 지나는 사람이 어떤 믿음으로 견뎌내야 하는지를 배울 수 있다.

자, 이제 다윗과 그를 따르던 그의 부하 수백 명은 블레셋 땅에서 다시 유다 광야로 돌아왔다. 유다 광야는 엄청나게 넓었기 때문에 사울 왕은 다윗의 위치를 쉽게 추적하지 못했다. 그런데 다윗의 위치가 노출되는데 결정적인 계기가 되는 사건이 하나 발생한다.

동족을 돕고자 하는
다윗의 측은지심

이스라엘의 가장 큰 적인 블레셋인들이 '그일라'라고 하는 작은 이스라엘 마을을 공격해서 타작마당을 탈취했다. 고대 이스라엘에서 타작마당은 곡식을 타작하는 장소일 뿐 아니라 타작한 곡식을 저장하는 저장소 역할도 했다. 블레셋인들이 타작마당을 공격하여 곡식을 수탈한 시기는 보리나 밀을 추수하고 타작해서 저장하는 초여름으로 예상된다.

일 년 동안 피땀 흘려 농사해놓은 곡식들을 그대로 빼앗기게 생겼으니 이스라엘 백성들의 마음이 어땠겠는가? 추수의 때는 일 년 중 가장 기쁜 축제의 때인데, 가장 끔찍한 재앙의 때로 변하게 생겼다. 그러나 잘못하다가는 곡식을 뺏기는 것에서 끝나지 않고 목숨까지도 잃게 생긴 상황이니, 어찌할 도리가 없었다. 사울 왕의 군대는 도움이 되기엔 너무 멀리 있었고, 뒤에서 다루게 되겠지만, 사울 왕은 달려와서 그일라 사람들을 구원해줄 마음도 없었다. 사울의 관심은 온통 딴 데 가 있었기 때문이다.

그런데 이때 마침 근처에 있던 다윗이 이 소식을 듣게 되었다. 다윗은 사울 왕의 추격을 피해 부하들과 하루하루 도망 다니는 신세였지만, 고통당하는 이스라엘 민족을 보니 돕고 싶은 마음이 들었다. 그는 자기가 블레셋 침략자들을 물리쳐서 이스라엘 백성을 구하면 어떨까 하는 마음에 기도하여 하나님의 뜻을 구했다.

도망자로 자기도 힘든 처지에 다른 사람의 어려움에 발 벗고 나서서 돕겠다는 마음을 먹다니, 참 쉽지 않은 일이다. 그것도 자기와 부하들의 목숨을 걸고 블레셋 정규군과 전투를 치르는 일인데 말이다. 하나님께서는 다윗의 이 마음을 축복하시고 그렇게 하라고 응답하셨다.

그런데, 하나님의 응답은 받았지만, 다윗의 부하들이 강력히 반대했다.

> 다윗의 사람들이 그에게 이르되 보소서 우리가 유다에 있기도 두렵거든 하물며 그 일라에 가서 블레셋 사람들의 군대를 치는 일이리이까 삼상 23:3

현실적으로 틀린 게 하나도 없는 말이었다. 안 그래도 쫓겨 다니는 처지에다가 평화로운 유다 지역에서 산다 해도 두려운 판국에, 블레셋과 접경지대인 그일라에 가서 그들과 싸우기까지 하는 것이 얼마나 위험한 일이냐는 것이다. 인간적으로 생각하면 부하들이 반대하는 것은 당연했다. 그들은 '아니, 우리 코가 석 자인데 누굴 도와주느냐'라고 생각했을 것이다.

게다가 지금은 도망자인 자신들의 위치가 노출되지 않도록 쥐 죽은 듯이 엎드려 지내야 했다. 만약 그일라 사람들을 돕기 위해 블레셋 사람들과 전쟁을 하게 되면, 다윗을 집요하게 쫓고 있는 사울이 그들의 위치를 파악하게 될 터였다. 그렇게 되면 앞으로는 블레셋 사람들, 뒤로는 사울 왕 군대의 무서운 추적을 받아 앞뒤로 적을 맞게 될 게 분명했다. 그일라 사람들의 사정이 딱하긴 하지만, 일단 자신들이 사는 게 먼저가 아니냐는 것이었다. 아무리 유다 민족이라고는 해도 생판 모르는 남인데, 그렇게까지 위험을 무릅쓰고 개입할 필요가 있느냐는 말이다.

담임목사로 목회를 하면서 매년 교회의 인력과 재정을 어떤 사역으로 어떻게 분배할 것인지에 대해 고민과 결정을 많이 한다. 교회도 형편이 어려울 때가 있고 좋을 때가 있다. 좋을 때는 남을 돕고 섬기는 사역을 잘하다가도, 힘들어지면 '아이고 내 코가 석 자다'라며 돕는 손길을 거두어버리기 쉽다. 그래서 가능하면 연약한 교회나 선교사님, 단체를 돕는 결정을 할 때는 계산기를 두드리지 않으려고 노력한다. 대신, 신중하게 기도하면서 '예수님이라면 어떻게 하실까' 생각하며 하나님의 마음으로 결정하려고 노력한다.

사람의 의견과
하나님의 뜻이 부딪힐 때

다윗은 현실적인 어려움을 고려한 부하들의 강력한 반대에 부딪히자 마음이 흔들렸다. 하지만 다윗은 쉽게 물러서지 않았다. 부하들의 반대에 부딪힌 다윗은 다시 하나님께 기도했다. 그리고 "일어나 그일라로 내려가라 내가 블레셋 사람들을 네 손에 넘기리라"(삼상 23:4)라는 하나님의 응답을 받았다.

처음부터 다윗은 자기의 감정대로 일을 처리하지 않고, 하나님의 뜻을 구했다. 그런데 부하들이 반대하자 다시 하나님의 뜻을 구했다. 다윗이 어떤 일을 결정할 때 작동하는 이런 프로세스가 참으로 하나님의 사람답지 않은가? 이것은 다윗이 평소에도 크고 작은 일 앞에서 항상 하나님께 기도하는 습관을 가지고 있었던 사람임을 우리에게 보여준다.

또한 이 이야기에서 우리는 '하나님의 뜻과 사람들의 의견이 부딪칠 때 깊이 고민하며 조율하는 능력'에 집중해야 한다. 물론, 우리는 우리 주변 사람들의 말을 귀담아들어야 한다. 하나님께서는 그들을 통해서도 분명히 말씀하시기 때문이다. 그들의 전문성과 지혜로 나의 부족한 점을 보완하라고 내 옆에 좋은 사람들을 두신 것이다.

그러나 때로는 많은 사람들이 말려도 반드시 순종해야 할 하나님의 뜻이 있다. 다윗의 부하들은 분명히 상식적으로 영리한 판단을 했다. 자기 코가 석 자인 도망자 신분에, 사나운 블레셋 정규군과 싸워야 하는 것은 정말 득보다 실이 많은 일이었다. 부하들 말대로 했으면 적어도 손해는 보지 않을 수 있었다. 적어도 당분간 안전할 수는 있었다. 그일라를 굳이 돕지 않아도 왜 도와주지 않냐고 손가락질할 사람도 없었다.

그럼에도 다윗은 안전한 길을 포기하고 자기 몸을 던져 남을 돕는 길을 선택했다.

예수님의 마음을 가진 자만이 할 수 있는 섬김

다윗은 하나님의 음성을 듣고 확신을 가진 뒤 내키지 않아 하는 부하들을 설득하여 출전했다. 즉각 블레셋인들을 공격, 큰 승리를 거두어서 그일라 사람들을 위기에서 구해주었다. 참 쉽지 않은 일이다. 우리가 어려움에 처한 사람을 만날 때 말로만 돕는 척하거나 다른 사람에게 도우라고 권면하기는 쉽다. 그러나 자신이 직접 나서서 손해를 무릅쓰고 돕는 것은 아무나 할 수 없다. 혹여 자신에게 여유가 있고 힘이 있으면 모르나, 자기도 어려운 상황이라면 다른 사람의 고통을 돌아볼 여유가 없다.

도망자인 다윗과 그의 부하들은 사울의 정규군에 비해 무기나 식량, 병력이 다 모자랐다. 부자에게 가난한 사람을 도우라고는 할 수 있지만, 가난한 사람에게 다른 가난한 사람을 도우라고 요구하는 것은 너무한 일 아닌가.

우리는 남을 사랑해도 내가 손해 보면서까지 사랑하긴 싫어한다. 그러나 다윗은 분명 다르게 생각하는 하나님의 리더였다. 우리는 너무 영리하게만 인생을 살아오진 않았는가? 남을 섬기기 위해, 정말 힘없는 누군가를 위해 자신을 희생해본 적이 있는가?

자기도 어려운데 더 어려운 사람을 돕기로 결심하고 실천에 옮기는 것, 이 것은 예수님의 마음을 가진 자만이 할 수 있는 일이다. 예수 그리스도께서도 이 땅에 오셔서 우리를 위해 자신의 몸을 찢으시고 피를 흘려주셨다. 예수님의 은혜를 체험한 우리도 연약한 이웃을 위해 자신의 몸을 찢고 피를 흘리는 사랑을 주어야 할 때가 있다. 바로 다윗이 그렇게 행했다. 그래서 하나님은 다윗을 "내 마음에 맞는 사람이라"(행 13:22)라고 칭찬하신 것이다.

또한 여기서 우리는 이스라엘의 실질적인 왕이 누구인지를 알 수 있다. 사울처럼 왕의 지위에 있다고 해서 진정한 왕이 아니다. 왕의 마음을 가져야 진짜 왕이다. 이스라엘 전체를 돌봐야 할 사울 왕은 다윗을 죽이는 데만 정신을 빼앗기고 있었는데, 도망자인 다윗은 오히려 이스라엘 백성을 돌보고 블레셋의 약탈로부터 그들을 지켰다. 즉, 사울은 무늬만 왕이었고, 실제 이스라엘 왕의 역할을 수행한 이는 다윗이었던 것이다.

하나님은 이 사건을 시작으로 이스라엘 백성들로 하여금 누가 진짜 하나님이 기름 부으신 왕인지를 서서히 깨닫게 하셨다. 다윗이 스스로 이런 걸다 계산하고 그일라를 도운 것은 아니었을 것이다. 그러나 하나님께서는 이 모든 것을 다 보고 계셨다. 그랬기에 다윗에게 손해를 무릅쓰고라도 블레셋 군대를 물리치고 백성을 살리라고 하셨을 것이다. 이 사건에는 지금은 힘들더라도 이스라엘 백성들 마음속의 왕좌에 다윗을 앉히시려는 하나님의 뜻이 숨어 있었다.

> 하늘이 땅보다 높음같이 내 길은 너희의 길보다 높으며 내 생각은 너희의 생각보다 높음이니라 사 55:9

그러니 우리는 당장은 상식적으로 손해인 것 같고 어려운 것 같아도 하나님이 인도하시는 길을 따라가야 한다.

은혜를 베푼 뒤에 닥친 위기

그러나 다윗의 부하들이 우려하던 일이 곧 현실로 다가왔다. 다윗이 그일라에 있다는 사실을 '어떤 사람이 사울에게 알린' 것이다. 우리는 그 '어떤 사람'이 누구인진 모르지만, 아마도 그일라에 있는 사울의 스파이가 분명하다.

그일라가 블레셋에게 약탈당할 때는 아무런 조치도 취하지 않던 사울 왕이, 다윗이 그일라에 있다는 소식을 듣고 전 병력을 동원하여 다윗을 잡으러 내려왔다. 이는 자기 백성들을 구하는 일보다 정적 다윗을 죽이는 일이 사울에겐 더 중요했다는 뜻이니, 그는 이미 왕의 마음을 상실한 왕이었다.

사울은 다윗이 그일라를 구했다는 소식을 듣고 왕으로서 마땅히 다윗에게 감사했어야 했다. 왕인 자기가 해야 했던 일을 다윗이 대신 해주었기 때문이다. 그러나 사울은 오히려 다윗을 죽이려고 했다. 다윗이 블레셋과의 국경 지역 근처로 도망 다닐 때는 그를 잡기가 어려웠는데, 이제는 문과 문빗장이 있는 그일라 성읍 안으로 들어갔으니 '독 안에 든 쥐'라고 좋아했다.

사울은 어이없게도 하나님이 다윗을 자기 손에 넘기신 것이라고 해석했다. 국가 최고 권력자라는 사람이 이렇게 형편없는 영적 분별력을 갖고 있다니, 너무나 안타깝다. 이처럼 악인은 하나님의 진짜 뜻을 알지도 못하면서 모든 상황을 자기에게 유리한 쪽으로 경솔히 해석한다. 불의의 길을 가고 있으면서도 하나님이 자기의 편이라고 착각한다.

다윗은 비록 도망하는 신세였지만, 이스라엘 백성에 대한 사랑과 관심이 대단했다. 그러나 사울 왕은 다윗을 찾아 죽이는 것에만 혈안이 되어 있었다. 이렇게 미움의 노예가 된 사람은 큰 그림을 보지 못한다. 하나님이 자신에게 맡겨주신 진짜 사명이 무엇인지를 망각하고, 남을 미워하는 데만 집중한다. 사울은 블레셋과 싸워야 할 나라의 병력을 다윗을 잡는 데 전부 투자했다. 얼마나 큰 국가적 역량 낭비인가. 리더가 방향을 잘못 잡으니 나라가 얼마나 피폐해지는지 모른다.

2021년, 미국의 수도인 워싱턴 D.C.에서 일어난 사건은 세계 모든 사람을 충격에 빠뜨렸다. 대선 결과에 불복하는 트럼프 전 대통령의 지지자들 수천 명이, 순식간에 미 국회의사당에 난입해 네 시간 동안 점거하는 초유의 사태가 터진 것이다. 부통령과 하원의장을 비롯한 국회의원들은 다급하게 경호대의 호위를 받으면서 탈출했고, 시위대를 막으려는 경찰의 발포로 네 명이 사망했다. 주 방위군이 출동하여 시위대를 의사당 밖으로 몰아내기까지, 완전히 공포의 난장판이었다.

독재가 판을 치는 후진국에서나 볼 수 있는 사태가 세계 최강대국이라고 하는 미국의 민주주의 심장부에서 벌어진 것이다. 이 사태의 책임은 누구보다 트럼프 전 대통령에게 있었다. 미국의 대통령은 미국 한 나라만의 대통령이 아니라고 할 만큼 세계에 미치는 영향력이 크다. 그런 미국이 전 세계인들이 보는 앞에서 너무나 실망스러운 모습을 보이고 말았다. 이는 지도자가 권력욕에 사로잡혀 국민을 섬겨야 하는 사명을 망각할 때, 나라가 얼마나 망가질 수 있는지를 단적으로 보여준다.

다윗을 죽이는 데만 온 신경을 쓰고 있던 사울 왕이 바로 그랬다.

억울한 위기 앞에서
하나님의 뜻을 묻다

이때 다윗에게 중요한 사람이 한 명 찾아오는데, 여기에 담긴 영적 의미가 크다. 이전에 사울 왕은 다윗을 숨겨주었다는 이유로 놉의 제사장들을 학살한 적이 있었다. 그때 제사장 아히멜렉의 아들 아비아달만이 살아남아 다윗에게로 도망쳐 왔다. 그리고 그가 도망해서 다윗을 찾아온 시점이 바로 다윗이 블레셋을 치기 위해 그일라에 있을 때였다. 중요한 것은 아비아달이 이 중요한 때에 에봇을 가져왔다는 사실이다. 에봇을 가져왔다는 것은 하나님의 뜻을 물을 수 있는 우림과 둠밈이 있는 판결 흉패를 가져왔음을 뜻한다.

물론 다윗은 항상 하나님을 예배하며 하나님과 교제하는 사람이었지만, 당시에는 이렇게 제사장의 에봇을 통해 왕이 하나님의 뜻을 묻는 것이 정석이었다. 그러므로 아비아달이 다윗에게 에봇을 가져왔다는 사실은, 하나님께서 다윗에게 하나님의 뜻을 알 수 있는 공식적인 창구를 열어주셨음을 의미한다. 하나님의 보호하심과 임재하심이 다윗에게 온 것이다. 눈에 보이는 왕 사울에게는 세상적 조직과 힘이 있었지만, 아무것도 없는 다윗에게는 하나님이 함께하셨다. 그것은 모든 불리한 조건을 만회하고도 남을 축복이었다.

블레셋 군과 상대하여 대승을 거두고 그일라 사람들을 구할 수는 있었지만, 그 일로 다윗의 소재지가 드러나면서 사울 왕의 추격군들이 그일라로 몰려오고 있었다. 사울 왕이 있는 수도 기브아로부터 그일라까지는 약 35킬로미터 거리다. 도로 사정이 열악하고 이스라엘 군대가 대부분 보병이었던 것을 감안하면, 사울이 군대를 소집해서 그일라로 오기까지 적어도 하루는 걸렸을 것이다. 따라서 다행히도 다윗은 사울이 도착하기 전부터 사울 군대의 움직임에 관한 정보를 입수할 수 있었다.

다윗을 도왔다는 이유만으로 아무 죄 없는 놉의 제사장들을 전멸시켰던 사울이었기에, 까딱하면 그일라 성 사람들도 사울의 군대에 전멸당할 수 있었다.

그러나 다윗은 이때도 당황하지 않고 아비아달 제사장에게 에봇을 가져오라고 한 뒤, 정식으로 하나님의 뜻을 기도로 물었다. 그래서 이즈음 아비아달이 에봇을 가지고 다윗에게 온 것이 하나님의 예비하심이라는 것이다. 이는 지금부터 다윗의 인생에 닥치는 수많은 위기 앞에 하나님께 비상 구조 요청을 할 수 있는 직통전화를 놓아주신 것과 같았다. 다윗이 겸손히 하나님께 묻기만 한다면 하나님께서 살길을 알려주실 것이었다.

우리가 예측한 시련이든 아니든, 우리 인생에 힘든 시련이 몰려올 때, 그래서 이러지도 저러지도 못하는 상황에 놓일 때, 우리는 하나님께 기도해야 한다. 다윗은 자신으로 인해 그일라 사람들이 사울의 손에 몰살당할지도 모르는 난처한 상황에서 하나님께 기도했다. 다윗은 어떤 상황에서도 하나님의 섭리를 믿었다.

때로는 하나님의 뜻대로 선한 일을 했음에도 폭풍을 만날 수 있다. 하지만 이 또한 하나님의 계획 속에 있으며, 하나님은 그 길을 통해서도 하나님의 뜻을 이루어나가신다. 우리는 하나님의 섭리를 믿으며 흔들리지 말아야 한다.

그일라 사람들의
배은망덕

그일라는 문과 빗장이 있는 성읍이었고, 다윗은 그 안에 있었다. 사울의 추격군이 온다면 그일라 사람들은 두 가지 대응 중 하나를 선택할 수 있었다. 하나는 그일라 사람들이 자신들을 도운 다윗과 함께 사울의 군대와 싸우는 것이고, 다른 하나는 배은망덕하지만 사울에게 다윗을 넘겨주는 것이었다.

이 문제를 두고 다윗은 하나님께 기도했다. 다윗은 내심 하나님께서 "두려워 말라 네가 어려운 가운데서도 좋은 일을 했으니 내가 사울의 침략군으로부터 너를 지켜줄 것이다"라는 말을 해주시길 기대했을 것이다. 혹은 "그일라 사람들이 네게 은혜를 입었으니 목숨을 걸고 너와 함께해줄 것이다"라는 말을 기대했을지도 모르겠다.

그러나 하나님께서는 염려했던 대로 너무나 힘든 상황이 펼쳐질 것임을 알려주셨다. 하나님은 사울이 군대를 이끌고 그일라로 올 것이며, 그일라 사람들이 다윗을 사울에게 내줄 것이라고 말씀하셨다. 혹시나 했던 다윗은 맥이 풀렸을 것이다. 그일라 사람들은 자신들을 구해준 다윗에게 고마운 마음은 있었지만, 사울의 노여움을 사서 마을이 초토화되는 것은 원치 않았던 것이다.

참으로 야속하지 않은가. 다윗 때문에 살아난 그일라 사람들이 은혜를 갚기는커녕, 오히려 사울 왕에게 다윗과 그 일행을 넘겨줄 분위기였다. 인간이란 그런 것이다. 당장의 자기 안전과 자기 이익을 위해서라면 방금 자신들을 위기에서 건져준 사람도 배신한다. 물에 빠진 사람 건져냈더니 보따리 내놓으라는 정도가 아니라, 자기가 살기 위해 물에서 건져준 은인을 밀고하는 것이다. 그게 인간이다. 이처럼 사람들은 오늘 우리 편에 섰다가 내일 우리의 적이 될 수 있으며, 종종 바람처럼 빙빙 돌기도 한다. 하긴 예수님에게도 반대자와 배신자들이 있었는데, 죄 많은 우리가 어떻게 모든 사람이 우리의 친구요 은인이기를 바라겠는가.

그일라 사람들처럼 자기 살려고 나를 버린 사람들에게 너무 서운해하지 말라. 사람은 자기가 살기 위해서 우리를 버려도, 하나님은 결코 우리를 떠나지 않고 지키실 것이다. 우리는 오직 하나님을 신뢰하며 그저 우리가 할 일을 하면 된다. 우리 주님도 자기 살려고 주님을 부인한 베드로를 질책하지 않으셨다.

그일라 사람들의 배신에 대한 하나님의 말씀을 전해 들은 다윗의 부하들은 '그것 보시라'며 다윗에게 불만을 털어놓았을 것이다. '우리가 염려하던 일이 일어나지 않았습니까? 사울의 군대에게 우리 위치가 노출되었을 뿐 아니라, 우리가 구해준 그일라 사람들이 은혜도 모르고 우리를 배신했습니다' 라고 다윗에게 항의했을 것이다. 어려운 상황에서 남을 도왔는데, 그로 인해 새로운 위기에 봉착하게 되었으니 다윗도 난감했을 것이다. 부하들이 우려하던 일이 바로 현실로 드러나 버려 리더로서의 체면도 서지 않았을 것이다.

그일라 사람들이 어떻게 되든 말든 가만히 있었으면 아무 일도 없었을 것을 괜히 도왔다가 복잡한 상황에 처하게 되었다. 다윗도 사람인데 마음이 착잡하지 않았을까. 하지만 그럼에도 불구하고 다윗은 그에 대해 그일라 사람들에게 실망하거나 보복하려 하지 않았다. 그 일 때문에 사울에게 더 집요하게 쫓기게 되었으면서도 원망하거나 후회하지 않았다. 다윗은 수하 병력을 데리고 그저 조용히 그일라를 떠났을 뿐이다.

이것만 봐도 다윗이 정말 평범한 사람이 아닌, 하나님의 마음에 맞는 사람임을 알 수 있다. 그는 자기중심적인 세상에서 대가를 전혀 기대하지 않고 자기가 가진 것을 아낌없이 퍼부어줬다. 이것은 보답할 능력이 없는 사람들에게 자신의 모든 것을 희생하신 예수님의 사랑과 같다. 결국, 남을 도왔기 때문에 본인이 위험에 처하게 됐는데도 희한하게 다윗은 후회나 원망의 말 한마디가 없었다.

때로는 다윗처럼 남을 도우려고 애쓰고 선한 일을 하려고 애썼는데, 그로 인해 자신이 더 어려워질 때가 있다. 그러나 그런 때일수록 우리는 낙담하거나 좌절하지 말고 하나님을 바라봐야 한다. 때로는 나의 도움으로 살아난 사람이 좀 살만하니까 그일라 사람들처럼 등을 돌려버리는 배은망덕을 보일 때가 있을 수 있다. 그러나 그런 때에 배신감이나 원망 같은 것에 얽매이지 말고 하나님만 바라봐야 한다. 우리가 하나님 바라보고 한 것이지, 사람 덕 보려고 한 것이 아니지 않은가? 하나님이 다 보고 계신다. 기억하시고 갚아주실 것이다.

하나님이
눈동자처럼 지키신다

이때 다윗과 그의 부하들 육백 명가량이 일어나 그일라를 떠났다고 했다.

다윗과 그의 사람 육백 명가량이 일어나 그일라를 떠나서 갈 수 있는 곳으로 갔더니
삼상 23:13

블레셋 땅에서 유다 광야로 돌아올 당시 아둘람 굴에 모였던 다윗의 부하들은 사백 명 정도 되었었다(삼상 22:2). 그런데 그 사이에 이백 명이나 더 늘었던 것이다. 그일라에서 벌어진 블레셋과의 전투에서 전사자도 있었을 텐데, 어떻게 그 짧은 기간 동안 다윗의 부하들의 숫자가 줄기는커녕 오히려 늘었을까.

이는 하나님께서 점점 백성들의 마음을 다윗에게 모이게 하셨다는 증거다. 추측건대, 늘어난 이백 명 중에는 이번에 은혜를 입은 그일라 사람들도 꽤 있었을 것이다. 그일라 사람들이 다 배은망덕한 것은 아니었다. 고난 가운데 있다 할지라도 하나님이 함께하시는 사람은 조금씩 성장하고, 복을 받게 된다.

어려운 가운데서 남을 도우면 내 힘이 줄어들 것 같은데 오히려 하나님께서 보이지 않게 더 큰 은혜를 부어주신다. 고난 가운데서도 이백 명이나 세력이 늘어난 다윗의 군대가 그 사실을 입증해준다.

여기서 '갈 수 있는 곳으로 갔다'는 말은 이곳저곳으로 옮겨 다녔다는 뜻이다. 다윗은 조용히 그일라를 떠나 다른 곳으로 갔다. 당신은 어려운 상황을

바꿔보려고 자신의 힘으로 몸부림쳐 본 적이 있는가? 아마 모르면 몰라도 괜히 힘만 빠지고 화만 나며 상황은 더 나빠졌을 것이다. 우리가 겪는 어려운 상황은 하나님이 허락하신 것이며, 하나님은 그 상황을 통해 무언가를 이루시려는 분명한 목적을 가지고 계신다. 흙탕물이 싫다고 자꾸 흔들어대면 더 혼탁해진다. 차라리 컵을 내려놓고 가만히 기다리면 앙금이 가라앉는다.

어려운 상황 속에서는 인간적 몸부림을 멈추고 잠잠히 한 걸음 물러나 하나님의 뜻을 살펴야 한다. 그렇게 우리가 조용히 기도하며 기다릴 때 하나님께서 우리를 위해 일하신다.

하지만 우리가 기도하지 않고 사울처럼 자신의 욕망을 위해 설친다면 어떻게 될까? 하나님은 일하지 않으실뿐더러 우리가 하려는 일도 막으실 것이다. 그러므로 억울하고 힘든 마음을 주님의 십자가를 생각하며 가라앉혀라. 어렵고 힘든 상황도 하나님이 허락하신 것이니, 우리는 하나님의 섭리를 믿으며 잠잠히 기다려야 한다.

다윗이 그일라를 떠났다는 소식을 들은 사울은 즉시 그일라로 출동하려던 군대를 돌이켰다. 다윗이 그렇게 조용히 물러나니까, 사울의 추격대가 알아서 멈추게끔 하나님이 섭리하셨다.

사울은 군대를 이끌고 그일라로 진격해 오는 것은 포기했지만, 다윗을 추격하는 것은 멈추지 않았다. 대신 다윗을 찾기 위해 군대를 여러 갈래로 흩어, 유다 광야 전 지역을 샅샅이 뒤지면서 수색을 시작했다. 그래서 다윗은 사울의 추격대를 피해 한군데에 머물지 않고 계속 옮겨 다녔다. 이것은 순례자의 인생을 사는 우리 모두의 모습이다. 죄 많은 이 세상은 우리의 집이 아니요, 우리가 쉴 곳이 아니다.

본문을 보면 '사울이 다윗을 매일 찾았다'고 했다.

다윗이 광야의 요새에도 있었고 또 십 광야 산골에도 머물렀으므로 사울이 매일 찾
되 하나님이 그를 그의 손에 넘기지 아니하시니라 삼상 23:14

아마 전 병력을 풀어서 쉬지 않고 미친 듯이 철저하게 수색했을 것이다. 성
지 순례를 갔을 때 다윗이 사울을 피해 다녔던 유다 광야를 가봤는데, 천지
사방이 탁 트인 것이 은폐물이나 은신처가 많지 않았다.

이런 데에서 수만 명의 병력을 풀어서 몇 년간이나 샅샅이 수색했는데 수
백 명이 넘는 다윗의 무리가 안 잡혔다는 사실은 기적이다. 어떻게 그럴 수
있었을까?

다윗이 신출귀몰해서? 아니다.

사울의 군대가 무능해서? 아니다.

사울의 군대가 실수해서? 아니다.

다윗을 잡겠다는 의지가 약해서? 그것도 아니다.

다윗이 사울에게 잡히지 않은 것은, 하나님께서 다윗을 '사울의 손에 넘
기지 아니하셨기 때문'이다. 그일라 사람들은 다윗을 배신했지만, 그 배신
이 사울에게 결정적 도움이 되지 않았고, 다윗에게 결정적 해가 되지 않았다.
하나님께서 중간에 계시니 사울이 다윗을 해하지 못했다.

다윗의 시편을 보면 '내가 여호와께 피하였나니'라는 말이 자주 나온다.
다윗은 실제로 황무지 요새에도 피하고 산골에도 피했으나, 실은 항상 하나
님께로 피하면 안전하다는 믿음이 있었다. 하나님은 그 믿음에 보답하셔서

사울의 무시무시한 추격의 노력이 모두 수포로 돌아가게 하셨다.

예수님의 마음을 닮은
다윗의 리더십

"보석은 어디에 던져 놓아도 보석이다"라는 말이 있다. 다윗은 황량한 광야에 던져놓아도 역시 하나님의 기름 부으신 리더였다. 스스로를 희생해 가면서 안 도와도 되는 사람들을 목숨 걸고 도와주었다. 그로 인해 위험에 처하게 되고, 그가 도와준 사람들도 그에게 등을 돌렸지만, 다윗은 자신의 선택을 후회하지 않았다.

이 사건으로 인해 이스라엘 백성들의 마음에는 자신들의 진짜 왕은 다윗이라는 인식이 서서히 번져 나가기 시작했다.

다윗은 구약에서 예수님을 상징하는 인물이다. 하늘 보좌에 계셔도 되는 예수님은 우리를 구원하시기 위해 이 땅에 오셔서 자신의 목숨을 내놓으셨다. 자신이 구원하러 온 인간들에게 환영받지 못하시고, 배신당하셨으며, 감사하다는 말도 못 들으셨지만, 주님은 자신의 선택을 후회하지 않으셨다. 하나님은 예수님을 높이 올리셔서 모든 이름 위에 뛰어난 이름으로 만드셨다. 세계 모든 이들의 마음속에 예수님이 진짜 왕이심을 알게 하셨다.

우리 또한 예수님의 마음으로 사람들을 섬기면서 살아야 한다. 우리 주변에는 우리의 도움을 필요로 하는 사람들이 많다. 그냥 방관해도 우리를 욕할 사람은 없다. 괜히 돕다가 오해받을 수도 있고, 어려운 상황에 처할 수도 있다. 고맙단 말도 못 들을 수 있다. 그러나 우리는 이 땅의 상급이 아닌 하늘의 상급을 바라고 사는 사람들 아닌가.

예수님의 마음으로, 다윗처럼 세상을 섬기자. 그때 우리는 진정한 세상의 빛과 소금이 될 것이다.

chapter 4

은혜의 방패

사무엘상 23:15-29

앞 장에서 우리는 사울의 추격대를 피해 도망 다니던 다윗이, 그 힘든 와중에도 블레셋의 침략으로 위기에 처한 그일라 마을 사람들을 구해주는 스토리를 살펴보았다. 하지만 그로 인해 다윗의 위치가 사울의 군대에게 노출되어 새로운 위기에 처하게 되었다. 다윗의 부하들이 우려하던 일이 현실로 닥친 것이다. 거기다가 다윗의 은혜를 입은 그일라 마을 사람들도 자기들이 살기 위해서 사울에게 다윗을 넘겨주겠다는 배은망덕한 생각을 한다.

남이야 어떻게 되든 자기 코가 석 자니까 안 도와주고 가만있었으면 아무 일 없었을 것을, 다윗은 오히려 선한 일을 했기 때문에 도리어 자기가 큰 어려움에 처하게 되었다. 하지만 그는 후회나 원망이 없었다. 그저 조용히 그일라를 떠났을 뿐이다.

친구 요나단의
격려

이제 다윗을 쫓는 사울의 대규모 추격대가 본격적으로 유다 광야를 이 잡듯이 뒤지기 시작했다. 다윗이 숨어 있는 곳은 십 광야였는데, 이곳은 헤브론에서 남쪽으로 약 8킬로미터 떨어진 곳으로, 불같이 더운 곳이다.

그 광야 속으로 추격대를 피해 필사적으로 도망 다니는 다윗. 하나님의 은혜로 하루하루 생명을 보존하고는 있었지만, 다윗의 상태는 말이 아니었다. 식량이나 모든 것이 절대적으로 부족한 상황에서 육백 명이 넘는 부하들까지 데리고 도주하고 있었기 때문에 몸과 마음이 너무나 고달팠을 것이다. 특히 그일라 사람들의 배신으로 마음의 상처도 컸을 터이다. 그런데 그때 다윗에게 가뭄에 단비 같은 축복의 사건이 생긴다. 그것은 베스트 프렌드 요나단의 방문이었다.

다윗과 요나단은 오래전 사울의 왕궁이 있는 기브아 외곽의 뜰에서 이별한 후, 지금 처음 만나는 것이었다. 다윗은 그동안 제사장의 도시 놉으로 갔다가, 블레셋 땅 가드로도 넘어갔다가, 다시 유다 아둘람 굴로 돌아왔다가, 모압 땅으로도 갔다가, 그일라를 거쳐 유다 광야 곳곳을 도망 다니는 중이었다.

성경이 "사울의 아들 요나단"(삼상 23:16)이라고 명시한 점을 주목하라. 참으로 묘한 아이러니다. 아버지 사울은 다윗을 죽이려 하는데, 아들 요나단은 어떻게든 다윗을 살리려고 한다. 사울의 군대 모두가 존경하는 장군인 요나단, 게다가 차기 왕위 계승자인 요나단의 이런 마음을 알고, 사울의 부하들도 사울 왕의 명령에 못 이겨 다윗을 추격하면서도 실은 너무 모질게 몰아붙이지 않았을 것이다. 괜히 다윗에게 못되게 굴다가 차기 왕위 계승자인 요나단의 눈 밖에 나고 싶지 않았을 테니 말이다. 그러니 요나단의 호의는 다윗이 사울 군대의 추격에서 살아남는 데 은근히 큰 힘이 되었을 것이다.

이렇듯 하나님께서는 우리를 죽이려는 원수의 내부에도 우리를 살리려는 은혜의 도구를 예비하는 분이시다. 그러니 어떤 상황 속에서도 절망해서는 안 된다.

사울의 군대가 그토록 치밀하게 수색해도 찾지 못하던 다윗의 위치를 요나단은 정확하게 알고 찾아왔다. 이것은 평소에도 두 사람 사이에 은밀한 연락이 있었음을 뜻하며, 동시에 하나님께서 요나단을 다윗에게 보내셨음을 뜻하기도 한다. 사실 사울 왕은 아들 요나단이 다윗과 친분이 있음을 알고 있었기 때문에, 요나단에게 미행을 붙였을지도 모르는 일이다. 그러므로 요나단이 그 미행을 따돌리고 다윗을 찾아오는 것은 정말 위험하고 조심스런 일이었다. 하나님의 도우심 없인 불가능한 일이었다.

요나단은 힘든 처지에 있는 친구를 그저 인간적인 말로 위로하기 위해 온 것이 아니었다.

> 사울의 아들 요나단이 일어나 수풀에 들어가서 다윗에게 이르러 그에게 하나님을
> 힘 있게 의지하게 하였는데 삼상 23:16

요나단이 다윗에게 "하나님을 힘 있게 의지하게" 했다고 하는데, 이 부분의 히브리어 원어 의미를 정확히 번역해보면 "(다윗이) 하나님으로 말미암아 힘을 낼 수 있도록 도왔다"라는 뜻이다. 너무나 절박하고 힘든 때에 오랜 친

구가 왔다는 사실만으로도 다윗에게는 큰 힘이 되었을 것이다. 그러나 요나단은 다윗에게 인간적 위로를 넘어서 하나님을 더 굳건히 붙잡게 하는 영적 격려를 해주었다. 어쩌면 요나단은 다윗을 붙잡고 뜨겁게 기도해주었는지도 모른다. 좋은 믿음의 친구와 함께 있으면 우리의 신앙이 더욱 강해지는 것을 느끼게 된다.

격려 이상의 격려

또한 요나단은 다윗에게 영적 격려 이상의 말을 했다.

곧 요나단이 그에게 이르기를 두려워하지 말라 내 아버지 사울의 손이 네게 미치지 못할 것이요 너는 이스라엘 왕이 되고 나는 네 다음이 될 것을 내 아버지 사울도 안다 하니라 삼상 23:17

사울의 추격대가 다윗을 죽이려고 사방으로 포위망을 압축해오는 긴박한 상황에서, 다윗은 죽음의 두려움에 짓눌려 있었다. 객관적 정황으로 볼 때 다윗의 운명은 바람 앞의 등불이었기에 두려워하지 않는 게 이상할 정도였다. 그러나 요나단은 다윗에게 "두려워하지 말라 내 아버지 사울의 손이 네게 미치지 못할 것"이라고 한다. 사울의 아들로서 사울 군대의 중요한 지휘관인 요나단은 어마어마한 사울 추격대의 규모와 다윗의 곤고한 상황을 누구보다 잘 알고 있었을 터이다. 이 무시무시한 포위망을 뚫고 다윗이 살아남을 확률은 거의 제로에 가까웠다. 그런데도 요나단은 사울 왕의 손이 다윗을 해치지 못할 것이라고 장담한다.

단순히 듣기 좋으라고 하는 말이 아니었다. 그것은 요나단의 다음 말을 보면 알 수 있다. 요나단은 다윗에게 '너는 결국 이스라엘의 왕이 될 것이다. 그리고 사울 왕의 장자로서 현재 왕위 계승자인 나는 너의 밑에 있게 될 것이다. 그리고 내 아버지 사울 왕도 실은 이것을 알고 있다'라고 한다.

실로 충격적인 예언이었다. 사울 왕이 아무리 무섭게 다윗을 죽이려 해도 결국 최후의 승자는 다윗이 될 것이라는 말이다. 그것은 사울 왕조의 멸망을 의미했다. 그러므로 사울의 아들 요나단이 자기 앞날의 멸망을 내포하는 이런 엄청난 예언을 자기 생각으로 했을 리가 없다. 그리고 현재는 모든 정황상 다윗이 절대 불리한 상황이라 이것이 이뤄질 가능성도 희박했다. 그런데도 요나단에게 이 말을 하게 하신 이는 하나님이셨다.

"나는 네 다음이 될 것"이라는 말인즉슨, '네가 왕이 된다면 나는 너의 신하가 되어 섬길 것'이라는 말과 같다. 나이도 다윗보다 한참 많고 현재 왕위 계승 일 순위인 요나단은 이미 모든 것을 내려놓았다. 다윗이 골리앗을 쓰러뜨린 직후 다윗을 처음 만났을 때부터 요나단은 다윗에게 임한 하나님의 기름 부으심을 느꼈다. 그래서 그때 이미 충성 맹세를 하고 다윗과 언약을 맺었다. 그 뒤로 여러 가지 사건들이 일어났지만, 다윗을 향한 요나단의 마음은 변하지 않았다.

요나단이라고 왜 야심이 없고 질투심이 없었겠는가. 그러나 하나님의 선택이 다윗에게 있음을 확인한 순간, 요나단은 그 모든 것을 초월하여 다윗을 축복했다. 그는 결코 피할 수 없는 하나님의 섭리와 싸우지 않았다. 이것이 아버지 사울과 아들 요나단의 다른 점이다. 사울도 하나님의 선택이 다윗에게 있다는 것을 알았으면서 자신의 자리를 지키기 위해 다윗을 죽이려 했다. 그것은 하나님의 뜻에 정면으로 저항한 것이다. 그러니 사울의 인생이 얼마나 비참해졌는지 모른다.

쫓기던 다윗에게 찾아온 요나단이 큰 위로가 되었듯이, 하나님께서는 환난 가운데 있는 우리에게 위로자를 보내서서 우리의 마음을 위로하시는 경우가 많다. 뜻하지 않게 어떤 믿음의 사람으로부터 격려의 전화가 올 수도 있고, 문자가 올 수도 있다.

또한 우리가 누군가에게 그런 존재가 될 수도 있다. 우리는 모두 연약하여 지쳐 쓰러질 때가 있다. 그때 우리는 서로에게 하나님의 위로가 되어주어야 한다. 하나님은 우리가 곤고한 자를 위로하는 도구가 되기를 원하신다. 혹시 지금 기도하는 가운데 하나님이 떠올려주시는 누군가가 있다면 주저 말고 그 사람에게 연락하여 안부를 묻고, 기도해주고, 격려해주기 바란다. 어렵고 힘든 때일수록, 내 코가 석 자일수록, 우리는 나보다 더 힘든 형제를 생각해야 한다.

십 사람들의
밀고

사울에게 쫓겨 다니는 중에도 요나단과의 재회를 통해 다윗은 잠시나마 위로를 받았다. 그러나 요나단과 헤어지자마자 다윗에게는 새로운 위기가 몰려왔다. 그것은 쫓기는 다윗에겐 전혀 생각지 못했던 위기였고, 쫓는 사울 왕에게는 전혀 생각지 못했던 기회였다.

십(Ziph) 지방은 헤브론 남동쪽 6킬로미터 지점에 위치한, 사울의 왕궁이 있는 기브아에서는 상당히 먼 거리였다. 그럼에도 불구하고 이곳 사람들은 그 멀리까지 사울을 찾아가서 다윗이 자기들 땅의 한 요새에 숨어들었다고 알렸다. 이것은 다윗에게는 실로 충격적인 사건이었다. 왜냐하면 다윗을 사울에게 밀고한 십 사람들은 다윗과 같은 유다 지파 사람들이었기 때문이다. 쫓기던 다윗이 이 지역으로 숨어든 것은, 내심 십 사람들이 같은 유다 지파이기 때문에 자신을 보호해주리라 기대했기 때문일 것이다. 그런데 그 십 사람들이 다윗의 뒤통수를 쳤다.

다윗이 썼던 시편 54편에는 이때 다윗이 느낀 배신감이 절절히 표현되어 있다.

> 낯선 자들이 일어나 나를 치고 포악한 자들이 나의 생명을 수색하며 하나님을 자기 앞에 두지 아니 하였음이니이다 시 54:3

여기서 말하는 "낯선 자들"은 문자 그대로 '모르는 사람들'(strangers)이란 뜻이다. 십 사람들은 다윗과 같은 유다 지파의 형제들인데, 다윗을 보호하기는커녕 오히려 앞장서서 다윗을 사울에게 넘기려 했다. 그래서 마치 '낯선 자들, 모르는 사람들'같이 느껴진 것이다. 이들의 배신으로 인해, 다윗은 사울의 추격대에게 위치가 드러나면서 포위되어 광야 생활 최악의 위기에 놓이게 되었다.

다윗은 그들의 배신의 이유를 "하나님을 자기 앞에 두지 아니하였"기 때문이라고 말한다. 이는 하나님은 안중에도 없는 방약무인한 태도를 가리킨다. 하나님 중심으로 생각하지 않는 사람들은 세상적으로, 좀 더 심하게 말하자면 사탄적으로 생각하고 움직인다. 그들은 영악하다. '어떻게 하면 살아남을까? 어느 쪽에 줄을 서야 나에게 유리할까?'를 생각한다. 정치적으로, 계산적으로 움직인다. 안 그래도 사울 왕이 다윗이 속한 유다 지파를 의심의 눈으로 보고 있을 것으로 생각한 십 사람들은, 자기들이 살기 위해 사울에게 다윗을 밀고한 것이다. 아니, 어쩌면 이것을 기회로 큰 포상을 바랐는지도 모른다.

자신을 밀고한 원수가 모르는 사람도 아닌 같은 지파의 형제들이었으니, 다윗의 배신감과 절망감은 극에 달했을 것이다. 우리를 배신하고 아프게 하는 이들이 바로 우리 이웃들이고 가족 친지라면, 우리는 어떤 마음일까? 다윗은 정말 분하고 서글펐을 것이다. 광야는 인간에 대해서 철저히 실망하는 곳이다.

사울의 의미 없는 축복

그토록 심혈을 기울여 다윗을 추적해도 번번이 실패했던 사울 왕은 유다 지파 십 사람들의 밀고를 듣고 쾌재를 불렀다. 십 사람들이 아주 구체적으로 "광야 남쪽 하길라 산 수풀 요새에"(삼상 23:19) 숨었다고 다윗의 위치를 알려주었기 때문이다. 요즘으로 치면 아예 GPS 좌표를 찍어주는 수준으로 정확하게 다윗의 은신처를 알려준 것이다. 사울은 여태껏 이처럼 정확히 다윗의 위치를 파악한 적이 없었다.

십 사람들은 거기에 한술 더 떠서 "왕은 내려오시기를 원하시는 대로 내려오소서 그를 왕의 손에 넘길 것"(삼상 23:20)이라며 자신들이 다윗 체포에 앞장서겠다고 안내인 역할까지 자청했다. 덧붙여 그것이 자기들의 당연한 의무라고 했다. 이쯤 되면 충성 맹세가 극에 달한 셈이다.

사울 왕은 이제야말로 신출귀몰한 다윗을 잡을 수 있겠다고 생각했다. 너무나 기분이 좋았다. 사울은 십 사람들이 자신을 긍휼히 여겼다며 그들을 축복했다. 일반적으로는 왕이 백성을 긍휼히 여기는데, 사울은 백성이 왕을 긍휼히 여겼다고 말했다. 보통 긍휼히 여김을 받는 자는 불행한 사람들, 고통받는 사람들, 가난한 사람들이다. 그런데 사울이 자신을 긍휼히 여김을 받는 대상에 포함시킨 것은 자기가 매우 힘든 상황에 있다고 생각했기 때문이다.

참 재미있지 않은가? 누가 봐도 사울은 온 나라의 권력을 장악한 압도적 군사력을 지닌 절대 강자고, 다윗은 그에게 쫓기는 절대 약자다. 긍휼히 여김을 받아야 할 사람은 오히려 다윗인데, 사울 자신이 긍휼의 대상이라는 것이다. 모든 것을 가지고도 하나님을 거역하는 사람은 마음에 평안함이 없고 담대함이 없다. 마음이 불안하고 초조하다. 사울이 지금 그렇다.

이렇게 어이없는 약자 코스프레를 한 사울 왕은 다윗의 위치를 알려준 십 사람들을 하나님의 이름으로 축복한다.

여호와께 복 받기를 원하노라 삼상 24:21

하나님이 기름 부은 사람을 해치는 일을 하는 사람을 하나님의 이름으로 축복하는 것은, 하나님의 이름을 망령되이 일컫는 일이다.

이렇게 하나님의 뜻과 어긋나는 일을 하면서, 하나님의 이름을 사용하고 하나님의 축복을 구하는 사람들을 가끔 본다. 그런데 이 행위는 아무 의미가 없다. 하나님의 뜻과 상관없는 이 축복은 아무런 효과를 발휘하지 못한다. 하나님의 임재가 이미 사울을 떠났기 때문에 그의 바람이 이뤄질 리가 만무하다.

십 사람들이 다윗의 위치를 정확히 알려주었음에도 불구하고, 사울은 아직도 불안했다.

어떤 사람이 내게 말하기를 그는 심히 지혜롭게 행동한다 하나니 너희는 가서 더 자세히 살펴서 그가 어디에 숨었으며 누가 거기서 그를 보았는지 알아보고 그가 숨어 있는 모든 곳을 정탐하고 실상을 내게 보고하라 내가 너희와 함께 가리니 그가 이 땅에 있으면 유다 몇 천 명 중에서라도 그를 찾아내리라 하더라 삼상 24:22,23

이 구절을 히브리어 어순에 따라 정확한 의미를 살려 번역해보면 이런 내용이다.

"너희들은 지금 바로 가서, 더 확실하게 알아보고 확인하라. 다윗은 보통 지혜롭고 교활한 자가 아니니 만만히 봐선 안 된다. 한 치의 실수도 있어선 안 된다. 현장을 직접 가서 그가 숨을 수 있는 모든 장소를 확인하고 나에게 돌아오라. 그러면 그때에 내가 너희와 함께 갈 것이다. 만일 그가 그 땅 안에 있으면 내가 유다 지역 수천 명을 하나하나 다 살펴서라도 반드시 다윗을 잡겠다."

다윗이 보통 사람이 아니라는 것을 잘 알고 있는 사울은 모든 것을 확실히 해두고 싶었다.

마지막에 "그를 찾아내리라"의 히브리어는 샅샅이 뒤져서 다윗을 잡기까지 결코 수색을 포기하지 않겠다는 사울의 무서운 집념을 보여준다.

극적인 타이밍,
극적인 위기 탈출

사울 왕의 강한 의지를 확인한 십 사람들은 다윗의 위치를 더욱 정확하게 정탐하기 위해 십 광야로 갔다. 이때 다윗 일행은 십 광야에서 남쪽으로 약 8킬로미터 떨어진 아라바 지역의 마온 광야에 있었다.

사울은 확실한 정보망을 통해서 다윗 일행이 마온 광야에 있다는 정보를 입수하자마자, 지체 없이 군대를 총출동시켰다. 엄청난 병력이 본격적으로 다윗을 향해 포위망을 좁혀 왔다. 쫓고 쫓기는 추격전이 시작되었다. 다윗이 거느린 부하들이 육백 명이 넘었기에, 이 많은 숫자가 한꺼번에 도망 다니는 일은 결코 쉽지 않았다. 이때까지 수많은 위기를 잘 넘겨온 다윗이었지만, 사울의 대규모 추격군이 이렇게 코앞까지 바짝 추격해온 적은 처음이었다. 사울의 군대는 다윗의 위치를 정확히 파악하고 사방에서 포위망을 좁히며 빠르게 밀려왔다.

용맹한 다윗도 이번에는 절체절명의 위기를 직감했다. 그는 황급히 사울의 추격을 피해 부하들과 함께 바위 협곡으로 내려갔다. 아마 그쪽에는 사울의 추격대를 피할 수 있는 동굴들이 많았기 때문이었을 것이다.

사방이 탁 트인 광야라 몸을 숨기고 도망하기가 쉽지 않은 지형이다.

그곳은 험준한 산악 지역의 광야였으므로 추격자나 도망자 모두 어려움 가운데 있었다. 사울 군대가 이쪽으로 오면 다윗은 저쪽으로 달아나는 식의 아슬아슬한 추격전이 계속되었다. 양측이 서로를 멀리서 바라보면서도 근접하기는 힘든 지형이었다. 사울은 일방적인 추격이 무의미함을 알고, 포위 작전으로 바꾸어서 다윗에게 접근하려 했다. 이에 빠져나갈 출구가 없게 된 다윗은 "사울을 두려워하여 급히 피하려" 했다. 다윗은 추격대가 따라오기 힘든 위험한 험산 준령을 타고 도피함으로써 추격을 따돌리려 했는데, 이는 다윗 일행도 목숨을 걸어야만 하는 위험한 선택이었다.

"이제 다 잡았다."

사울은 회심의 미소를 지었다. '천하의 다윗도 이제 독 안에 든 쥐다. 기나긴 추격전이 이렇게 막을 내리는구나'라는 생각에 사울 왕은 가슴이 뛰었을 것이다. 다윗도 순간 모든 것을 체념했을 것이다. 그런데 바로 그때, 아무도 생각하지 못한 돌발상황이 일어났다.

사울의 군대가 다윗을 완전히 궁지에 몰아넣고 마지막 일격을 가하려는 찰나, 갑자기 급보가 사울에게 전해졌다. 이스라엘의 대적 블레셋 군대가 이스라엘을 침공했다는 소식이었다. 블레셋의 크고 작은 침입은 항상 있었지만, 이번 침략은 왕이 직접 군대를 돌려서 가지 않으면 안 될 정도로 엄청난 규모였음이 분명했다.

문제는 타이밍이었다. 분통이 터진 사울은 땅을 쳤다. 하필이면 그토록 안 잡히던 다윗을 거의 다 잡은 이 순간에 블레셋이 침공해 오다니…. 그러나 다윗을 잡느라 나라가 망하게 할 수는 없는 일이었다. 사울은 분해서 땅을 치며 추격을 중단하고 군대를 돌릴 수밖에 없었다. 이는 절호의 기회를 놓친 사울에게는 '하필이면 지금'이라는 통분의 타이밍이었지만, 죽음의 문턱에서 기사회생한 다윗에게는 '어떻게 지금'이라는 기쁨의 타이밍이었다.

다윗이 도망 다녔던 엔게디 광야

 하나님의 섭리는 이토록 오묘하다. 적의 적은 친구라고 했던가. 다윗이
평생 적으로 싸워왔던 블레셋이 이번에는 다윗의 생명을 구하는 도구가 되었
다. 악인도 하나님의 때에 쓰임 받기 위하여 준비된다고 하더니 바로 이번이
그런 상황이다. 다윗이 블레셋으로 인해 살아나게 되다니, 참으로 기이한 일
이다.

 우리의 고난이 극에 달해 도저히 감당할 수 없을 때, 하나님께서는 결정
적인 순간에 살길을 내주신다. 그러므로 우리는 피할 길이 열리기까지 끝까
지 기도하며 인내해야 한다. 결코 중간에 섣불리 절망하거나 포기해선 안 된
다. 다윗은 절망 가득한 상황 속에서도 끝까지 포기하지 않았기에 하나님께
서 결정적인 순간에 엄청난 반전을 일으켜주셨다.

 하나님은 우리의 한계를 잘 알고 계신다. 그렇기에 죽을 것같이 힘들지만
죽기까지 내버려 두지는 않으신다. 마지막 순간에 구원자 예수님의 은혜의

손길이 나를 잡고 일으켜줄 것이다. 찬송가 가사처럼 "무거운 짐을 나 홀로 지고 견디다 못해 쓰러질 때 불쌍히 여겨 날 구원해줄 이 은혜의 주님 오직 예수"이시다.

기도의 힘

하나님의 기적 같은 구원의 손길은 우연히 임한 것이 아니다. 그것은 절망의 순간에 다윗이 드린 간절한 기도에 대한 응답이었다. 다윗은 최선을 다해 도망치기도 했지만, 동시에 처절하게 기도하며 하나님의 손을 잡았다. 우리는 시편 54편에서 다윗이 그때 얼마나 간절한 기도를 드렸는가를 볼 수 있다. 다윗은 부하들을 데리고 최선을 다해 도주하면서, 하나님께 기도하며 기다렸다.

하나님이여 주의 이름으로 나를 구원하시고 주의 힘으로 나를 변호하소서 시 54:1

여기서 '구원하소서'란 말은 문자 그대로 살길을 내달라는 말이고, '변호하소서'라는 말은 억울함을 풀어달라는 말이다. 그런데 '주의 이름으로, 주의 힘으로' 그렇게 해달라고 한다. 주의 이름이나 주의 힘은 한마디로 하나님의 능력을 말한다. 예수의 이름에는 능력이 있다. 내 힘으로는 절대 안 열리던 문들이 예수의 이름 앞에서 열리기 시작한다.

다윗은 '하나님의 방법으로, 하나님의 능력으로' 문제를 해결해달라고 기도했다. 다윗은 믿었던 같은 지파 형제들의 배신과 그들을 뒤에서 조종한 원수들의 압박에 속이 상했다. 그러나 자신의 힘으로 대처하지 않았다. 온전히 하나님의 손에 문제 해결을 맡겼다.

우리는 때로 어떤 문제를 놓고 하나님께 기도할 때 '이렇게 해달라, 저렇게 해달라'며 응답 방법까지 하나님께 가르쳐드린다. 이것은 우리보다 차원이 다르게 전능하시고 전지하신 하나님을 대하는 올바른 태도가 아니다. 그건 내가 주인이 되고 하나님을 종으로 부리려는 것과 진배없다.

'주의 이름과 주의 힘'은 단순히 하나님의 힘만 빌려달라는 것이 아니라, 하나님의 지혜와 타이밍까지 포함하는 것이다. 어떻게 응답해주실지까지 하나님이 결정해달라는 것이다. 즉, 다윗 구출 계획의 작전을 하나님께서 직접 총지휘해달라는 기도다.

하나님은 우리가 도저히 보지 못하는 수를 읽고 계신다. 그러므로 문제가 얼마나 어렵냐, 적이 얼마나 강하냐, 내가 얼마나 급하냐가 중요한 것이 아니라, 하나님께서 개입하시느냐 안 하시느냐가 중요한 것이다. 우리 생각에는 답이 안 보이는 엉망진창의 상황도 하나님은 단숨에 해결할 수 있으시다. 그러므로 기도하는 자는 오직 하나님께 문제를 온전히 말씀드리고, 자신의 무기력함을 인정하며 엎드리기만 하면 된다.

거기까지 하고 멈춰야 한다. 하나님께서 어떻게 응답하실지는 우리가 걱정할 일이 아니다. 기도한 후에는 더 이상 조바심 내며 머리 굴리거나 불안해하며 잠 못 잘 필요가 없다. 이제 하나님께서 어떻게 역사하실지를 바라보는 일만 남았다.

다윗은 빠져나갈 수 없는 죽음의 위기에 몰렸다. 이렇게 인간의 힘으로는 어쩔 수 없는 사면초가와 같은 절대 한계 상황에 처할 때, 우리는 어떻게 해야 하는가? 다윗은 하나님께 결사적으로 매달렸다.

하나님이여 내 기도를 들으시며 내 입의 말에 귀를 기울이소서 시 54:2

이는 위급한 상황에서 부르짖는 애절한 간청이다. 다윗에게 있어서 기도는 넥타이 매고 점잖게 무게 잡으면서, 남들을 의식하며 하는 것이 아니었다.

사방이 원수들에게 둘러싸여 오직 살길이라곤 위에 계신 하나님뿐인 상황에서, 목숨을 걸고 매달리는 것이 그의 기도였다. 절박한 자가 드리는 기도는 가식이 없다. 듣기만 해도 너무 간절하다. 우리 인생에 정말 힘든 문제가 있다면, 간절히 기도하기 바란다. 하나님은 우리의 진실하고 간절한 기도를 기다리신다.

환난 날에 나를 부르라 내가 너를 건지리니 네가 나를 영화롭게 하리로다
시 50:15

여기서 "환난 날에 나를 부르라"는 맥없이 부르라는 게 아니라, 소리를 질러 절박하고 간절하게 온 힘을 다해 부르라는 뜻이다. 그러면 응답이 있을 뿐 아니라, 하나님께서 영광 받으실 것이라고 한다.

환난 속에서 우리는 간절히 기도할 뿐 아니라 믿음의 기도를 해야 한다.

하나님은 나를 돕는 이시며 주께서는 내 생명을 붙들어주시는 이시니이다 주께서는 내 원수에게 악으로 갚으시리니 주의 성실하심으로 그들을 멸하소서 시 54:4,5

기도하는 사람은 하나님이 어떤 분이신지 확실히 알고, 또 믿어야 한다. 다윗은 하나님이 자신을 돕는 이시며, 자신의 생명을 붙들어주시는 이심을 알았다.

기도만 한다고 되는 게 아니다. 하나님이 개입해서 반드시 해결하실 것이라는 믿음을 가지고 기도해야 한다. 의심하지 말고 기도해야 한다. 사람인 우리도 누군가가 무슨 일을 부탁하면서 "그런데 할 수 있겠어?"라고 의심하면 얼마나 기분이 나쁜가? 하물며 전지전능하신 하나님이시랴. 다윗은 하나님이 반드시 자신을 돕는 분, 자신의 생명을 붙들어주시는 분임을 믿었다. 의심하지 않았다.

이것이 다윗의 대단한 점이다. 다윗은 기도한 다음에는 자기 기도가 반드시 응답될 것을 믿었다. 현실은 절망적이었지만, 그는 반드시 하나님께서 축복의 미래를 주실 것을 믿었다.

내가 낙헌제로 주께 제사하리이다 여호와여 주의 이름에 감사하오리니 주의 이름이 선하심이니이다 시 54:6

여기서 말하는 '낙헌제'란 하나님의 기도 응답에 너무 감사해서, 기쁜 마음에 자발적으로 드리는 헌금이다. 가장 큰 축복을 기도 응답으로 받았을 때, 패배가 승리로 바뀌었을 때 드리는 이 낙헌제를 다윗은 드리겠다는 것이다. 아직 현재 상황은 하나도 나아진 것이 없는데 말이다.

참으로 주께서는 모든 환난에서 나를 건지시고 내 원수가 보응 받는 것을 내 눈이

똑똑히 보게 하셨나이다 시 54:7

이것은 아직 이뤄진 일이 아니다. 그러나 다윗은 믿음의 눈으로 축복의 미래를 미리 내다본 것이다. 참으로 대단한 믿음이다. 우리는 받은 은혜에도 감사하지 못하는 경우가 많다. 하지만 다윗은 아직 받지 않은 은혜에도 미리 감사하며 찬양하고 있다. 우리도 다윗처럼 아직 받지 않은 은혜에 믿음으로 미리 감사해보자.

정말 하나님의 사람으로 살기가 쉽지 않은 힘든 시대를 우린 살고 있다. 그러나 절체절명의 위기 가운데서도 절박한 기도로 살아난 다윗처럼, 우리도 믿음의 기도로 살아날 것이다. 오직 하나님을 붙드는 사람은 그 어떤 두려움도 능히 이길 것이다. 광야에서 다윗을 지키신 것처럼 하나님의 은혜의 방패가 24시간 그를 둘러 지킬 것이다.

chapter 5

기쁨의 근원

사무엘상 25:1-42

오래전 어떤 목사님이 농담 반 진담 반으로 "다윗은 참 여자 복이 없는 사람입니다"라고 말하는 것을 들은 적이 있다. 하긴, 그 말도 딱히 틀린 말은 아니다. 처음 사랑하여 결혼한 사울의 딸 미갈은 거의 정략결혼과 마찬가지여서, 다윗이 관직에서 쫓겨날 때 사울 왕이 억지로 이혼시켜 다른 남자에게 시집 보내버렸다. 훗날 다윗이 왕이 되었을 때 다시 합치긴 했지만, 미갈은 남편을 존경하지 않고 오히려 조롱했다. 밧세바 또한 부하의 아내였는데 불륜을 통해 다윗의 부인이 되었기에 밧세바와의 결혼 이후 다윗에게 너무나 많은 어려움이 밀려왔다. 하지만 그런 다윗의 인생에도 생각지 못했던 축복으로 다가온 한 여인이 있었으니, 그녀가 바로 이 장에서 다루고자 하는 이야기의 주인공, 아비가일이다. 지혜롭고 현숙한 여인 아비가일로 인해 수많은 사람이 위기를 어떻게 넘기게 되었는지, 지금부터 살펴보자.

무지한 나발의
어리석은 배은망덕

위대한 하나님의 사람 사무엘이 죽었다.

사무엘이 죽으매 온 이스라엘 무리가 모여 그를 두고 슬피 울며 라마 그의 집에서
그를 장사한지라 다윗이 일어나 바란 광야로 내려가니라 삼상 25:1

사무엘은 미스바 기도 대성회를 통해 이스라엘 백성들이 하나님 앞에 회
개하게 함으로 블레셋의 침략을 물리치게 했던 인물이다. 그 후, 사울 왕을
기름 부어 세움으로써 사사 시대를 마무리하고 왕정 시대의 문을 열었다. 이
어 사울이 하나님께 불순종하자 다윗을 기름 부어 세웠다. 사무엘은 이스라
엘 전체가 나라의 영적 아버지로 존경하던 인물이었기에, 그가 세상을 떠나
자 온 이스라엘이 그의 죽음을 애도했다.

사무엘의 장례식이 끝난 뒤에 "다윗이 일어나 바란 광야로 내려가니라"라
는 표현으로 미루어 보아, 다윗은 쫓기는 몸이었지만 사무엘의 장례식에 참
여한 것이 분명하다. 다윗은 자신의 영적 아버지와도 같은 사무엘의 죽음으
로 인해 슬픔이 컸을 것이다. 하지만 슬픔을 채 추스를 시간도 없이 다윗은
장례식 후 이스라엘 본토에서 멀리 떨어진 바란 광야로 내려간다.

이는 사무엘의 죽음으로 인해 더욱 광기를 부리며 다윗을 추적해올 것이
뻔한 사울을 피하기 위해서였을 것이다. 하지만 바란까지 내려갔던 다윗은
다시 십 광야 아래의 마온으로 올라왔다. 다윗은 육백 명이 넘는 부하들을
거느리고 있었기에 항상 식량과 물자가 부족했다. 해서 다윗은, 마온에서

나발이라는 지역 유지를 통해 부족한 식량 문제를 해결하려 했다.

나발은 삼천 마리의 양과 천 마리의 염소를 소유한 자로, 그 지역의 가장 큰 부자였다. 그리고 때는 마침 양털을 깎는 때였다. 목축을 중요시하던 당시 사회에서 양털 깎는 날은 대대적인 잔치를 벌여 평소 자신에게 은혜를 베푼 이웃들과 나그네들을 대접하는 축젯날이었다. 그래서 다윗은 겸사겸사 열 명의 사자들을 나발에게 보냈다.

다윗은 사자들을 통해 자신이 나발의 목장에 해를 끼치지 않았을 뿐 아니라, 오히려 나발의 목자들을 도와 양들을 하나도 잃어버리지 않게 했음을 강조했다. 나발의 목자들의 증언에 따르면, 다윗 무리가 단순히 나발의 양들을 훔치지 않은 정도가 아니라 다른 불손한 무리가 양을 훔치지 못하도록 지켜주었다고 한다.

어떤 보상을 바라고 그렇게 한 것은 아니었다. 비록 광야 생활을 하며 쫓겨다니던 다윗이었지만, 그는 이미 왕의 마음을 가지고 백성들을 대했기 때문이다. 하지만 다윗에겐 육백 명이나 되는 식구들을 먹여 살려야 할 책임이 있었다.

다윗 무리는 사무엘의 죽음 이후 더 무서워진 사울의 추격을 피해 광야를 도망 다니느라 많이 배고프고 지쳐 있었다. 그런데 마침 유목민들의 축제인 양털 깎는 날이라고 하니 가장 부유한 나발의 집에 식량 도움을 정중히 청한 것이다. 8절에 보면 다윗은 "네 아들 다윗에게 주기를 원하노라"라고 말하며 나발을 아버지의 위치로 높이고 자신은 한없이 낮춘다. 아무리 나발이 실제로 나이가 많다고는 하나, 이스라엘 전군을 호령하던 장군 다윗으로서는 부하들을 먹여 살리기 위해 자존심을 다 버리고 겸손히 요청한 것이다.

생판 모르는 남도 융숭하게 대접하는 축제의 날이다. 하물며, 자신의 양 떼들을 보호해준 다윗 일행을 나발은 당연히 잘 대접했어야 했다. 그가 소유한 엄청난 재산을 생각할 때, 그 정도 비용은 아무것도 아니었다. 최소한의 양심이나 상식이 있는 사람이라면 그렇게 했을 것이다.

또한 그렇게 했다면 훗날 이스라엘의 왕이 될 다윗이 은혜를 잊지 않고 나발을 영화롭게 해주었을 것이다. 그런데 나발은 정말 아둔한 잘못을 저지른다. '나발'이라는 이름은 '어리석음'이라는 뜻인데, 정말 이름값을 한다. 3절에서 '완고하고 행실이 악한 자'로 소개된 그는 다윗의 사자들에게 믿기 힘든 모욕을 준다.

"다윗이 누구며 이새의 아들이 누구냐."

세상에! 골리앗을 쓰러뜨리고 왕의 사위가 된 용사 다윗이다. 블레셋과의 수많은 전쟁에서 연전연승한 국민적 영웅인 다윗을 모르는 사람이 누가 있단 말인가. 나발이 진짜 다윗이 누구인지 몰라서 그런 말을 하진 않았을 것이다. 오히려 알면서도 당시 도망자 신분으로 쫓기고 있던 다윗을 모욕하기 위해서 그렇게 말한 것이다. 거기다가 나발은 한술 더 떠서 "요즈음에 각기 주인에게서 억지로 떠나는 종이 많도다"라고 비아냥거렸다. 다윗을 자신의 주인 사울에게서 도망친 불량한 종의 하나로 모독한 것이다. 나발은 부패한 사울 왕에게 아부하며, 광야를 방황하는 다윗의 곤고한 처지를 멸시했다.

다윗의 사자들은 너무나 충격적인 모독을 받고 분노에 가득 찬 채 다윗에게로 돌아갔다. 아둔한 나발은 돌이킬 수 없는 실수를 저질러버린 것이다. 하나님이 그에게 재물의 축복을 주신 것은 이웃에게 흘려보내는 축복의 통로가 되게 하시기 위함이었다. 그러나 나발은 남보다 풍성한 재물의 축복을 받았지만, 그것을 인자한 마음으로 가난한 이웃들과 나누려 하지 않았다. 오히려 인색한 마음으로 이웃의 도움 요청을 거절하고 모욕까지 주었다. 특히 하나님께서 기름 부으신 자 다윗을 모독했기 때문에 나발은 곧 하나님의 무서운 심판을 받게 된다.

폭발한
다윗의 분노

돌아온 사자들로부터 나발의 말을 전해 들은 다윗은 분노가 머리끝까지 치밀어 올랐다. 즉시 휘하의 육백 명 부하들 가운데서 무려 사백 명이나 무장을 시키고 긴급히 출동했다. 눈에서 불이 일었다. 목적은 간단했다. 선을 악으로 갚은 배은망덕한 나발을 철저히 응징하는 것이었다.

다윗은 이미 분노로 이성을 잃었다. 그날 밤으로 나발의 집을 쳐서 아침까지 남자는 한 명도 살려두지 않을 것이라고 했다. 모두 죽여버리겠다는 것이다. 가진 병력의 3분의 2에 달하는 사백 명이나 출동시킬 정도니, 가만두면 하룻밤 사이에 나발의 집은 피바다가 될 것이 자명했다.

다윗이 이렇게까지 분노하는 모습은 참으로 낯설다. 왜냐하면 이때까지 다윗은 자신을 배신한 그일라 백성들이나 십 사람들에 대해서도 보복하지 않고 조용히 떠났기 때문이다. 또 자신을 그토록 죽이려 하던 사울 왕을 죽일 절호의 기회가 생겼을 때도, 사울 왕을 죽이지 않고 용서하고 놓아 보내주기도 했던 다윗이다. 물론 마음속으로는 갈등이 있었지만, 그래도 다윗은 자신의 감정을 절제하고 하나님의 용서를 실천하는 너그러운 사람이었다. 그러던 다윗이 왜 이번에는 이렇게 무섭게 분노하면서 나발뿐 아니라 집안

전체를 전멸시키겠다고 나섰을까?

그것은 나발이 '다윗이 누구냐'라는 말로 다윗의 자존심을 짓밟았기 때문이다. 골리앗을 쓰러뜨리는 것을 시작으로 수많은 전쟁을 통해 나라를 지켜낸 장군을 이름 없는 시정잡배 취급한 것이나 다름없었다. 게다가 '주인인 사울 왕을 배신한 종'이라고까지 모욕했다. 사실은 사울 왕이 충성스런 다윗에게 억울한 누명을 씌워 죽이려고 하는 것을 알만한 사람들은 다 알고 있는 일이다. 그런데도 무지한 나발은 지금 다윗이 힘없는 도망자 신세라고 경멸한 것이다.

안 그래도 다윗은 지금 인생의 멘토였던 사무엘의 죽음으로 마음이 한없이 슬프고 괴롭다. 자기가 구해주었던 그일라 백성들이나 같은 유다 지파 십 사람들의 배신도 그때는 그냥 넘어갔지만, 마음에 큰 상처가 되어 남았다. 사울을 죽이지 않고 용서하고 살려준 뒤로 마음속에서 일어난 내적 갈등도 아직 완전히 가라앉은 것이 아니었다. 그런 상태에서 육백 명이나 되는 식구들을 데리고 계속 도망을 다니다 보니, 그들을 먹여 살려야 한다는 스트레스도 엄청났다.

그런 힘든 상황에서도 다윗은 그래도 같은 유다 지파이기 때문에 나발의 양들을 건드리지 않고 잘 보호해주었다. 그런데 나발은 이에 고마워하기는 커녕, 오히려 다윗을 무시하고 모욕했다. 몸과 마음이 안 좋은 상태에서 울고 싶은 아이 뺨 때리는 것처럼, 다윗의 모든 인내심이 한계에 달하며 폭발해 버렸다.

우리도 몸과 마음이 지쳐 있을 때, 자존심 건드리는 사람에게 참지 못하고 폭발할 수 있다. 그러나 아무리 화가 났다고 해도 적군도 아닌 같은 유다 지파 사람을, 그것도 한 가문과 마을 전체를 죽여서 보복하겠다는 것은 결코 현명한 일이 아니었다. 화가 나는 것 자체는 인간이기 때문에 어쩔 수 없다. 하지만 성경은 우리가 분노를 통제하지 못하면 화를 입을 것이라고 경고한다.

> 분을 내어도 죄를 짓지 말며 해가 지도록 분을 품지 말고 마귀에게 틈을 주지 말라
>
> 엡 4:26,27

여기서 "분을 내어도 죄를 짓지 말며"를 영어성경에서는 '화가 난 상태에서 죄를 짓지 말라'라고 번역된다. 성경은 '해가 지도록 분을 품고 있으면 그것은 마귀에게 틈을 주는 것'이라고 했다. 해결하지 않고 계속 쌓아둔 분노는 마귀가 가장 좋아하는 놀이터다.

화가 난 상태에서는 말하고 행동하는 것을 조심해야 한다. 또한 중요한 결정을 내리는 것도 삼가야 한다. 대게 나중에 후회할 어리석은 결정인 경우가 많기 때문이다. 마귀는 분노를 통제하지 못하는 사람에게 달라붙어서 어리석은 결정을 하게 만든다.

그런 어리석은 결정 중의 하나가 다윗처럼 칼을 들어 자기 힘으로 상대에게 보복하는 것이다. 게다가 다윗은 나발뿐 아니라 죄 없는 나발의 집안사람들까지 다 죽이려고 했다. 하나님의 사람도 분노에 휩싸여 이성을 잃으면 이런 괴물이 될 수 있다.

예수님은 "칼을 가지는 자는 다 칼로 망하느니라"(마 26:52)라고 경고하셨다. 또한 하나님은 "너희가 친히 원수를 갚지 말고 하나님의 진노하심에

맡기라 기록되었으되 원수 갚는 것이 내게 있으니 내가 갚으리라"(롬 12:19)라고 말씀하셨다. 성경에서 이렇게 정확히 경고하고 있음에도 불구하고 수많은 사람이 이를 어기고 스스로 칼을 휘두르다가 비극을 자초했다.

당신도 다윗처럼 억울하게 당하고 짓밟힌 자존심에 화가 나 있는가? 지금 당신 앞에 있는 나발에게 칼을 휘두르려 하고 있는가? 그렇다면 이 말씀이 당신을 진정시키려는 하나님의 은혜다.

이렇게 서슬 퍼런 다윗의 분노를 진정시킨 것은 다윗의 부하들이 아닌 전혀 뜻밖의 제삼자, 무지한 나발의 아내 아비가일이었다. 하나님께서는 아비가일을 통해 역사하셨다.

아비가일의 신속하고 지혜로운 결단

다윗의 군대 사백 명이 나발을 치러 온다는 소식을 들은 하인은 나발이 아닌 아비가일에게 화급히 달려가 상황을 고한다. 하인은 아비가일에게 그동안 나발의 하인들과 양 떼들이 다윗에게서 얼마나 큰 은혜를 입었는지, 그럼에도 불구하고 무지한 나발이 다윗의 전령들을 어떻게 모독했는지를 다 고했다. 그리고 이에 분노한 다윗이 나발 집안을 전멸시키려고 오고 있는 일촉즉발의 상황임을 전했다. 덧붙여, 주인 나발은 불량한 사람이어서 이 사태에 관해 말해도 아무 소용이 없다고 생각되어 아비가일에게 왔으니 어떻게든 대책을 강구해달라고 했다.

나발의 하인이 나발이 아닌 그의 아내 아비가일에게 달려가서 이 상황을 고한 것은 정말 잘한 일이었다. 왜냐하면 아둔하고 욕심 많은 나발과는 달리 그의 아내 아비가일은 '총명하고 용모가 아름다운' 현숙한 아내였기 때문이다(삼상 25:3 참조). 다가올 끔찍한 재앙을 막고 이 사태를 수습할 수 있는 사람은 아비가일뿐이었다.

하인으로부터 이 충격적인 소식을 들은 아비가일은 하늘이 노래지는 것 같았다. 평소 남편의 무지함을 익히 알고 있었지만, 이 정도일 줄은 몰랐다. 지체했다가는 오늘 밤 안으로 집안 전체가 멸망할지도 모르는 일이었다. 아비가일은 다윗의 부하들이 먹을 수 있는 음식을 급히 준비했다. 그리고 떡과 포도주와 양고기와 볶은 곡식, 건포도, 무화과 등을 나귀에 가득 실었다. 양털 깎는 축제 기간에 맞춰 준비해 놓은 음식이 있었기에 음식 마련에 큰 어려움은 없었을 것이다. 어리석은 나발은 곳간에 재물을 쌓아 놓고도 인색한 마음을 품었다가 자신과 가문의 멸망을 자초할 뻔했던 것이다.

아비가일은 수백 명이 먹을 수 있는 좋은 음식들을 나귀에 실어 먼저 하인들 편에 다윗에게로 보냈다. 그리고 자신이 그 뒤를 따랐다. 그렇게 해서 다윗의 분노를 조금이라도 가라앉힌 후에 대면하고자 하는 생각이었다.

아비가일은 참으로 지혜로운 사람이었다. 다윗은 지금 자신을 이름 없는 거지 취급하는 인색한 나발에게 자존심이 상해서 분노한 것이다. 그런 다윗에게 아비가일은 가장 귀한 손님에게 대접하는 좋은 음식들을 풍성하게 보냄으로써 '당신은 존귀한 사람입니다'라는 무언의 메시지를 보낸 것이다. 고대 중동에서 남편의 허락 없이 부인 독단으로 집안의 중요한 일을 처리하는 경우는 흔치 않았지만, 지금은 상황이 너무나 급하기 때문에 어쩔 수가 없었다.

사무엘상 25장 14-20절에는 하인에게서 일의 전모를 들은 아비가일이 황급히 식량을 마련해서 보내는 이야기가 나오고, 그다음 21,22절에는 같은 시각 다윗이 군대를 이끌고 나발의 집 쪽으로 오면서 이를 갈며 각오를 다지는 이야기가 나온다. 다윗은 '내일 새벽까지 한 놈도 살려두지 않겠다'라는 무서운 의지를 다진다. 하나님의 사람 다윗도 너무 화가 나 있었기 때문에 일을 평화롭게 해결할 생각을 미처 하지 못했다. 정말 긴박한 상황이었다.

그러나 하나님의 은혜로 아비가일은 분노에 가득 차 달려오는 다윗의 군대와 중간 지점에서 극적으로 만날 수 있었다. 23절에서 아비가일은 다윗을 보자마자 급히 나귀에서 내려 그 앞에 엎드려 얼굴을 땅에 대었다. 그뿐이 아니었다. 아비가일은 다윗을 "내 주여"라고 높이며 자신을 "여종"으로 낮추었다. 그리고 나발의 죄를 인정하고 그 죄를 자신에게 돌려달라고 간구했다.

무슨 말을 하느냐 이상으로 중요한 것은 어떻게 말하느냐이다. 특히 대화를 어떻게 시작하느냐가 너무나 중요한데, 아비가일은 다윗을 높이고 자신을 한없이 낮추는 겸손으로 시작한다. 분노한 사람을 대상으로 말할 때는 아비가일처럼 겸손하고 부드럽게 대화를 시작해야 한다.

다윗을 설득하는
아비가일의 지혜

성경을 보면 다윗을 설득하는 아비가일의 지혜가 얼마나 놀라운지 알 수 있다. 분노하여 이성을 잃은 다윗에게 하나님께서 아비가일을 통해 말씀하신 것이 분명하다.

원하옵나니 내 주는 이 불량한 사람 나발을 개의치 마옵소서 그의 이름이 그에게 적당하니 그의 이름이 나발이라 그는 미련한 자니이다 여종은 내 주께서 보내신 소년들을 보지 못하였나이다 내 주여 여호와께서 살아 계심을 두고 맹세하노니 내 주도 살아 계시거니와 내 주의 손으로 피를 흘려 친히 보복하시는 일을 여호와께서 막으셨으니 내 주의 원수들과 내 주를 해하려 하는 자들은 나발과 같이 되기를 원하나이다 삼상 25:25,26

즉, 아비가일은 이렇게 말하는 것이다.

"제 남편 나발은 이름 그대로 불량하고 무지한 자입니다. 그러니 그런 자는 당신께서 상대할 가치도 없습니다. 하나님께서는 그런 자를 벌하는데 당신의 칼을 더럽히지 마시라고 저를 보내서 막으시는 것입니다. 당신의 모든 원수들과 함께 나발도 하나님의 심판을 받을 것입니다."

분노하고 있는 상대에게는 다른 어떤 설득보다도, 잘못을 인정하는 것이 중요하다. 아비가일은 남편의 죄가 죽어 마땅하다는 것을, 다윗이 이토록 화낼 만하다는 것을 깨끗이 인정했다. 이미 보낸 풍성한 식량과 지극히 겸손하고 부드러운 말투, 자기 남편의 죄를 변명하지 않고 깨끗이 인정하는 아비가일로 인해 다윗의 분노는 조금씩 가라앉기 시작했다.

이어서 아비가일은 다윗에게 하나님이 다윗을 향해 가지고 계신 큰 그림을 보라고 권면한다.

주의 여종의 허물을 용서하여주옵소서 여호와께서 반드시 내 주를 위하여 든든한 집을 세우시리니 이는 내 주께서 여호와의 싸움을 싸우심이요 내 주의 일생에 내 주에게서 악한 일을 찾을 수 없음이니이다 사람이 일어나서 내 주를 쫓아내 주의 생명을 찾을지라도 내 주의 생명의 내 주의 하나님 여호와와 함께 생명 싸개 속에 싸였

을 것이요 내 주의 원수들의 생명은 물매로 던지듯 여호와께서 그것을 던지시리이다 삼상 25:28,29

여기서 아비가일이 말하는 '집'은 하나님께서 다윗을 통해 세우실 이스라엘 왕조를 뜻한다. "지금은 도망자 신세이지만, 하나님께서는 반드시 다윗 당신을 왕으로 세우실 것이며, 새 역사를 시작하실 것입니다. 당신은 자신의 개인이 아닌 하나님의 싸움을 싸우는 사람입니다. 지금까지도 그랬고 앞으로도 그럴 것입니다. 원수들이 당신을 공격해 와도 하나님께서 당신을 지켜 주시고, 오히려 그들을 멸하십니다"라고 말하는 것이다.

광야에서 도망자 생활을 오래하다 보면, 몸과 마음이 지친다. 고난과 아픔의 시간이 너무 오래 지속되다 보면 낙담되고 감정이 날카로워진다. 그러면서 하나님께서 우리에게 주신 큰 비전을 망각하기 쉽다. 고난의 의미를 모르고 고난 자체에 지친다. 또 예민해져서 누가 조금이라도 자존심을 긁으면 날카롭게 반응한다. 다윗도 그랬을 것이다. 그런데 아비가일이 부드럽게 다윗을 위로하며 말한다.

"당신이 그리스도 안에서 누구인지를 기억하세요!"

감정이 격동할 때
정체성을 기억하라

이것은 어쩌면 지금 우리가 들어야 할 메시지인지도 모른다. 성경은 분명 우리가 '사망의 음침한 골짜기를 지나갈 것'이라고 했는데, 마귀는 우리가 계속 거기에 머무르게 될 것이라고 말하면서 고난을 우리의 정체성으로 만들려고 한다.

"너 병 들었구나. 이제 넌 병자야. 앞으로도 계속해서 병자일 거야."

"너 직장 잃었구나. 너 실업자야. 앞으로도 그럴걸?"

"네 친구가 너를 떠났구나. 이번이 처음도 아니지? 넌 사람들이 별로 좋아하지 않는 사람이야. 앞으로 네 곁에는 아무도 남지 않을 거야."

"다윗, 너 광야에 있구나. 넌 정치범이고 도망자야. 앞으로도 계속 그렇게 살아야 할걸. 어차피 버린 인생인데 뭐 어때? 나발 같은 인간 좀 죽인들 어때? 그동안 쌓인 화를 이참에 풀어버려."

그러나 이때 우리는 기도하며 마귀의 절망적인 음성을 뿌리쳐야 한다. 그리고 성경에서 말하는 내 정체성을 기억해야 한다. 절망스런 마음이 들수록 이렇게 외쳐야 한다.

"아니야. 지금 힘든 시기를 지나고 있긴 하지만, 난 여기 머물러 있지 않을 거야. 하나님께서는 내가 '보배롭고 존귀한 존재'라고 하셨어. '나를 지명하여 불렀다'고 하셨어. 내가 '왕 같은 제사장이요 거룩한 나라, 하나님의 소유된 백성'이라고 하셨어. 내게 '일어나 빛을 발하라'라고 하셨어. '열방이 내 빛으로 나올 것'이라고 하셨어. '땅끝까지 이르러 하나님의 복음을 전하는 증인이 될 것'이라고 하셨어. 하나님은 그렇게 위대하고 멋진 걸작품의 인생을 내가 살 것이라고 하셨어. 그러니 사탄아 물러가라!"

우리가 하나님 안에서 어떤 존재인가를 아는 것, 그것은 우리가 오늘을 함부로 살지 않게 하는 힘이 된다. 아비가일이 다윗에게 말하고자 하는 요지는 바로 그것이었다.

'하나님께서는 이 모든 환난을 물리치시고 당신을 이스라엘의 지도자로

세우실 것입니다. 그런데 그때에 후회하거나 슬퍼할 오점을 남겨서는 안 되지 않겠습니까!'

예나 지금이나 높은 자리에 오른 사람들이 과거 무명이던 시절에 아무 생각 없이 저질렀던 잘못으로 인해 발목이 잡혀 두고두고 고생하는 경우가 많다. 나발이 잘못한 것은 사실이지만, 그로 인해 나발의 집안사람들까지 전멸시키게 되면 후폭풍이 클 것이었다.

게다가 나발은 다윗과 같은 유다 지파 사람이다. 다윗은 장차 유다 지파의 지원을 기반으로 전 이스라엘의 왕이 될 터인데, 죄 없는 민간인들을 한순간의 감정에 못 이겨 살육했다는 기록이 남게 되면 그것은 새 왕으로서 다윗의 권위에 치명타가 될 수도 있었다. 위대한 제국의 왕이 되어 새 역사를 열어야 할 다윗이 나발 같은 무지한 사람 때문에 발목이 잡혀서는 안 된다는 진심 어린 조언이었다.

살면서 우리는 나발 같은 사람들을 수없이 많이 만날 것이다. 난폭 운전으로 내 차 앞에 끼어드는 사람, 까다로운 고객, 나를 무시하는 직장 상사나 동료 등. 목사인 나도 가끔은 욱하는 성미를 참지 못하고 폭발하고 싶을 때가 있다. 그러나 우리가 어떤 적을 상대로 싸우는가가 우리의 인물 됨의 크기를 결정한다. 하나님이 쓰시는 왕 같은 제사장인 내가, 마주치는 모든 나발 때문에 화를 내고 같이 싸우면 나도 나발과 같은 수준이 된다. 다윗이 나발에게 분노하며 나발을 죽이려고 전 병력을 동원하여 싸운다면 다윗도 나발과 같은 수준의 사람이 되는 것이다. 그것이야말로 마귀가 원하는 그림이다. 천군만마를 호령하고 제국을 다스릴 왕이 될 사람을 동네 불량배 수준으로 떨어뜨리려는 것이다.

마귀는 우리가 분노할 때 그 격한 감정을 틈타, 우리에게 감정을 폭발시켜서 칼을 휘둘러 상황을 해결하라고 속삭일 것이다. 하나님의 보배로운 자녀들로 하여금 추하고 더러운 행동을 하게 만들려는 것이다. 다윗도 거의 넘어갈 뻔했다. 그래서 성경은 "노하기를 더디 하는 자는 용사보다 낫다"(잠 16:32)라고 한 것이다.

기쁨의
근원

감정을 가라앉힌 다윗은 아비가일의 지혜로운 조언을 통해 영적 분별력을 회복했다. 그리고 다윗이 나서지 않았음에도 하나님께서 직접 어리석고 무자비한 나발을 심판하셨다.

집안이 멸망의 위기를 넘기던 그 밤, 어리석은 나발은 아무것도 모르고 큰 잔치를 벌인 후 술에 곯아떨어져 있었다. 집으로 돌아간 아비가일은 술이 깬 나발에게 전후 사정을 설명해주었다. 나발은 너무나 충격을 받아 낙담하여 몸이 돌같이 굳었다고 했다. 자신과 집안이 하마터면 몰살당할 뻔했다는 사실에 공포와 충격에 사로잡혀 제정신이 아니었을 것이다. 그리고 나서 한 열흘 후에 하나님께서 직접 나발을 쳐서 죽이셨다. 다윗이 나서지 않아도 하나님께서 심판하신 것이다.

다윗은 나발이 죽었다는 소식을 듣고 이 상황 속에서 역사하신 하나님을 찬양했다. 순간의 분노를 억누르지 못하고, 하마터면 두고두고 후회할 죄를 지을 뻔했던 자신을, 하나님께서 아비가일을 통해 지켜주셨음을 깨달았다. 다윗의 장점은 이렇게 자신이 잘못했던 것을 빨리 깨닫고 뉘우친다는 데 있다.

아비가일의 지혜와 자신의 잘못을 빠르게 깨닫고 하나님의 인도하심을 찬양하는 다윗의 모습 말고도 본문의 다윗과 아비가일 스토리에는 정말 놀라운 영적 메시지가 하나 더 숨겨져 있다.

심판받은 나발과는 대조적으로 아비가일은 다윗의 아내가 되어달라는 요청을 받는다. 장차 왕이 될 다윗의 아내가 되는 것이다. 믿음의 보상은 이렇게 영광스럽다. 다윗이 예수 그리스도의 예표라면 아비가일은 교회의 예표라 할 수 있다. 교회는 신부로서 신랑 되신 그리스도와 하나가 되는 존재다. 주님은 교회의 머리가 되신다. 그러므로 교회는 그 앞에 항상 겸손히 엎드려야 하고, 그 말씀에 순종해야 한다.

아비가일은 다윗의 혼인 요청을 전하는 사자 앞에서도 얼굴을 땅에 댈 정도로 자신을 낮췄고, 즉시 일어나서 나귀를 탈 정도로 순종적이었다. 아비가일은 겸손과 순종의 표상이었다. 그녀는 다윗을 "내 주"라고 부르며, 전적인 헌신을 고백했다. 비록 지금은 볼품없는 다윗이지만, 훗날 그가 왕이 될 것을 의심하지 않고 축복하며 믿었다. 그로 인해 아비가일은 지쳐 있던 다윗의 마음에 위로와 기쁨을 주었다. 그래서 '아비가일'이란 이름의 뜻이 '기쁨의 근원'인지도 모르겠다.

아비가일처럼 교회는 예수 그리스도를 '나의 주 나의 하나님'으로 고백한다. 세상이 예수님의 가치를 몰라줘도 우리는 주님이 모든 이름 위에 뛰어나신 이름임을 믿고 고백해야 한다. 진심으로 그 고백을 하는 자에게 구원의 복이 주어지고, 주님의 신부가 되어 보배롭고 존귀한 존재가 된다.

우리는 세상 그 무엇과도 바꿀 수 없는 사랑을 주님으로부터 받았기에 우리의 온 맘과 뜻을 다해 주님께 헌신하는 삶을 살아야 한다.

chapter 6

다윗의 위험한 블레셋 망명 생활

사무엘상 28:1-2 ; 29:1-11

많은 사람이 자기는 어떤 상황에서도 신념을 타협하지 않는 원칙주의자라고들 한다. 그러면서 상황에 따라 색깔을 바꾸는 사람들을 기회주의자라고 비난한다.

그러나 살다 보면 우리 안에 원칙주의자와 기회주의자가 둘 다 살아 꿈틀거린다는 것을 알게 된다. 정말 믿음이 좋고 의지가 굳은 사람도 너무 힘든 상황에 몰리게 되면, 평소에는 절대 안 하겠다던 일을 하며 현실과 타협하게 되는 경우가 있다. 그리고 그렇게 변해가는 자신의 모습에 스스로도 고통스러워한다.

블레셋 망명 생활을 하는 다윗이 그랬다.

블레셋 왕 아기스와의
위험한 줄다리기

내가 이전에 냈던 책 《뷰티풀 광야》에서 다윗이 광야 생활 끝머리에 적국 블레셋으로 망명했던 이야기를 다룬 바 있다. 그 내용을 다시 한번 복습하고 본문을 다루는 게 좋겠다.

다윗이 사울에게 쫓기며 광야 생활한 지 팔 년째에 접어들었을 때, 다윗은 부하들과 가족들을 모두 데리고 국경을 넘어 이스라엘의 원수인 블레셋 땅으로 망명했다. 거기로 가면 사울의 추격으로부터 자유로워질 수 있을 것이라고 생각했기 때문이다.

팔 년이 넘는 광야 생활 동안 하나님께서 그토록 철저하게 다윗을 지켜주셨고, 또 수많은 사람을 통해 다윗이 왕이 될 것이라는 약속의 말씀을 주셨건만, 다윗은 사울에 대한 두려움을 이기지 못했다. 그래서 블레셋 망명이라는 악수를 둔 것이다.

다윗 나름대로는 자기 가족과 부하 식솔들까지 수백, 수천의 사람들을 안전하게 지키고 먹여 살려야 한다는 책임감도 있었을 것이다. 그러나 그 중요한 문제를 제대로 기도해보지도 않고 두려움에 근거해서 결정해버린 것은 크나큰 실수였다. 블레셋은 결코 안전한 피난처가 아니었다.

블레셋의 왕 아기스가 한때 수많은 블레셋 군을 몰살시켰던 다윗의 망명을 받아준 데에도 나름의 이유가 있었다. 이스라엘과 철천지원수 사이였던 블레셋으로서는 이스라엘의 왕 사울의 강력한 라이벌 세력인 다윗을 도와줌으로써 이스라엘의 내분을 조장할 수 있겠다는 계산이 있었다.

더 나아가 다윗과 다윗의 반란 세력들에게 피난처를 제공함으로써 장차 있을 이스라엘과의 전쟁에 그들을 용병으로 사용하려고 했다. 이스라엘의 전설적인 장군이었던 다윗이 만약 칼을 거꾸로 들고 블레셋 군대의 선봉장이 된다면, 그 사실 하나만으로도 이스라엘 군의 사기는 땅에 떨어질 것이었고, 반대로 블레셋 군대는 엄청난 반사이익을 누리게 될 것이었다.

즉, 다윗은 사울의 추적을 피할 피난처가 필요했고, 블레셋 왕은 사울과의 전쟁에서 앞장설 선봉부대가 필요했다. 다윗과 블레셋 왕은 서로의 필요에 의해서 손을 잡게 된 것이다. 허나 매우 불안한 오월동주 같은 동맹이었다.

블레셋 왕과 다윗은 서로를 완전히 믿고 있지는 않았기에, 다윗은 국경 지역의 시글락이라는 마을에 근거지를 정했다. 블레셋 왕이 다윗에게 제대로 물자 공급을 해주지 않았기 때문에, 다윗은 자신이 거느린 수천 명의 부하들을 먹여 살리기 위해 주변 마을들을 약탈했다. 그는 국경 지역에 있는 이스라엘과 적대적 관계의 부족들인 그술과 기르스, 아말렉의 마을들을 차례로 공격해서 물자는 약탈하고, 사람들을 전멸시켜 나갔다. 그리고 블레셋 왕 아기스에게 와서는 이스라엘 마을들을 공격해서 전멸시켰다고 속였다. 당시에는 인공위성 사진이나 CCTV 같은 첨단 통신 장치가 전혀 없었으므로 생존자를 남겨두지 않으면 완벽한 증거 인멸이 될 수 있었다.

아기스는 그대로 속아 넘어갔다. '이제 다윗이 이렇게 이스라엘 사람들에게 원한을 샀으니, 영원히 내 사람이 되겠구나' 하고 속으로 은근히 득의양양했다. 이렇게 해서 다윗은 1년 4개월 정도의 시간을 안전하게 보낼 수 있었다. 그러나 다윗의 이 불안한 평안은 오래 가지 못했다.

영적 암흑지대 블레셋에서
영혼이 병들어가다

이 기간 동안 다윗은 육체적으로는 안전했을지 몰라도 영적으로는 병들어가고 있었다. 그가 블레셋 땅으로 들어간 것은 '영적 암흑지대'(dark territory)로 들어간 것과 같았다. 늘 하나님과 동행하던 예배자 다윗이 그곳에서는 하나님과의 교제가 거의 끊어지다시피 한 채로 지냈다. 고난이 힘든 것이 아니라 고난의 시간을 기도 없이 보내는 것이 진짜 힘든 것이다.

구약학자들은 다윗이 블레셋 땅에 있는 1년 반 가까운 시간 동안 시편이 거의 하나도 쓰이지 않았음을 지적한다. 찬양의 사람 다윗이 찬양의 샘이 말라버린 것이다. 어둠의 권세는 어떻게든 우리 안에 예배의 열정을 죽이려 하기 때문이고, 어둠의 권세가 다스리는 땅에서 제대로 예배하기는 정말 힘들다.

다윗은 잠깐 살기 위해서 블레셋으로 들어간 것뿐이라고 생각했겠지만, 망명 생활은 생각보다 길어졌다. 그리고 다윗은 그 기간 동안 살아남기 위해서 발버둥을 치다 보니, 자기도 모르게 점점 블레셋 사람들처럼 변해갔다. 다윗이 있음으로써 블레셋이 성화된 것이 아니라, 다윗이 세속화되었다. 그의 말과 행동에 블레셋의 체취가 계속해서 묻어났다.

첫째로, 진실한 사람이던 다윗이 거짓말을 계속하게 되었다. 전에는 블레셋과 싸우던 다윗이 이제는 블레셋 왕 앞에서 '자신은 당신의 종'이라고 말한다. 그것부터 마음에도 없는 거짓말이다. 그렇게 블레셋에 정착한 뒤, 이스라엘을 대적하는 국경 마을들을 약탈하면서, 블레셋 왕에게는 이스라엘 마을들을 약탈했다고 거짓말했다.

악당을 속이는 것이 무슨 문제냐 하겠지만, 하나님께서는 악을 선으로 이기라고 하셨지, 악으로 악을 이기라고 하지 않으셨다. 한 번 거짓말하기 시작하니까, 두 번 세 번 계속 거짓말을 해야만 살아남을 수 있었다. 진리를 말하는 사람은 항상 떳떳하고 당당한데 거짓을 말하는 사람은 항상 비밀이 많고 눈치를 보게 된다. 안타깝게도 다윗이 그렇게 된 것이다.

둘째로, 인자하던 사람 다윗이 포로도 남기지 않고 민간인들을 모두 살육하는 폭력적인 사람이 되었다. 물론 그들은 이스라엘 사람들이 아니고 오히려 이스라엘과 대적 관계에 있던 부족들이었기 때문에 상관없지 않냐고 생각할 수 있다. 오히려 망명 생활 중에서도 '하나님의 백성을 대적하는 자들을 내가 심판하고 있으니 하나님의 일을 하고 있는 것이 아닌가'라고 생각할 수도 있다.

그러나 이것은 다윗이 하나님의 명령에 따라 하는 전쟁이 아니었다. 그저 살아남는 데 필요한 물자들을 확보하는 것이 주목적인 약탈전이었다. 아무리 하나님을 대적하는 부족들이라 해도, 하나님은 쓸데없는 무자비한 살육을 장려하신 적이 없다.

셋째로, 욕심 없던 다윗도 물질주의자가 되어 갔다. 처음에는 거느린 식솔들을 먹여 살리기 위해 시작된 약탈이었다. 하지만 시간이 지나 아기스 왕에게 진상품을 바치고도 남을 정도로 많은 물자를 확보하기까지 이르렀다. 나중에 다윗 자신도 다른 부족들에게 약탈당할 정도로 많은 물자를 갖게 된 것이다. 처음에는 먹고살 수만 있어도 족하다고 생각하며 시작했던 도둑질이, 하다 보니까 앞으로 두고두고 먹고살 수 있을 만큼 비축해 두자는 식으로 바뀌었다. 돈에 대한 욕심을 품는 사람들이 처음부터 다 그렇지는 않다. 돈맛을 보고 나니까 필요 이상으로 쌓아두게 되고, 서서히 나를 지켜줄 것은 돈밖에 없다는 생각으로 변해가는 것이다.

거짓말과 폭력과 물질주의 근성. 이것은 바로 하나님을 대적하는 영적 암흑지대 블레셋 사람들이 사는 방식이었다. '사람은 너무 쉽게 환경의 노예가 된다'는 말이 있다. 하나님의 사람 다윗도 세상 문화의 대명사인 블레셋 땅에 와서 살아남으려고 발버둥을 치다 보니까, 자기도 모르는 사이에 아주 빠르게 그 땅 사람들을 닮아 갔다. 물론 다윗 자신은 살아남기 위해서 '지킬박사와 하이드'처럼 잠시 이중생활 하는 것뿐이라고 생각했을 것이다. '블레셋 사람인 척하는 것이지 진짜 블레셋 사람이 되겠다는 건 아니지 않은가'라고 자기 합리화를 했을 수도 있다.

그러나 정체성이 왔다 갔다 하던 지킬박사와 하이드가 더 이상 자기 스스로 이중생활을 견디지 못하고 무너져 버렸듯이, 다윗도 내적 갈등이 극심했을 것이다. 극심한 정체성의 혼란이 와서 가끔 거울에 비친 자기 모습을 보며 '여기는 어디? 나는 누구?' 하면서 괴로워했을 것이다. 우리가 세상에서 살아남기 위해 세상 사람인 척하는 것은 능사가 아니다. 오히려 세상을 이기기 위해서 스스로를 거룩한 하나님의 백성으로 차별화해야 우리는 살아남고 승리할 수 있다.

블레셋 왕의 종이 된다는 것

선하던 다윗을 이렇게 거짓말 잘하고, 폭력적이고, 물질적인 사람이 되도록 유도한 것은 블레셋 왕 아기스였다. 그는 처음부터 다윗을 이용할 속셈으로 다윗의 망명을 허락했다. 아기스는 다윗에게 먼 국경지대 도시 시글락을 거처로 내어주고 보급 물자도 제대로 공급해주지 않았다. 그것은 다윗에게 국경 지역 이스라엘 마을들을 약탈해서 자급자족하라는 압력이었다. 그러면서도 꼬박꼬박 다윗에게서 진상품을 받아 챙기며 '오늘은 어디를 침노했느냐'고 물었다. 다윗이 '이스라엘이나 그들과 친한 부족들을 쳤다'고 하면 좋아하면서 다윗을 칭찬해주었다. 그것은 '잘했다. 더 해라'는 의미였다. 약탈자로 변한 다윗은 블레셋 왕의 이쁨을 받았지만, 그게 하나님의 사람으로서 좋은 일인가.

다윗은 망명 초기에 아기스 왕에게 '나는 당신의 종입니다'라고 말했다. 물론 진심이 아니라 아기스 왕의 경계심을 풀고 그의 환심을 사기 위한 말이었다. 그러나 오직 하나님만을 주인으로 섬겨야 할 다윗이 결코 해서는 안 될 말이었다. 말의 힘이 얼마나 무서운가? 아기스는 다윗의 그 말을 딱 빌미 삼아 다윗의 주인 노릇을 하려 했다. 다윗의 망명을 받아주어 사울의 추격으로부터는 보호해주었지만, 그 대신 아기스는 다윗을 자신을 위해 일하는 종으로 끊임없이 부려 먹었다. 그러면서 블레셋의 가치관으로 살게끔 서서히 다윗을 유도했다. 조폭 두목이 갈 데 없는 가출 청소년을 받아주면서 결국 그를 범죄자로 이용하는 것과 같았다.

우리가 누군가를 주인으로 불렀으면 어떻게든 그의 환심을 사기 위해 노력해야 한다. 그리고 환심을 사려면 그가 좋아하는 일을 해야 한다. 그렇기 때문에 악한 주인을 섬기면 악한 일을 해야 할 수밖에 없다. 다윗은 아기스의 환심을 사기 위해서 돈과 폭력과 거짓의 삶을 계속 살아야만 했다. 영적 암흑지대에 들어가 하나님과의 교제가 끊긴 다윗은 속수무책으로 아기스의 악한 리더십에 휘둘렸다. 다윗은 잠시 살아남기 위해 자기가 아기스 왕을 이용한다고 생각했지만, 실은 아기스가 다윗을 이용하고 있었던 것이다.

예수님의 여러 이름 중의 하나가 '주님'(Lord)이다. 이것은 그 당시 노예가 상전에게 '주인님'(Lord)이라고 부르는 존대어였다. 주인님은 종의 모든 것을 소유한다. 즉, 우리가 예수 그리스도를 '주'라고 고백할 때 그분이 우리의 모든 것을 소유하시는 주인님이심을 고백하는 것이다.

지금, 이 세상을 잠시 장악하고 있는 공중권세 잡은 자 사탄은, 세상의 진짜 주인이 아닌 가짜 주인이다. 그는 잔인하고 추악한 자다. 그래서 사탄의 다스림을 받는 세상이 이처럼 어둡고 혼란스러운 것이다. 우리도 한때 가짜 주인의 통치 밑에서 죄의 노예가 되어 살았었다.

그러나 우리는 예수님을 믿는 순간 그동안 우리를 비참하게 얽매어왔던 죄에서 자유하게 되었다. 우리가 속한 나라가 바뀌었고, 우리가 섬기는 주인이 바뀌었다. 우리가 예수님을 "주님"이라고 선포하는 순간, 이제 우리는 하나님의 나라에 속한 백성이요, 우리의 주군은 예수 그리스도이심을 선언한 것이다. 이것은 우리가 이전에 속해 있던 나라의 악한 군주에게 전쟁을 선포하는 것과 같다. 마귀는 이것을 견디지 못하고 우리를 마구 공격하기 시작한다. 그래서 하나님의 백성들은 세상을 살면서 여러 가지 시험을 많이 겪는다. 우리는 이때 믿음으로 마귀의 공격을 담대히 이겨내야 한다.

그런데 다윗의 경우는 반대로 하나님을 '주'라고 선포하던 사람이 마귀를 '주'라고 선포한 것과 같다. 물론 진심이 아니었고, 블레셋 땅에서 살아남기 위한 임시방편이었지만 그러나 블레셋 왕은 그렇게 만만하지 않았다. 다윗이 진심으로 자기를 '주'라고 여기지 않는다는 것을 알았을 테지만, 속아 넘어가주는 척하면서 서서히 다윗을 블레셋화시켜 갔다. 그러면서 결정적인 때에 다윗에게 자신의 종노릇을 확실히 하라고 압박했다. 그것은 블레셋 군의 선봉이 되어 이스라엘을 공격하는 것이었다.

오늘날 크리스천들도 자칫 잘못하면 다윗처럼 되어버릴 수 있다. 진심은 아니더라도 세상 속에서 살아남기 위해 세상 권세를 '주인'이라고 부르고, 그의 환심을 사려 한다. 세상 권세 잡은 마귀는 이걸 다 알면서도 받아준다. 피난처를 제공하고 어느 정도의 성공도 맛보게 해준다. 그러면서 서서히 세상적 삶의 방식에 우리를 물들여간다. 그래서 연기만 하던 것이 진짜 삶이 되도록 우리를 망가뜨려 간다. 예배의 끈이 약해져 버린 영적 암흑지대에 있기 때문에 하나님의 사람도 자기도 모르게 괴물이 되어 간다. 하나님과 세상 사이에 양다리를 걸치는 이중적 삶을 살기 때문이다.

그런데 다윗은 더 이상 그런 이중적 삶을 살 수 없는 순간에 이르렀다.

블레셋 군의
선봉에 설 것을 요구하다

블레셋이 이스라엘을 치기 위하여 군대를 정비했다. 작은 국지전이 아니었다. 블레셋은 엘라 골짜기에서 이스라엘에게 패한 뒤로 가장 큰 규모의 전쟁을 준비하고 있었다. 블레셋은 동원할 수 있는 모든 병력을 총동원했다. 최소한 몇만은 되었을 것이다. 그 과정에서 블레셋 왕 아기스는 블레셋에 망명한 다윗도 군대를 이끌고 동참할 것을 요구했다.

블레셋 왕은 오래전 블레셋 최고의 용사 골리앗을 쓰러뜨리고 그 뒤의 수많은 전투에서 눈부신 전과를 거두었던 다윗의 용맹을 기억하고 있었다. 사실 이번에 이스라엘을 상대로 이런 큰 전쟁을 준비할 수 있었던 것도 이스라엘에 다윗이라는 용장이 없다는 사실, 그리고 그 다윗이 바로 블레셋 군 진영에 있다는 사실에 기인했다.

> 다윗이 아기스에게 이르되 그러면 당신의 종이 행할 바를 아시리이다 하니 아기스가 다윗에게 이르되 그러면 내가 너를 영원히 내 머리 지키는 자를 삼으리라 하니라
> 삼상 28:2

블레셋 왕의 참전 요구는 다윗에게 너무나 힘든 요구였다. 블레셋 군대가 되어 참전하면 동족인 이스라엘 사람들과 싸워 피를 흘려야 한다. 그러나 다윗의 적은 사울이지 이스라엘 백성들이 아니었다. 만약 블레셋 군대의 일원으로 참전한 다윗을 이스라엘 백성이 보기라도 한다면, 그때는 진짜 낭패였다. 훗날 사울이 죽고 난 뒤에 이스라엘 백성 중 누가 적군으로 이스라엘을 공격했던 다윗을 자신들의 왕으로 따르겠는가? 하지만 그렇다고 지금 블레셋 진영에 몸을 맡긴 망명객인 다윗이 블레셋 왕의 명령을 거역할 수도 없었다. 다윗은 참으로 진퇴양난의 위기에 빠졌다. 그는 "왕이여, 당신의 종이 행할 바를 아시리이다"라는 애매한 말로 자신의 복잡한 심정을 표현했다.

그러자 블레셋 왕은 다윗이 이 전쟁을 통해 어떤 확실한 보상을 바라고 있다고 여기고 "네가 나와 함께 참전하여 공을 세우면 내가 너를 영원히 내 머리 지키는 자를 삼을 것이다"라고 하며 다윗을 부추겼다. 참전하여 공을 세우면 시위대장을 시켜주겠다는 말이다. 만약 다윗이 하나님을 안 믿는 일반 망명객이었다면 혹할 제안이었지만, 다윗은 하나님이 기름 부은 사람이었다. 그는 훗날 이스라엘의 왕이 될 사람이었다.

하지만 어떻게 당장 블레셋 왕의 요청을 거절하겠는가? 사울을 피하겠다고 블레셋에 망명해온 다윗으로서는 참으로 난감한 상황에 처하게 됐다. 일이 이 지경까지 이르게 된 데는 다윗의 책임이 컸다. 기도 없이 블레셋 땅으로 망명해온 것부터 잘못이었지만, 국경 지역 부족들을 약탈하면서 블레셋 왕에게는 이스라엘 부족이나 그들을 돕는 부족들을 약탈한다고 거짓말을 해왔기에 다윗에 대한 블레셋 왕의 신임이 커진 까닭이다. 이제 다윗이 완전히 내 편이 되었다고 믿은 블레셋 왕은 국가의 운명이 걸린 전쟁에 다윗을 앞세우려는 것이다.

지난 16개월간의 망명 생활 동안 다윗이 해온 작은 거짓말들로 인해 이런 큰 곤경에 처하게 될 줄 누가 알았겠는가. 마귀는 항상 작은 것에서부터 우리를 소리 없이 서서히 무너뜨려 간다. 그래서 결정적인 순간에 너무나 큰 파멸의 구렁텅이로 우리를 몰아넣는다. 작은 거짓, 작은 죄라도 철저히 반성하고 회개할 일이다.

블레셋 방백들이 다윗의 출전을 반대하다

블레셋은 가진 모든 병력을 투입하여 이스라엘과의 전면전을 준비했다. 블레셋 왕의 명령이 있었기 때문에, 다윗도 일단은 부하 병사들을 이끌고 전쟁터로 출전해야만 했다. 가긴 가지만 다윗도, 부하들도 마음이 너무 괴로웠을 것이다. 그런데 이때 뜻밖의 사태가 일어났다.

블레셋 왕 아기스는 다윗을 신임하여 왕의 부대를 바로 뒤에서 받치는 경호부대로 놓았다. 그런데 블레셋 방백들에게는 그것이 걱정이었다. 만약 전쟁 중에 다윗이 딴마음을 먹고 이스라엘 편을 들면 블레셋은 꼼짝없이 앞뒤로 포위될 수 있다는 것이다. 오래전 실제로 이스라엘과의 전쟁에서 블레셋은 자신들의 편이라고 생각했던 이스라엘 출신 용병들의 배신으로 큰 낭패를 본 적이 있었다. 그런데 만약 이번에도 그런 일이 벌어진다면? 그것도 골리앗을 쓰러뜨렸던 무서운 용사 다윗이 블레셋 내부에서 칼을 거꾸로 들이댄다면 큰일이었다.

당시 블레셋은 중앙집권 정치 체제가 아니라, 다섯 개의 도시국가가 모여서 만든 국가였다. 중요한 국가 의결 사항은 다섯 부족 방백 회의에서 결정되었다. 따라서 아기스는 비록 연합 국가의 왕이긴 했어도 방백들의 말을 무시할 수는 없었다.

할 수 없이 블레셋 왕은 다윗을 선봉 부대로 세우려던 계획을 포기했다. 진퇴양난의 위기에 빠져서 괴로워하고 있던 다윗의 고민이 한번에 해결되었다. 그것도 블레셋 방백들의 손으로 말이다! 물론 블레셋 방백들은 결코 다윗을 도와주기 위해서 그런 의견을 낸 것이 아니었다. 첫째로는 다윗의 배신을 의심했고, 둘째로는 블레셋 왕이 다윗을 총애하는 것을 질투했기 때문이다. 블레셋 방백들은 혹시 다윗이 큰 공이라도 세워서 왕의 오른팔이 되면 어쩌나 하는 두려움도 있었을 것이다. 이런 의심과 시기, 질투 때문에 블레셋 방백들은 왕에게 압력을 넣어 다윗의 출전을 막았다. 그러나 결과적으로는 방백들이 다윗을 난처한 전쟁에서 빼주는 너무나 고마운 일이 되었다.

하나님은 우리가 저지른 일을 수습하고 덮어주시는 데 전문가이시다. 블레셋을 위해 싸울 수도 없고 안 싸울 수도 없는 진퇴양난의 위기에 몰렸을 때, 스스로는 아무것도 할 수 없는 그 위기의 때에 하나님이 움직이셨다. 그분은 악한 블레셋 방백들의 악한 동기를 통해서 일하셨다. 정말 기가 막힌 방법이었다. 우리가 노력해서 될 때가 있고, 노력해도 안 될 때가 있다. 다윗에게는 이때가 바로 그런 때였다.

진퇴양난의 상황에서 하나님의 일하심을 기다려라

아무런 손도 쓸 수 없는 상황에 처해본 적이 있는가? 이렇게 해도 안 되고, 저렇게 해도 안 되고, 아는 인맥도 없고 너무나 무기력해지는 그런 어려운 상황 말이다. 이렇게 우리가 감당할 수 없는 거친 인생의 파도를 만날 때는 요동하지 말고, 오직 잠잠히 하나님의 도우심을 구해야 한다. 오직 하나님만을 신뢰하면 하나님은 파도를 잠잠하게 하시고, 시험을 빠져나갈 길을 보여주신다.

살기 위해서 기도도 없이 약속의 땅을 떠나 블레셋 땅으로 들어가버린 다윗이었지만, 하나님께서는 그를 지켜주셨다. 동족을 치는 전쟁의 앞잡이가 되는 최악의 상황을 막아주셨다. 우리가 하나님을 버려도 하나님은 우릴 버리지 않으신다. 우리가 주를 떠나 땅끝까지 가서 거할지라도 주께서는 거기에 계신다. 우리가 영적 암흑지대에서 사느라 기도와 예배가 식어버렸을지라도, 하나님은 우리를 돌보고 계신다. 현실에서 살아남기 위해서 우리의 미래를 망가뜨릴 일을 하지 않도록 도와주신다.

본문에서 중요한 것은 하나님이 개입하실 때까지 다윗이 조용히 기다렸다는 사실이다. 만약 다윗이 처음 블레셋 왕의 참전 요구를 받고 인간적인 방법을 동원해서 조급하게 움직였다면 어떻게 되었을까? 예를 들어, 그 자리에서 못 가겠다고 거절했거나, 밤을 틈타 몰래 부하들과 함께 도망가려고 했다면 어떻게 되었을까? 아마 죽음을 면치 못했을 것이다.

다윗은 절대 블레셋 편으로 이스라엘과의 전쟁에 나가선 안 된다는 것을 알았다. 그러나 결론이 그렇다고 할지라도 성급하게 인간적 방법으로 실행에 옮기지 않았다. 그것이 하나님의 뜻이 확실하다면, 하지만 내 힘과 노력으로 안 된다면, 하나님을 신뢰하고 기도하며 기다려야 한다. 그러면 하나님께서 내가 생각도 할 수 없는 신비한 방법으로 역사하실 것이다.

사무엘상 29장 7절에서 블레셋 왕은 다윗에게 "너는 평안히 돌아가라"라고 했다. 참으로 재미있다. 블레셋 왕이 저도 모르게 하나님의 축복을 대언해버렸다. 하나님의 보호하심을 입은 자, 하나님의 인도하심을 경험하는 자에게는 시련 가운데서도 평안함이 있다. 하나님의 자녀는 어떤 상황 속에서도 평안을 누린다. 세상 권세도 인정할 수밖에 없는 하늘의 평안이다.

우리는 어머니 품에 안긴 아이처럼, 목자의 품에 안긴 어린 양처럼 어떤 상황 속에서도 아무 걱정 없이 평안을 누릴 수 있다. 하나님의 보호하심과 인도하심을 받는 우리는 사망의 음침한 골짜기를 다닐지라도 두려워하지 않는다. 바로 우리가 그런 축복을 누릴 줄로 믿는다.

하나님의 사람이
공격 도구가 되어선 안 된다

블레셋 왕은 이스라엘에서 상처받은 다윗으로 하여금 이스라엘을 공격하게 하려고 했다. 상처가 발전하여 재앙이 될 수도 있는 위기였다. 그러나 하나님께서는 그것을 막으셨다. 비록 하나님이 버린 지도자 사울이 다스리고 있었지만, 그래도 이스라엘은 하나님의 나라였다.

"조국이 나를 버려도 나는 조국을 버리지 못한다"라는 누군가의 고백처럼, 다윗은 결코 이스라엘에 칼을 겨누어서는 안 되었다. 아무리 사면초가의 상황에 몰렸다 해도 하나님의 사람이 절대 해서는 안 되는 일이 있는데, 그게 바로 하나님의 백성을 공격하는 일이다. 장차 이스라엘의 왕이 될 다윗이 어떻게 이스라엘을 공격할 수 있겠는가. 그래서 하나님께서 직접 개입하셔서 최악의 상황을 막아주셨다.

이스라엘을 공격해서 무너뜨리는 것이 블레셋 왕의 궁극적 목표였던 것처럼, 교회를 공격해서 무너뜨리는 것이 마귀의 궁극적 목표다. 이를 위해서 마귀는 여러 방법을 사용하는데, 특히 잘 사용하는 방법은 영적으로 병든 다윗들을 앞세우는 것이다. 마귀는 교회에서 상처 입은 사람들을 부추겨서 교회를 비판하고 공격하게 한다. 지금도 보면, 가장 앞장서서 한국교회의 여러 문제를 지적하며 교회를 공격하고 있는 사람들은 불신자들이 아니라 한때 교회에 다녔던 사람들로, 어떤 이유에서건 교회에서 상처를 입은 사람들이다. 그러나 아무리 교회가 문제가 있어도, 아무리 교회에서 상처받았다 해도, 우리는 교회를 공격해선 안 된다. 형제들끼리 분열하고 대립해선 안 된다. 우리 주님이 교회의 머리가 되시기 때문이다.

불완전한 교회라 해도 우리는 교회를 사랑해야 한다. "비록 내 어머니가 나병 환자라 해도 나는 내 어머니를 사랑할 것이다"라는 시인의 고백처럼, 교회에 여러 가지 아픔과 문제가 있다고 할지라도 우리는 교회를 지켜야 하고 사랑해야 한다. 교회가 문제가 있는 것은 죄인 된 우리 때문이지 교회의 머리이신 예수님 때문이 아니다. 예수님은 완전하시다. 그분이 교회의 머리이시기 때문에 교회에 소망이 있다. 우리가 겸손히 주님 앞에 엎드려 있기만 한다면, 부족한 점들은 주님이 자연스럽게 고쳐나가실 것이다.

하나님의 은혜로 다윗은 블레셋 망명 생활 중 가장 큰 위기를 무사히 넘길 수 있었다. 안도의 한숨을 쉬고 부하들과 함께 근거지인 시글락으로 돌아가면서 다윗은 만감이 교차했을 것이다. 사울을 피해 도피해 온 블레셋 땅에서의 16개월은, 살아보니까 푸른 초장이 아니라 끝없는 지뢰밭이었다. 항상 감시의 눈이 사방에서 번뜩여서 긴장을 풀 수 없었다. 블레셋 왕의 비위를 맞추기 위해 발버둥 치다 보니까 어느새 자신은 거짓말과 약탈과 살인도 서슴지 않는 괴물의 모습으로 변해가고 있었다. 결정적으로 하마터면 블레셋 군대의 총알받이가 되어 하나님의 백성 이스라엘과 싸울 뻔했다. 어릴 때부터 하나님을 예배하며 살았던 다윗의 마음은 너무나 괴로웠을 것이다.

"도대체 내가 왜 이렇게 된 거지? 언제까지 이러고 살아야지? 이건 내 본 모습이 아니야. 나는 하나님을 예배하는 예배자였어. 하나님의 군대를 지휘하는 장군이었어. 블레셋은 나의 동무가 아니라 나의 대적이다. 그런데 내가 어쩌다가 하나님을 대적하는 무리의 비위를 맞추며 그들과 비슷한 방식으로 살게 된 거지? 이건 내 자리가 아니야. 나 때문에 나를 바라보고 있는 가족과 부하들도 갈 길을 잃고 헤매고 있어. 나는 아버지의 집으로 돌아가야 해."

만약 지금 우리 가운데 이런 다윗의 마음과 같은 심정을 가진 사람이 있다면, 이 이야기는 바로 당신을 위한 하나님 아버지의 선물이다. 더 이상 세상과 하나님나라 사이에 양다리를 걸치는 이중적인 삶을 살지 말라. 너무나 괴롭고 힘든 일이다. 하늘 아버지의 품으로 나오는 결단이 있길 바란다.

KING DAVID'S
HIDDEN LEGEND

3
다윗의
전쟁들

chapter **7**

패자부활전

사무엘상 30:11-31

블레셋 망명 생활 끝 무렵, 블레셋 왕은 이스라엘과의 큰 전쟁에 출전하면서 다윗과 부하들을 차출했다. 그리고 전쟁에 나가 있는 동안, 다윗의 근거지인 시글락이 아말렉 족속에게 급습당했다. 집들은 불타고 물건과 처자식들은 다 빼앗겼다. 다윗과 부하들이 집으로 돌아왔을 때는 모든 것이 끝난 뒤였다. 너무 충격을 받아 통곡하던 다윗의 부하들은 이성을 잃고 지도자 다윗에게 이 사태에 대한 책임을 물으며 그를 돌로 치려고 했다.

다윗에게는 아말렉의 침탈보다 그동안 동고동락했던 부하들의 반란이 더 큰 충격이었다. 인간에 대한 회의가 몰려왔을 것이다. 그동안 필사적으로 버텨오던 무릎에서 힘이 풀리면서 한동안 망연자실했을 것이다. 그러나 그는 하나님 앞에 엎드려 회개하고 기도함으로 성령이 주시는 새 힘을 얻었다. 다윗은 다시 부하들을 격려하여 전열을 정비하고 반격을 준비했다. 하나님께 기도한 결과, 추격하면 반드시 승리를 얻을 것이라는 응답도 받았다.

어려운 상황에서도
싸워야 할 때

하나님의 응답을 들은 다윗은 확신 가운데 자신과 함께한 육백 명의 군사들을 데리고 아말렉 사람들을 추격했다. 시글락에서 남쪽으로 약 24킬로미터 정도 되는 브솔 시내까지 그들은 단숨에 달렸다. 그런데 브솔 시내에서 사고가 생겼다.

> 이에 다윗과 또 그와 함께 한 육백 명이 가서 브솔 시내에 이르러 뒤떨어진 자를 거기 머물게 했으되 곧 피곤하여 브솔 시내를 건너지 못하는 이백 명을 머물게 했고 다윗은 사백 명을 거느리고 쫓아가니라 삼상 30:9,10

아직 아말렉이 어디에 있는지 찾지도 못했고 적을 추격하기 시작한 지 아직 얼마 되지도 않았는데, 이백 명에 달하는 부하들이 더 이상 지쳐서 갈 수 없다고 쓰러진 것이다. 그럴 만도 한 것이, 이들은 이미 블레셋과의 전쟁터에서 시글락까지 1백 킬로미터 거리를 사흘 밤낮으로 쉬지 않고 달려온 데다가, 처참하게 불타버린 시글락에서 더 이상 울 기운이 없을 정도로 울었다. 그리고 다시 정신을 수습하여 적을 추격해 24킬로미터를 달려오던 중이었다. 아마 제대로 먹지도 마시지도 못한 상태에서 달려왔을 것이다. 그러니 아무리 용맹한 병사들이라 해도 지쳐 쓰러지는 사람들이 속출할 수밖에 없었다.

하지만 한시라도 빨리 아말렉을 추격해야 하는 다윗은 낙오병들 때문에 추격을 늦출 수는 없었다. 결국 탈진한 이백 명을 브솔 시내에 남겨 두어 장비와 소유물들을 지키게 하고, 나머지 사백 명만 다윗을 따라 계속해서 아말렉을 추격했다. 적어도 수천 명이 넘는 아말렉 군대를 치기엔 안 그래도 부족한 병력인데, 그중에 3분의 1이 탈진해서 쓰러졌다. 남은 사백 명에게 지워진 부담은 배가 되었다.

다윗은 암담했을 것이다. 하지만 그렇더라도 가진 것을 전부 빼앗기고 처자식들까지 다 포로로 잡혀간 지금 상태에서 더 이상의 선택의 여지가 없었다. 반드시 아말렉을 쳐서 잃어버린 것들을 전부 다 빼앗아 와야 했다. 너무나 힘든 상태였지만 싸워야 했다.

전문 산악인들의 말에 따르면, 6천 미터가 넘는 높은 산을 등반할 때는 밤 열두 시나 한 시쯤 출발한다고 한다. 상식적으로 이해가 가지 않았다. 그 시간이면 인간의 몸 상태는 최악이다. 바이오리듬을 거스르는 최악의 일정 같은데, 의외로 고산 등반엔 최적의 시간이란다. 왜? 밤에는 눈이 단단히 얼어 있어서 눈사태가 날 위험이 없다는 것이다. 그러나 해가 뜨기 시작하면 찬 공기와 더운 공기가 섞이면서 눈사태가 날 확률이 높아진다고 한다. 그래서 역설적이지만, 몸 상태가 최악인 밤에 출발하는 것이 정상을 정복하는 최적의 타이밍이라고 한다.

우리의 상황도 그럴 수 있다. 운명을 걸고 싸워야 하는데, 다윗이 처한 상황처럼 돈도 부족하고, 사람도 부족하고, 시간도 부족한 경우가 대부분이다. 하지만 모든 것이 완벽하게 갖추어진 상태에서 치르는 전쟁은 거의 없다. 다들 병들고 지친 몸으로 없는 시간을 쪼개어 선택의 여지가 없이 뛰어든 것이다.

오히려 모든 것이 부족한 지금이, 우리가 가장 겸손하고 가장 열심히 기도로 주님께 매달리며, 가장 지혜로워져 있는 때인지도 모른다. 바로 지금이야말로 우리가 하나님께만 온전히 의존함으로써 가장 초자연적인 영적 리더십을 발휘할 수 있는 때인지도 모른다.

"전 더 이상 면목이 없어서 못 하겠어요."

"전 안 되나 봐요."

"형편이 좀 나아지면 할게요. 지금은 너무 힘들어요."

자꾸 이런 말로 하나님의 부르심의 자리에서 도망가 버릇하면 안 된다. 우리 생각에는 최악의 타이밍이지만, 하나님이 보시기엔 최상의 타이밍이다. 나도 개인적으로 도저히 설교를 못 할 정도로 힘들었던 때에 겨우 올라가서 선포했던 설교가 가장 은혜로운 설교가 되는 경우가 많았다.

모든 것을 다 잃은 상태에서 앞으로 전진하여 적을 치는 것 외에는 다른 선택의 여지가 없었던 다윗처럼, 우리에게도 선택의 여지가 없다. 앞으로 가서 적을 치고 우리의 빼앗겼던 것들과 사랑하는 사람들을 되찾아오는 수밖에 없다. 그러니 힘든 상황과 형편을 보지 말고 최악의 상황을 최상의 타이밍으로 만드시는 하나님을 의지하여 전진해보자.

본문의 다윗의 상황을 보자. 객관적인 병력이나 무장 상태를 볼 때 그는 절대적으로 불리하다. 적은 잘 먹고 힘이 넘치는데, 아군은 지쳐 있다. 게다가 이제 빠른 속도로 적을 따라잡아야 하기에, 적을 따라잡았을 때쯤에는 더욱 지쳐 있을 것이다. 어떻게 이긴단 말인가. 그러나 다윗은 그 모든 불리한 상황을 다 알면서도 모든 걸 하나님께 맡기고 가는 수밖에 없었다. 하나님께서 새 힘을 주실 것을 기대하면서 달려 나갔다.

작은 섬김이
큰 축복으로 이어지다

다윗은 사백 명밖에 남지 않은 부하들을 데리고 추격을 계속했다. 붙잡혀 있는 가족을 생각하면 한시라도 빨리 적을 따라잡아야만 했다. 그러나 급한 마음으로 빨리 달린다고 되는 일이 아니었다. 아말렉은 일정한 거주지 없이 항상 이동하며 약탈하고 생활하는 자들이었다. 모래바람으로 인해 광야에서는 발자국이나 흔적들이 몇 시간도 되지 않아 사라진다. 그랬기에 넓디넓은 광야에서 이들의 위치를 찾아내는 것은 대단히 어려운 일이었다. 그런데 이때, 하나님께서 놀랍게 다윗을 인도하셨다.

아말렉을 추격하던 다윗의 군대는, 광야에서 방황하는 한 애굽 사람을 만났다. 사흘 동안 먹지도 마시지도 못했던 그는 더위와 굶주림에 지쳐 쓰러져 죽기 직전이었다. 다윗은 아말렉을 추격하는 일이 너무 급했지만, 그래도 죽어가는 한 사람을 못 본 척하고 갈 수는 없었다. 그래서 먹을 것과 마실 것을 주어 그가 기력을 회복하게 도왔다. 다윗은 무언가를 바라고 한 일이 아니었다. 그저 죽어가는 한 가엾은 영혼을 향한 사랑으로 한 일이었다. 그러나 다윗의 이 작은 친절은 그의 어려운 상황에 생각지도 못한 기적 같은 돌파구를 열어주게 된다. 그 애굽 사람은 보통 사람이 아니었던 것이다.

그는 자기 입으로 자신의 부대가 다윗의 본거지 시글락을 습격했던 무리임을 고백했다. 다윗의 본거지를 약탈하고 도주하던 아말렉 부족의 지도자는 병들고 지친 노예 병사를 들에 버리고 갔다. 원래 아말렉은 약자에 대한 배려가 없는 사나운 부족이었던데다가, 이 버려진 병사는 아말렉 사람도 아닌 애굽 출신의 노예였기 때문에 더더욱 인간 취급을 받지 못했다.

버림받아 죽기 일보 직전에 구원받은 애굽 노예 병사는 자신의 생명의 은인인 다윗에게 숨김없이 자기 이야기를 했다. 그는 자신이 속한 아말렉 군대가 유다 남방의 여러 곳을 침노하고 약탈하는 중에, 다윗의 본거지인 시글락을 불살랐던 것까지 다 자백했다. 물어보지도 않은 말을 다 털어놓은 것이다. 듣고 있던 다윗과 그의 부하들은 피가 거꾸로 솟는 것 같았다.

다윗은 조용히 자신이 구해준 그 병사에게 물었다.

네가 나를 그 군대로 인도하겠느냐 삼상 30:15

다윗의 눈빛에 서린 비장함을 보면서, 또 그의 말을 들으면서 애굽 병사는 대충 상황을 짐작할 수 있었다. 이들은 아말렉의 습격으로 모든 것을 잃은 사람들이며, 무서운 보복을 준비하고 있다는 것을 말이다. 자신이 아말렉 군대의 일원인 것이 밝혀진 이상, 다윗 군대를 돕지 않으면 죽음을 피할 길이 없었다. 또한 병사는 생명의 은인인 다윗의 요청을 거절할 이유도 없었고, 더는 자신을 버린 아말렉 같은 비열한 자들에게 충성할 필요도 없다고 생각했다.

다만, 혹시 아말렉이 병든 자기를 버렸듯이, 다윗도 필요한 정보만 빼낸 후에 자신을 죽일지 모른다는 두려움이 생겼다. 그래서 결코 자신을 죽이거나 애굽에 노예로 팔지 않는다는 약속을 해달라고 한 것이다.

당신이 나를 죽이지도 아니하고 내 주인의 수중에 넘기지도 아니하겠다고 하나님의 이름으로 내게 맹세하소서 그리하면 내가 당신을 그 군대로 인도하리이다

삼상 30:15

상처가 많은 사람은 이렇게 두려움이 많다. 다윗은 따뜻하게 병사를 격려하며 그의 안위를 보장해주었다. 그러자 병사는 기꺼이 다윗 군대의 안내인이 되겠다고 했다.

아말렉은 자신들이 그렇게 버리고 간 애굽 노예 병사가 다윗의 길잡이가 되어 자신들을 공격하게 될 줄은 꿈에도 생각지 못했을 것이다. 자기 사람인데도 약하고 병든 자를 팽개치고 가는 아말렉과 생판 모르는 남이지만 약자를 돌보는 다윗. 그 작은 차이가 이 전투의 흐름을 바꾸게 되었다. 하나님께서는 다윗의 선한 리더십을 축복하셨다.

돌파구를 여는 손잡이

오래전 미국 필라델피아의 작은 호텔에서 있었던 일이다. 비바람이 아주 거세게 몰아치던 밤, 한 노부부가 방을 구하러 찾아왔다. 그런데 휴가 기간이라 그 낡은 호텔조차 묵을 수 있는 객실이 하나도 남지 않았다. 근처의 다른 호텔들도 사정은 마찬가지였다. 게다가 너무나 늦은 시간이었던 터라 노부부는 갈 데가 없었다.

그날 당직을 맡고 있던 카운터의 청년 직원 조지는 어쩔 줄 모르고 서 있는 초라한 차림의 노부부에게 말했다.

"저, 괜찮으시다면 오늘 밤 제 방에서 주무시는 것이 어떻겠습니까?"

노부부는 너무 미안한 마음에 몇 차례 사양했지만, 이 직원은 기어이 노부부를 자신의 방(직원용 숙소)에서 주무시도록 하고, 자신은 라운지의 소파에서 담요를 덮고 자며 그날 밤을 보냈다. 다음 날 노부부는 체크아웃을 돕던 조지의 이름을 물어보고는 말했다.

"당신은 미국에서 제일 좋은 호텔의 지배인이 되어야 할 사람이군요. 우리는 당신을 꼭 기억하겠습니다."

직원은 아주 평범한 차림을 한 이 노부부의 말을, 그저 고마워서 던지는 덕담 정도로 듣고 곧 잊어버렸다. 그 후로 이 년이라는 시간이 흘렀다. 청년 직원은 호텔 카운터로 걸려 온 전화 한 통을 받고 소스라치게 놀랐다. 그는 곧 비행기를 타고 뉴욕으로 향했다.

가르쳐준 주소대로 찾아간 곳은 뉴욕 한복판에 우뚝 솟은, 당시 뉴욕 최고의 아스토리아(Astoria) 호텔이었다. 이 년 전 청년에게 신세를 진 그 노신사는 바로 아스토리아 호텔의 창업주였다. 노신사는 약속대로 이 청년을 자신의 호텔 뉴욕지점의 첫 번째 지배인으로 임명했으니, 그 청년이 바로 훗날 호텔 왕으로 이름을 날리게 되는 조지 볼트(George C. Boldt)다. 비바람 치던 밤, 오갈 데 없는 노부부에게 베푼 작은 친절이 놀라운 인생 돌파구의 문을 여는 계기가 될 줄 누가 알았겠는가.

우리는 항상 큰일에 신경을 쓰고, 그것을 이루기 위해 정신없이 달려가는 과정에서 작은 일, 작은 사람을 홀대하기 쉽다. 그러나 다윗은 광야 길의 죽어가는 병사 한 명을 방치하지 않고 사랑으로 도왔다. 그리고 그것이 뜻밖의 큰 축복으로 이어졌다. 우리 인생길에서도 똑같은 일이 일어날 수 있다. 아무리 바빠도 눈앞에 있는 작고 연약한 한 사람을 무시하지 말고 정성껏 주의 사랑으로 섬기자. 하나님께서 그를 통해 뜻밖의 돌파구를 열어주실지 모른다.

승리와
회복

애굽 병사는 삼 일 전에 아말렉 사람들에 의해 버려졌지만, 그는 그들이 어디로 행군해 갈 것인지를 잘 알고 있었다. 그래서 그는 지체 없이 다윗의 군대를 아말렉 부족의 숙영지로 인도했다. 어디로 가야 할지 막막했지만, 다윗은 하나님께서 반드시 승리할 것이라고 약속하신 것만 믿고 아말렉을 추적했다. 그 길에서 우연히 만난 애굽 병사는 하나님께서 보내주신 인간 내비게이션 같았다. 이제 다윗은 더 이상 불안한 마음으로 이곳저곳 아말렉의 행방을 찾아다니지 않아도 되었다. 이 안내인의 도움으로 다윗은 일 초의 시간 낭비나 에너지 낭비 없이 빠르게 아말렉의 숙영지로 달려갈 수 있었다.

아말렉의 숙영지에 도착해 보니, 아말렉 족속들은 고대 약탈 민족이 흔히 그랬듯이 약탈한 물건을 가지고 밤새 신나게 파티를 벌이며 즐기고 있었다.

이들은 "블레셋 사람들의 땅과 유다 땅에서 크게 약탈하였"(삼상 30:16)다고 했으니, 다윗의 근거지뿐 아니라 많은 곳을 습격하여 약탈했음이 분명하다. 다윗 군대의 식솔들만 해도 몇천은 되었을 텐데, 이들을 비롯한 많은 부족들에게서 포로를 끌어왔음을 생각할 때, 아말렉 군대의 규모는 아무리 적게 잡아도 몇천에서 만 명 이상은 되었을 것 같다. 이런 큰 무리를 다윗이 사백 명 병력으로 공격해서 이긴다는 것은 기적이라고밖에 볼 수 없는 일이었다. 하나님의 은혜였다.

다윗과 그의 병사들은 숨돌릴 틈도 없이 아말렉 숙영지를 덮쳤다. 아말렉은 설마 이 넓은 광야에서 다윗의 군대가 이렇게 빨리 자신들의 위치를 정확하게 파악하여 추격해 올 줄은 생각도 못 했다. 한참 잔치 중이던 아말렉은 성난 사자처럼 들이닥친 다윗의 부하들에게 속수무책으로 무너졌다. 새벽부터 이튿날 해질 때까지 다윗의 군대는 아말렉을 궤멸시켰다. 잔치에 참여하지 않고 가축들을 지키고 있던 병사 사백 명이 낙타를 타고 도주한 것 외에, 아말렉 모든 병사들은 전멸당했다.

다윗은 사람이나 물건이나 "빼앗겼던 것은 크고 작은 것을 막론하고 아무것도 잃은 것이 없이 모두"(삼상 30:18) 되찾았다. 우리가 하나님을 믿고 나아가면 잃은 것들을 반드시 다 회복하게 될 것이다. 다윗이 블레셋으로 망명하여 영적 암흑지대에 들어가 하나님을 떠났을 때, 그는 자신의 모든 것을 잃었었다. 그러나 하나님의 품으로 다시 돌아와 하나님을 의지하게 되었을 때, 그는 잃어버린 모든 것을 다시 찾게 되었다. 탕자가 모든 것을 다 잃었으나 아버지의 집으로 돌아왔을 때 모든 것을 다시 찾게 된 것처럼.

하나님께로 돌아오면 삶의 부서진 것들이 반드시 회복될 것이다.

전리품 분배를 둘러싼
악한 자들의 악한 주장

어떤 이유에서 낙오했든 간에, 중간에 탈진하여 브솔 시내에 머물렀던 이백 명 부하들에게는 낙오자라는 죄책감과 열등감이 있었을 것이다. 중요한 전투에 참여하지 못한 것은 군인의 커다란 수치였다. 치열하게 싸우고 돌아온 동료들의 눈치도 많이 보였을 것이다. 그러나 총지도자인 다윗은 이들 낙오병들에게 특별히 문안함으로써 그들이 소외되지 않도록 배려했다.

그러나 다윗의 부하들이 다 그렇게 선한 마음을 가졌던 것은 아니었다. 전쟁을 치렀던 사백 명의 군사 중 일부가 끝까지 전쟁에 참여하여 피 흘린 자기들과 브솔 시내에 남아 있던 이백 명을 똑같이 대우해서는 안 된다고 주장했다. 싸우지 않은 자들에게는 전리품을 나눠주지 말고, 그저 자기 처자식 구한 것만으로도 감지덕지로 알아서 돌아가게 하자는 것이다. 사실 '공로를 세운 만큼 보상하는 것이 공평하다'라는 세상적 논리로 따지면 합리적인 주장이기는 하다.

그런데 성경은 이러한 주장을 펼친 자들이 사백 명 전체가 아니라 일부 "악한 자와 불량배들"이라고 명시한다. 무슨 말을 하느냐 이상으로 중요한 것은 누가 말하느냐다. 선하고 지혜로운 사람이 말하는 내용은 귀담아들어야 한다. 그러나 악한 성품을 가진 사람들이 하는 말은 거절해야 한다. 그들은 동기와 가치관이 악하기 때문에 하는 말도 악하다.

전투에 참여하지 못한 사람에게는 아무 물건도 보상해주지 말고 처자식만 데리고 떠나가게 하자는 생각은 너무나 비정하다. 아무 식량이나 옷, 재물 없이 이 허허벌판에서 그들은 당장 무엇을 먹고 무엇을 입고 어떻게 살란 말인가? 너무나 매정하고 몰인정한 말이다. 이들의 주장은 사랑으로 맺어진 하나님의 공동체를, 강한 자만 살아남는 세속적 집단으로 전락시키는 것이었다.

어떻게 다윗의 부하들 중에 이런 사람들이 섞여 있었을까? 내가 생각하기에 이들 "악한 자와 불량배들"이 앞서 시글락 마을이 약탈당한 데 격분하여 다윗을 돌로 치자고 하는 데 앞장선 무리가 아닌가 싶다. 신앙 공동체에도 항상 이렇게 질이 안 좋은 사람들이 섞여 있다. 이들은 위기의 때에 리더에게 책임을 전가하며 돌을 던지려 하고, 승리한 뒤에 다른 형제들과 함께 나누는 데에 너무나 인색하다. 이런 사람들에게 리더가 휘둘리면 큰일 난다. 그리고 역시 다윗은 이런 사람들과 생각하는 것이 달랐다.

세상 법칙을 거부한
다윗의 리더십

다윗은 하나님의 지도자답게 이들의 이기적인 요구를 단번에 거절했다.

이 일에 누가 너희에게 듣겠느냐 삼상 30:24

즉, 다윗은 이 일에 관해 그들의 말을 듣지 않겠다고 단호히 잘라버린 것
이다. 다윗은 전투에 참여한 군사들과 중간에 낙오되어 뒤에 남아 있던 자
들의 대우를 달리해야 한다고 주장한 이들의 요구를 단호하게 거절했다.

전장에 내려갔던 자의 분깃이나 소유물 곁에 머물렀던 자의 분깃이 동일할지니 같
이 분배할 것이니라 삼상 30:24

이유는 간단했다. 다윗의 무리는 세상 집단이 아니라 하나님의 백성들이
모인 신앙 공동체이기에 전쟁 승리의 공은 전투에 참여한 군사들이 아니라
전적으로 하나님께 있기 때문이다. 하나님이 전쟁을 주관하셔서 승리하게
하셨으므로, 그 누구도 자신의 공을 내세워 더 많은 전리품을 가져갈 수는
없다는 것이다.

"악한 자와 불량배들"은 전쟁에서 하나님이 주신 은혜를 망각하고 자신
들의 욕심만 채우려는 저급한 인간들의 전형이다. 다윗은 공로를 세운 자들

만 보상하는 세상의 법칙을 거부했고, 힘세고 목소리 큰 자들의 압력에 흔들리지도 않았다.

그는 하나님의 지도자였다. 전쟁의 승리는 하나님이 주신 것이고, 하나님은 그 승리의 전리품을 모든 하나님의 자녀들, 모든 하나님의 공동체와 나누기 원하심을 믿었다. 그래서 어떤 말에도 흔들리지 않고 그것을 실행에 옮겼다.

분배의 문제, 나눔의 문제는 오늘날 세상 정치 경제에서도 너무나 중요하고 예민한 문제다. 모든 사람이 만족하도록 공평하게 제대로 분배하는 것은 쉽지 않다. 그리고 하나님의 공동체인 교회 안에서도 이 문제는 쉽지 않다. 십자가의 은혜로 구원받은 사람들이 모인 교회에서도 자신의 공로를 내세워서 보상받으려는 사람들이 있다. 그들은 자기가 헌금을 많이 했으니까, 자기가 교회 봉사를 많이 했으니까 교회에서 자기를 그만큼 더 인정해주고 세워줘야 한다고 믿는다. 자기보다 덜 헌신하는 사람들과 자신을 똑같이 대우하면 안 된다고 생각한다. 그리고 그 기대가 어긋나면 시험에 든다.

그러나 우리는 세상의 조직이 아닌 하나님의 공동체다. 우리는 주님의 보혈로 구원받은 사람들이다. 우리 주님은 우리를 위해 십자가에 죽기까지 하셨지만, 단 한 번이라도 우리에게 그 희생을 보상받으려고 하신 적이 있는가? 그저 우리를 사랑하셔서 아무 대가 없이 그렇게 하셨다. 그렇다면 우리도 그렇게 해야 하지 않겠는가? 이미 넘치게 받은 주님의 그 풍성한 은혜에 감격해서, 그저 기쁘게 최선을 다해 주님의 교회를 섬겨야 하지 않겠는가. 그리고 사람들이 주는 보상과 칭찬은 아예 처음부터 기대도 하지 않아야 하는 것이다. 다른 형제자매들과 자신이 받는 대우를 비교하지도 않는다. 오히려 우리가 수고해서 얻은 대가를 모든 하나님의 공동체가 기쁘게 나눈다. 이것이 하나님의 공동체의 모습이다.

하나님의 은혜로 승리한 은혜의 공동체

이날 이후 전쟁에서 승리할 경우 전쟁에 참여한 자와 본토에 머문 자에게 동일하게 전리품을 분배하는 것이 이스라엘의 규례가 되었다.

> 그날부터 다윗이 이것으로 이스라엘의 율례와 규례를 삼았더니 오늘까지 이르니라
> 삼상 30:25

보통 새로운 역사를 만들겠다는 사람들이 전통과 선례에 대해 부정적인 생각을 가지는 경우가 많다. 새 술은 새 부대에 담아야 한다고들 한다. 그러나 옛날 것들이 반드시 나쁜 것은 아니고, 새것이 반드시 선한 것도 아니다. 어떤 전통은 그 안에 깊은 영적 의미가 있기에 오히려 그 의미를 살려 세월이 가도 변함없이 이어 내려가야 한다. 다윗이 세운 나눔의 전통이 그런 것이었다.

사실 다윗의 이 결정은 민수기 31장에 나오는 모세가 실천했던 하나님의 규례에 근거한 것이었다. 전리품 가운데서 절반만 전쟁에 참여한 군사들이 갖게 하고, 절반은 온 백성이 나눠 갖도록 법령을 정한 것이다. 모세나 다윗의 분배 원리는 '전쟁의 승리는 하나님의 도우심의 결과요, 모든 전리품은 하나님이 허락하신 선물'이라는 신앙에서 우러나온 것이었다.

왕이신 하나님이 전쟁에서 승리하게 하셨기에 그분의 백성은 누구든 전리품을 받을 수 있다. 전쟁에 직접 참여한 자나 후방에 있는 자나 모두 하나님의 백성이다. 몸은 하나이지만, 각기 다른 지체가 있고 다른 역할이 있다. 눈에 보이는 지체들이 보이지 않는 지체들, 볼품없어 보이는 지체들에게 '너는 필요 없어'라고 말할 수 없다. 몸의 수많은 지체는 제각각 하나라도 없으면 안 되는 소중한 역할들이 있기 때문이다.

전쟁에 나가 싸우는 사람만 필요한 게 아니다. 후방에서 무기를 만들고, 식량을 조달하는 사람들도 필요하다. 그렇기에 싸우는 사람이나 후방에 있는 사람이나, 모든 하나님의 백성이 각각 다른 영역에서 한 몸이 되어 일했다는 것을 인정하는 뜻으로 모두에게 전리품을 다 나눠주는 것이다. 이것은 우리가 주님의 한 몸임을 인정하고 선포하는 행위다.

간혹 '목사님의 설교 덕분에 교회가 부흥했습니다'라는 말을 들을 때면 나는 너무나 죄송하다. 내가 하는 설교 사역은 모두의 눈에 보인다. 전방에서 싸우는 병사와 같다. 그러나 교회 안의 보이지 않는 구석구석에서 섬기는 동역자들과 성도들의 겸손한 섬김이 퍼즐 조각처럼 모였기에, 하나님이 그 조각들을 다 사용하셔서 우리가 부흥할 수 있었던 것이다. 그러므로 우리 모두가 부흥의 열매와 은혜의 전리품들을 다 골고루 나누고 누릴 자격이 있는 것이다. 우리는 모두 하나님의 은혜로 승리한 거룩한 공동체다.

전리품을
유다 백성들과 나누다

다윗의 나눔은 거기서 그치지 않았다. 다윗은 전리품을 유다의 장로들과도 나눴다. 다윗은 "시글락에 이르러 전리품을 그의 친구 유다 장로들에게 보내어"(삼상 30:26) 나누었다. 여기서 '유다 장로'는 헤브론을 중심으로 하는 유다 지파의 장로들을 말한다. 이들이 '다윗의 친구'였다는 사실로 미루어보아, 다윗은 도망자 생활을 하면서도 이들과 계속해서 친분을 유지하고 있었던 것으로 생각된다. 다윗은 끊임없이 유다 백성들에 대한 사랑을 가지고 있었다.

다윗이 피 흘려 쟁취한 전리품들을 유다의 많은 부족과 나누었다는 것은 놀랍다. 물론 아말렉으로부터 탈취한 전리품이 많기는 했다. 앞에서도 언급했듯이, 아말렉은 다윗의 본거지인 시글락뿐 아니라 '블레셋과 유다 땅 남부 광야 지역에서 크게 약탈했다'고 했다. 그래서 다윗은 자신들이 잃어버린 것보다 몇십 배 많은 물자를 노획할 수 있었다.

그렇다 해도 다윗은 지금 망명 생활 중이었기에 비상시를 대비한 자금과 물자를 조금이라도 축적해두는 것이 필요했을 것이다. 그게 아니라면 유다 지파 장로들에게 전리품을 나눠주는 대가로 뭔가를 요구할 수도 있었다. 이를테면, 무기나 사람이나 피난처 같은 것들 말이다.

하지만 다윗은 아무 대가도 없이 그냥 공짜로 나눠줬다. 그러면서 "여호와의 원수에게서 탈취한 것을 너희에게 선사하노라"라고 했다. 이 말은 하나님이 이 전리품들을 승리의 선물로 주셨음을 뜻한다. 하나님이 주신 선물이기 때문에 하나님의 백성들과 나누는 것일 뿐이라고 했다.

다윗은 이렇게 망명객의 신분으로 도망 다니면서도, 유다 지역의 백성들을 계속 배려하고 섬겼다. 다윗 일행도 아말렉에게 물건과 가족을 약탈당하고 큰 아픔을 겪었는데, 그런 아픔을 겪은 유다 백성들이 한둘이 아니었다.

그러나 그들은 힘이 없어 감히 잃어버린 물건과 사람들을 되찾을 엄두조차 못 내고 있었다. 다윗이 전리품들을 유다의 장로들과 나눈 것은 단순히 물건을 나눈 것이 아니라 마음을 나눈 것이었다. 다윗은 자신뿐 아니라 같은 아픔을 겪은 동족의 고통까지도 위로했던 것이다.

이처럼 다윗은 광야에 있으면서도 항상 왕의 마음을 가지고 왕의 생각을 하며 살았다. '내 코가 석 자인데 내가 누구를 돌봐' 하는 식의 이기주의자로 광야 시절을 보내지 않았다. 가만 보면 다윗은 이번뿐 아니라 틈만 나면 광야 생활 중에서도 남을 도왔다. 이로 인해 다윗은 사울의 죽음 후에 유다 지파의 깊은 존경과 지지를 받아 훗날, 통일 전쟁을 끝내고 모두가 진심으로 따르는 이스라엘의 왕으로 등극할 수 있었다. 순간의 욕심을 버림으로써 다윗은 역사의 주인공이 될 기반을 다졌다. 작은 것을 탐내다가 큰 것을 잃어버리는, 소탐대실하는 사람들이 대부분인데 다윗은 역시 큰 사람이었다.

사람들은 다 아직은 자신이 남과 나눌만한 형편이 못 된다고 한다. 조금만 더 풍족해지면, 조금만 더 성공하고 나면 나누겠다고 한다. 그러나 지금 있는 작은 것부터 나누지 못하면, 나중에 큰 것도 나누지 못한다. 다윗은 광야의 도망자 신세이면서도 자신의 동족들과 있는 것을 나누는 하나님의 사람이었다.

받은 것을 흘려보내는 삶

본문 31절에는 "다윗과 그의 사람들이 왕래하던 모든 곳에 보내었더라"(삼상 30:31)라고 되어 있다. 광야 생활 중이었지만 다윗은 자신과 인연을 맺은 모든 사람에게 축복의 통로가 되어주었다. 우리도 이 모습으로 살아가야 한다. 비록 지금 우리가 거한 곳이 광야일지라도 우리와 스치는 모든 사람에게 물질과 사랑과 섬김을 흘려보내주어야 한다.

우리는 작은 힘이라도 하나님이 주시면 내 주위의 도움이 필요한 사람들에게 흘려보내야 한다. 교회에서 나눔을 할 때 '플로잉'(flowing, 흘려보내다)이란 말을 자주 쓴다. 내가 우월한 자의 입장에서 주는 것이 아니라, 나도 은혜로 받은 것을 다른 사람에게 또다시 흘려보내는 것뿐이다. 흘려보내면 하나님이 또 새롭고 풍성한 은혜로 채워주신다.

어쩌면 우리의 우물에서 더 이상 샘물이 나오지 않는 것은 우리의 인색함 때문인지도 모른다. 얼마나 많이 가졌는가를 생각하지 말고 얼마나 많이 나누었는가를 생각해보라. 그 기준으로 지금껏 살아온 인생을 반성해보라. 아무리 힘들고 어려운 환경에 있다 해도, 결심하고 기도하며 하나님의 흘려보내는 손이 되어 보라. 그러면 하나님께서 우리의 곳간을 마르지 않게 채우실 것이다.

우리도 다윗처럼 내게로부터 눈을 돌려 하나님을 보기 시작하자. 그렇게 하면, 비록 지금 광야에 있어도 우리는 놀라운 주의 역사를 경험할 것이다.

chapter **8**

왕좌로 가는 길

사무엘하 2:1-11 ; 3:1 ; 3:6-21

블레셋과의 전쟁에서 이스라엘이 대패하여 사울 요나단 부자가 전사한 이후로 시간이 약간 흘렀다. 사울이 죽은 당시, 다윗은 앞으로 자신의 행보를 어떻게 해야 하는지에 대해 고민이 많았다. 다윗이 망명해 있는 곳은 블레셋 영토 내의 시글락이었다. 지금까지 블레셋 왕이 다윗에게 망명을 허락해주고 비교적 잘 대해준 것은 이스라엘의 사울 왕을 대적하기 위한 도구로 사용하기 위함이었다.

그런데 블레셋이 이스라엘과의 전쟁에서 큰 승리를 거두고 사울 왕과 그의 아들도 전사했다. 이제 블레셋 왕은 이용 가치가 없어진 다윗을 그냥 놔두지 않을 게 분명했다. 게다가 이미 시글락에서 육백 명이 넘는 강한 군대를 거느린 다윗을 그대로 두면, 이스라엘이 재기하는데 큰 구심점이 되어 블레셋에게 화근이 될 수 있었다. 당연히 블레셋 왕과 신하들은 이제 다윗을 제거하려 들 것이었다. 그래서 다윗은 빨리 블레셋 땅의 시글락을 떠나 이스라엘로 돌아가야만 했다.

하지만 다윗이 머무르고 있는 시글락 땅 북부는 블레셋의 영토였고, 최근 이스라엘과의 전쟁에서 승리한 직후라 블레셋 병사들은 더욱 기세등등해서 설치고 다녔다. 다윗이 수백 명의 부하들과 식솔들까지 거느리고 이곳을 떠나기 위해선 정말 은밀하게 움직여야만 했다.

게다가 사울 왕이 죽었다고 해서 이스라엘 백성들이 금방 다윗을 왕으로 떠받들어줄 상황도 아니었다. 사울의 추종 세력들이 아직 북부 이스라엘에 많이 남아 있었고, 그들이 다시 결집하여 사울 왕조를 재건하려 들 가능성이 높았다. 그런 그들에게 다윗은 눈엣가시 같은 존재일 게 뻔했다. 이래저래 다윗은 어딜 가든 가시방석이었고, 이스라엘로 돌아가는 것도 조심해야만 했다.

참, 산 넘어 산이라더니. 사울에게 쫓겨 다닐 때는 사울만 죽으면 모든 문제가 끝날 줄 알았다. 그런데 사울이 죽고 나니까 이전에 없던 새로운 문제들이 다윗 앞에 산적했다. 인생이 그런 것이다. 한 가지 문제가 해결된다고 다리 쭉 뻗고 잘 수 있는 게 아니라, 또 다른 문제로 옮겨 가는 것이다.

불안한 정국에
하나님의 인도하심을 구하다

이 불안하고 힘든 시점에 다윗은 성도가 할 수 있는 가장 현명한 선택을 한다.

그 후에 다윗이 여호와께 여쭈어 아뢰되 삼하 2:1

성경은 이때 "다윗이 여호와께 여쭈어 아뢰되"라고 했다. 나는 이 짧은 말씀에 담긴 영적 울림이 너무나 크다고 생각한다. 다윗의 인생 여정에서 뭔가 사고가 날 때는 항상 그 앞에 기도가 없었다. 모든 상황이 유리한 가운데서도 기도 없이 뭔가를 결행할 때는 반드시 문제가 생겼다. 그러나 모든 상황이 불리하고 혼란스러운 가운데서도 겸손히 기도하고 나가면 하나님께서 기적같이 돌파구를 열어주셨다. 다윗은 자신이 앞으로 어떻게 해야 할지에 대해 하나님 앞에 간절히 기도했다.

사울이 죽은 지금, 눈에 보이는 상황으로만 보면 모든 정황이 다윗에게 유리한 쪽으로 돌아가고 있었다. '하나님이 오래전 사무엘 선지자를 통해서 나에게 기름 부으시며 왕으로 세우시겠다고 하셨던 그때가 바로 이때가 아닌가' 하고 확신할 수도 있었다. '드디어 지긋지긋한 광야 생활이 끝났다. 하나님께서 문을 열어주셨다. 이제 나는 돌진하면 되지 않는가'라고 생각할 수 있었다. 하지만 다윗은 경솔하게 움직이지 않았다.

괜히 불안해서, '내가 어떻게 하는 것이 좋을까' 생각하며 이 사람 저 사람에게 물어보지도 않았다. '민심은 어떨까' 고민하며 여론조사를 하지도 않았다.

대신 골방에 들어가 하나님 앞에 무릎 꿇고 간절히 기도했다. 어디를 가야 하며 무엇을 해야 할지 오직 하나님의 뜻을 구했다. 다윗은 이 예민한 시점에 '돌다리도 두드려보고 건너는 것'이 아니라 '돌다리도 기도해보고 건너기로 했다'가 된 것이다.

우리 인생에서도 이런 불안한 정국에 휩쓸렸을 때, 그리고 중요한 결정의 시점이 왔을 때, 서두르지 말아야 한다. 주변 정황이 모두 청신호 같아 보일 때도 침착해야 한다. 특히 다윗처럼 힘든 광야 생활을 오래 한 사람일수록 조심해야 한다. 한시라도 빨리 약속의 땅으로 들어가고 싶은 마음에, 광야가 끝날 것 같은 조짐이 보인다고 앞뒤 안 가리고 뛰어들다가는 낭패를 보기 쉽다.

그래서 우리는 인생의 중요한 결정의 순간에, 모든 바람이 나를 위해 불어주는 것 같을 때에도, 한 박자 쉬어 가야 한다. 기도하며 영적 호흡을 한 번 가다듬고, 가야 한다.

헤브론의
시간

그렇게 겸손히 기도하는 다윗에게 하나님의 지혜가 부어지기 시작했다. 그래서 다윗은 기도의 방향을 정확하게 잡는다.

내가 유다 한 성읍으로 올라가리이까 삼하 2:1

다윗은 곧바로 이스라엘 한복판으로 전진해 들어가서 '사울이 죽었으니 이제 내가 이스라엘의 새 왕이다! 오래전 하나님께서 사무엘 선지자를 통하여 나에게 기름 부으셨다!'라고 선포할 수도 있었다. 당시 다윗의 나이는 어느새 서른이었다. 그 옛날 사울도 서른 살에 왕으로 세워졌었기 때문에 다윗 자신도 지금 왕으로 세워지는 게 옳지 않은가 생각할 수도 있었다.

그러나 하나님께서는 다윗에게 일단 다윗이 속한 유다 지파의 한 성읍으로 가서 조용히 시작해야 한다는 마음을 주셨다. 그래서 다윗은 "내가 유다 한 성읍으로 올라가리이까"라고 기도한 것이다.

우리가 겸손히 기도하면, 우리 안에 계신 성령께서 이렇게 하나님이 원하시는 기도를 하게끔 이끄신다. "내가 유다 한 성읍으로 올라가리이까"라는 기도에는 '이제 가도 됩니까'라고 하나님의 때를 묻는 의도도 있었다. 하나님께서는 가라고 하셨다. 이에 다윗이 다시 구체적으로 행선지를 물으니, 즉시 헤브론으로 가라는 응답을 주셨다. 아브라함과 갈렙 같은 믿음의 선진들의 터전이었던 헤브론이 새 역사의 시작점이 될 것이었다.

그렇게 헤브론에서 거주하게 된 다윗을 유다 사람들이 유다 족속의 왕으로 삼았다.

> 유다 사람들이 와서 거기서 다윗에게 기름을 부어 유다 족속의 왕으로 삼았더라
>
> 삼하 2:4

유다 사람들이 다윗을 찾아와 다윗에게 기름 붓고 유다 족속의 왕으로 삼았다는 사실을 주목하라. 다윗이 스스로 왕이 되겠다고 선포한 것도 아니고, 사람들에게 가서 자기를 제발 왕으로 세워달라고 요청한 것도 아니다. 다윗은 그렇게 일방적으로 그리고 주도적으로 정권을 쟁취하기 위해서 행동하지 않았다. 다윗은 그저 기도하며 가만히 기다렸는데, 유다 사람들이 먼저 와서 다윗에게 왕이 되어 달라고 한 것이다.

이것만 보면 다윗이 온전히 사람들의 투표로 당선된 지도자 같으나 결코 그건 아니다. 이미 오래전에 하나님께서는 사무엘을 통하여 다윗에게 기름

부으신 바 있다. 그러므로 여기서 유다 사람들이 '다윗에게 기름을 부었다'라는 것은 오래전 하나님의 기름 부으심을 공식적으로 인정하고 확인해준 것뿐이다.

유다 지파 사람들은 단순히 다윗이 유다 지파 출신이라서 그를 왕으로 모신 게 아니다. 다윗은 시글락에서 망명하던 시절에 아말렉으로부터 탈취한 전리품들을 유다 백성들에게 골고루 나눠주었었다. 유다 백성들은 그 은혜를 잊지 않고 있었고, 사울이 죽고 나서 헤브론으로 돌아온 다윗을 자신들의 왕으로 모신 것이다.

다윗은 광야에 있을 때도 왕의 마음을 가지고 살았다. 그래서 생존에 급급한 상황에서도 어려운 이들의 상황을 외면하지 않았고 자기가 가진 것을 백성과 나누었다. 그랬기에 유다에 머물게 된 다윗을 유다 지파 사람들이 스스로 왕으로 추대한 것이다.

우리도 나만 살겠다는 좁은 마음을 버리고 축복을 흘려보내는 통로로써 산다면, 결정적인 순간에 왕으로 추대된 다윗처럼 하나님께서 결정적인 때에 우리를 높여주실 것이다.

조급함을 버리고
하나님의 때를 기다리라

한 가지 명심할 것은 하나님의 때를 가늠함에 있어서 조급함은 금물이라는 점이다. 특히 이제 다 됐다고 생각될 때일수록 조급해선 안 된다. 다윗처럼 하나님의 기름 부으심이 확실하다면, 믿어 의심치 말고 기다리라. 하나님의 때가 되면 세상이 그 기름 부으심을 인정할 날이 올 것이다. 다윗에게는 그 기다림의 시간이 십 년이 넘었다. 그래도 그는 기다렸다. 그 십 년 동안 수많은 억울한 핍박과 고난이 있었다. 그래도 기다렸다.

다윗은 조급해하지 않고 하나님의 약속을 믿으며 인내하고 기다렸다. 사울이 죽은 뒤, 하나님의 음성을 듣고 헤브론으로 와서도 섣불리 자신을 왕이라고 선포하지 않고 기다렸다. 그랬더니 하나님께서 마침내 약속을 이뤄주셨다.

유다 지파의 추대로 헤브론에서 즉위식이 거행될 때, 다윗에게는 만감이 교차했을 것이다. 열다섯의 어린 나이에 사무엘 선지자를 만나 기름 부으심을 받은 이후로 얼마나 많은 일들이 일어났던가. 골리앗과 생사를 건 전투, 인생 친구 요나단과의 만남, 그 뒤 장군이 되어 수많은 전투를 승리로 이끌며 국민 영웅으로 급부상하던 시절.

왕의 사위까지 되었지만, 질투심에 사로잡힌 사울 왕이 자신을 죽이려고 창을 집어던지던 때의 충격과 그 후로 관직을 잃고 쫓겨나 십 년간이나 사울 왕의 추격을 피해 광야로 도망 다니던 시절. 견디다 못해 적국 블레셋으로 도망쳐 블레셋 왕 앞에서 정신병자 행세를 하면서까지 살아남아야 했던 비참한 시절. 시글락에서 아말렉의 급습으로 모든 것을 잃었다가 다시 찾아왔던 때까지.

유다 장로들의 축하를 받으며 대관식을 치르던 그날, 지나온 사연들이 다윗의 머릿속에 주마등처럼 스쳐 지나갔을 것이다. 그리고 깨달았을 것이다.

"그 수많은 위기 가운데서도 내가 오늘까지 살아남아서 이렇게 왕이 되는 것이 기적이구나. 우리의 부족함에도 불구하고 하나님은 결국 약속을 성취해주시는구나."

하나님께서는 어떤 역경에도 불구하고 우리를 향한 선한 계획을 이루실 것이다. 농사를 지어 본 사람들은 짐승이나 사람의 배설물들이 가장 좋은 거름이란 것을 알 것이다. 그 역한 냄새의 거름이 썩어서 아름다운 꽃들을 피우듯이, 우리 인생의 가장 힘들고 괴로운 경험들도 하나님의 약속이 이뤄지게 하는 밑거름이 된다.

또 한 가지 중요한 사실은 하나님께서는 다윗이 이스라엘 전체의 왕이 되기 전에, 먼저 헤브론에서 칠 년 반의 세월 동안 유다 지파의 왕으로 있게 하셨다는 것이다. 서른 살에 왕이 되었던 사울보다 칠 년 반 이상 늦어진 셈이다.

그러나 그 뒤 통일 이스라엘 왕국의 왕이 된 다윗 왕조는, 겨우 사십 년밖에 지탱하지 못했던 사울 왕조와는 달리 무려 오백 년이 넘게 이어진다. 다윗은 사울과 자기를 비교하면서 조급해하지 않았다. 당장 옆 사람보다 내가 좀 더 늦게 가는 것 같아도 조급해할 필요는 없다. 나무가 뿌리를 깊게 내리는 데는 시간이 걸리고, 뿌리 깊은 나무일수록 더 크고 오래가는 법이다.

다윗은 광야에서 바로 예루살렘으로 간 것이 아니다. 헤브론을 거쳐서 예루살렘으로 갔다. 다윗에게 헤브론은 예루살렘으로 가는 축복의 디딤돌이었다. 그러니 헤브론의 시간을 우습게 봐선 안 된다. 작은 일에 충성하는 자에게 큰일을 맡긴다고 하셨다. 헤브론에서 유다의 왕으로 든든히 자리매김을 한 다윗은, 통일 이스라엘의 미래를 세워갈 수 있는 제왕이 된다.

하나님이 우리 삶에서 사용하시는 중간 스테이션, '헤브론의 시간'을 감사히, 값있게 보내기를 축원한다. 헤브론에서 하나님이 섬기게 하시는 유다 지파를 정성껏 섬기기 바란다. 유다를 잘 섬기면 곧 이스라엘 전체를 다스리게 하실 것이기 때문이다.

사울 트라우마를
극복하다

자, 거기까진 좋았는데 다윗이 왕이 되자마자 뜻밖의 사건이 그의 집무실 데스크에 올라왔다. 어떤 사람이 다윗에게 와서 길르앗 야베스 사람들이 사울을 장사 지내주었다고 보고한 것이다. 솔직히 나는 이 소식을 전한 사람이 어떤 의도로 다윗에게 이 소식을 전했을지 의심스럽다. 사극을 보면 역적을 처형한 뒤에는 시신을 아무렇게나 버린다. 누구든지 그 시신을 수습하면 역적과 한통속이라고 하여 같이 엄벌하곤 했기에 아무도 시신을 수습하지 못했다.

그런 맥락에서 본다면, 다윗에게 있어서 원수 같았던 사울을 장사 지낸 사람들이 길르앗 야베스라는 것을 그 신하는 왜 보고했을까. 그들이 사울에게 충성하는 사울 잔당들이니, 가만둬선 안 된다는 뜻이었을까. 아니면, 그 소식을 가장 먼저 다윗에게 전함으로써 자신의 충성을 과시하려는 뜻이었을까. 어찌 되었건, 다윗은 왕이 되자마자 사울에 관련된 문제를 다시 한 번 직면해야만 했다.

참 고약한 상황이다. 다윗은 이제 더 이상 쫓기던 정치범이 아니라 새 역사를 이끌어 갈 왕이 되었다. 그런데, 하필 왕이 되자마자 그에게 전해진 첫 번째 소식은 죽은 사울과 관련된 것이었다. 다윗에게 있어서 사울은 정말 지워버리고 싶은 과거의 악몽이었다. 다윗의 이십 대 청춘을 억울하게 광야에서 도망자로 살게 만든 장본인이 사울이었다. 밤마다 다윗의 악몽에 사울이 등장했는지도 모른다.

보통 사람 같았으면 그런 사울이 죽었을 때 춤을 추었을 것이고, 정권을 잡자마자 사울 일가에게 무자비한 정치보복을 했을 것이다. 그러나 다윗은 결코 그렇게 하지 않았다. 자신의 배경 세력인 유다 지파로 하여금 사울이 한때 나라를 위해 공헌한 용사였음을 기억하라고 하면서, 사울을 예우해주었다.

다윗도 인간이다. '사울'이라는 이름만 나와도 광야에서 쫓기던 과거의 기억이 트라우마처럼 가슴을 찌르고 들어왔을 것이다. 그런데 그런 다윗의 인내심을 시험이라도 하듯이, 왕이 되자마자 올라온 첫 번째 보고가 사울의 시신을 정중히 장사 지낸 길르앗 야베스 사람들에 대한 것이라니, 다윗은 또 사울이라는 기억하기 싫은 과거를 다시 생각해야 했다. 도대체 언제까지 사울의 잔영에 시달려야 한단 말인가.

이렇듯, 우리도 현재를 살지만 실은 상당 부분 과거 기억의 잔영에 눌린 채 살아간다. 어떤 사람은 과거에 한참 잘 나갔던 추억을 잊지 못하고, 초라해진 현재에 낙심하며 살아간다. 또 어떤 사람은 과거의 실패와 잘못으로 인한 상처를 잊지 못하고, 모든 것이 회복된 현재에도 가끔 옛날의 트라우마를 떠올리며 분노하고 괴로워한다.

어찌 보면 우리의 과거는 수많은 그림이 전시된 미술관과도 같다. 좋은 추억이나 사건과 사람들, 나쁜 추억이나 사건과 사람들의 그림이 쭉 걸려 있고, 우리 생각은 걸핏하면 그 복도를 걸어간다. 그러나 "예수 그리스도는 어제나 오늘이나 영원토록 동일하시니라"(히 13:8)라고 하셨으니, 우리는 오늘 주님을 모시고 우리의 과거 기억의 미술관 복도를 걸어갈 수 있다. 그리고 주님의 보혈의 능력으로 우리가 도저히 잊을 수 없는 힘들고 나쁜 과거의 그림들을 떼어 달라고 요청할 수 있다. 그렇게 될 때 우리는 더 이상 과거의 트라우마에 얽매이지 않는 새로운 오늘을 살 수 있게 될 것이다.

다윗은 한참 예민한 나이인 이십 대 젊은 시절, 십 년의 세월을 광야에서 쫓기며 보냈다. 죽을 고비도 여러 번 넘겼고, 억울한 욕과 비방, 배신도 수없이 당했다. 다윗의 마음속, 과거 기억 미술관에는 수없이 많은 부정적인 그림들이 걸렸을 것이고, 그 원인제공은 대부분 사울이 했다. 이제 사울이 죽고 다윗은 왕이 되어서 새로운 미래를 열어야 하는데, 그 시작부터 사울에 대한 이야기가 나왔다. 마귀는 항상 우리가 하나님이 주시는 새로운 역사를 시작하려고 할 때, 잊고 싶은 부정적인 과거를 떠올리게 하면서 우리 발목을 잡으려 한다.

그런데 다윗은 그 순간, 하나님이 원하시는 가장 아름다운 방법으로 이 고비를 정면 돌파해버린다.

다윗이 길르앗 야베스 사람들에게 전령들을 보내 그들에게 이르되 너희가 너희 주 사울에게 이처럼 은혜를 베풀어 그를 장사하였으니 여호와께 복을 받을지어다 너희가 이 일을 하였으니 이제 여호와께서 은혜와 진리로 너희에게 베푸시기를 원하고 나도 이 선한 일을 너희에게 갚으리니 삼하 2:5,6

다윗은 사자를 길르앗 야베스 사람들에게 보냈다. 그리고 이를 통해서 그들이 위험을 무릅쓰고 블레셋 진영에서 사울의 시신을 탈취해 돌아와, 정중히 장사 지내준 사실을 칭찬하고 축복했다. 그는 먼저 하나님이 너희들을 축복하길 원한다고 했고, 다윗 자신도 '선한 일을 너희에게 갚을 것'이라고 했다. 그러니 마음을 놓고 용기를 내라고 했다.

사실 길르앗 야베스 사람들은 오래전의 은혜를 갚기 위해서 사울의 시신을 장사 지내긴 했지만, 그 뒤 여러 가지로 걱정과 두려움이 많았을 것이다.

무엇보다도 블레셋 사람들이 시신을 탈취해간 것이 길르앗 야베스 사람, 즉 자신들인 것을 알고 화가 나서 군대를 보내 쳐들어오면 어쩌나 하는 두려움이 있었을 것이다. 얼마 전에 이스라엘 군대 전체를 전멸시킨 블레셋 군대이니 승세를 몰아 공격해 오면 자기들 힘만으론 당할 재간이 없을 것이었다.

거기다가 새로 유다 왕이 된 다윗은 사울에게 모진 핍박을 당했던 사람이니, 자신들이 사울을 정중히 장사 지내주었다는 사실을 알게 되면 어떻게 나올지 몰랐다. '너희들도 사울과 같은 편이 아니냐'라며 공격해 올 수도 있었다. 그래서 블레셋이나 다윗, 둘 중에 하나에게는 반드시 보복당할 것만 같은 두려움이 있었을 것이다.

그런데, 아 이게 웬일인가. 다윗이 오히려 사자를 보내 사울의 시신을 수습한 일을 칭찬하고 축복하는 것이 아닌가! 그리고 앞으로 다윗이 그 은혜를 갚아 자신들을 지켜준다는 것이다. 저 무서운 블레셋도 다윗의 군대가 지켜준다면 함부로 공격해 오지는 못할 것이었다. 그래서 길르앗 야베스는 다윗의 전령의 메시지를 받고 안도의 한숨을 쉬며 하나님을 찬양했을 것이다.

사울 요나단 부자의 전사 소식을 처음 접했을 때 다윗은 진심으로 그들의 죽음을 애도했다. 그리고 그들을 용사로 칭찬하는 노래를 유다 족속에게 가르침으로써 정치보복의 가능성을 아예 차단했다. 이어서 길르앗 야베스를 이렇게 너그럽게 품어주는 행동을 통해 또 백성들에게 감동을 주었다. 이를 통해 다윗은 새로운 권력자의 눈치를 보고 있는 수많은 이스라엘 백성들의 마음에 안심을 줄 수 있었다. '사울과 달리 다윗은 정말 너그러운 아버지의 마음을 품은 지도자구나'라는 소문이 서서히 퍼져 나갔을 것이다.

그러나 다윗이 꼭 그런 정치적인 계산으로 길르앗 야베스를 축복한 것은 아니다. 그는 그렇게 함으로써 사울이 자신에게 했던 악행을 용서하고, 과거의 기억에서 씻어버렸다. 그랬기 때문에 다윗은 사울이라는 과거의 트라우마에 눌리지 않고, 힘차게 새로운 미래로 도약할 수 있었다.

이후로도 다윗은 사울의 트라우마를 떠올릴 수밖에 없는 상황이 되면 똑같은 방식으로 정면 돌파했다. 용서하고 축복했다. 그러니 마귀가 더 이상 사울의 기억을 가지고 다윗을 주저앉히지 못했다. 혹시 당신에게 사울 같은 과거의 트라우마가 있다면, 다윗처럼 용서하고 축복해버려라. 그러면 마귀가 떠나고 평안이 올 것이다.

이스보셋과
다윗의 차이

그러나 다윗이 그렇게 헤브론에서 서서히 기지개를 켜는 동안, 흩어졌던 사울의 추종 세력들이 다시 세력을 규합하고 있었다. 사울 추종 세력의 핵심 주체는 사울의 사촌 동생이자 사울 군대 총사령관인 아브넬이었다. 아브넬은 남은 사울의 군대를 다 모은 뒤, 사울의 막내아들 이스보셋을 꼭두각시 왕으로 세웠다.

그는 길르앗과 얍복강 사이에 위치한 성읍 마하나임을 사울 일가의 통치 중심지로 삼았다. 이곳은 일단 요단강 동편에 있기 때문에 블레셋의 침공으로부터 비교적 안전했으며, 강력한 전투 부대를 보유하고 있는 여러 지파에게 큰 영향력을 행사할 수 있는 곳이었다. 사실상 이들은 남쪽의 유다 지파를 제외한 나머지 모든 이스라엘 백성과 그 땅을 장악한 것이다. 다윗은 헤브론에서 유다 왕이 되어 칠 년 반을 다스렸는데, 같은 시간 사울 추종 세력의 왕이었던 이스보셋은 겨우 이 년간 왕위에 있었을까.

그 이유는 다윗은 사울이 죽은 지 얼마 되지 않아 왕위에 올랐고, 이스보셋은 사 년 이상의 시간이 지난 뒤에야 왕위에 올랐기 때문이다. 즉, 사울 추종 세력의 실질적 수장인 아브넬이, 앞에서 언급한 것처럼 오 년 반의 기간에 걸쳐 이스라엘 잔여 세력들을 규합한 뒤에 이스보셋이 왕이 된 것이다. 기도하며 하나님의 인도하심으로 자연스럽게 유다 왕이 된 다윗과는 달리, 이스보셋의 나라는 실세 아브넬이 인간적인 준비를 이것저것 아주 많이 하여 이뤄졌다.

다음 페이지의 지도를 보면 확연히 알 수 있듯이, 이스보셋이 장악한 땅은 다윗 세력의 땅보다 훨씬 더 크고 넓었다. 인구나 무기도 우위를 점하고 있었다. 그래서 객관적인 정황으로 보면, 그들은 다윗보다 훨씬 강력한 왕국을 세운 것 같았다. 그러나 이미 하나님께서 사울가의 왕권을 다윗에게 넘겨주신 상황이었기 때문에 이스보셋의 나라는 결코 오래가지 못할 것이었다.

무엇보다 사울의 아들 이스보셋이 왕이 되는 과정은, 다윗이 유다 왕이 되는 과정과 너무나 달랐다. 다윗은 하나님께 기도함으로 왕이 되는 첫 발을 뗴었다. 그런데 이스보셋의 나라가 세워질 때 이스보셋은 기도가 아닌 정치적 음모와 야심이 가득했다. 다윗은 하나님이 인도해주시는 대로 자연스럽게 왕이 된 반면, 이스보셋은 숙부인 군사령관 아브넬의 주도로 왕이 되었다. 아브넬이 이스보셋을 허수아비 왕으로 세운 것은 자신의 정치적 야망을 이루기 위한 것으로, 일찍이 다윗을 왕으로 기름 부으신 하나님의 뜻을 거역한 것이다.

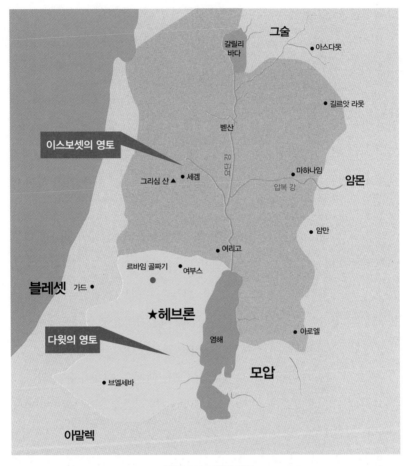

갈릴리
바다

그술

• 아스다롯

• 길르앗 라못

벧산

요단 강

이스보셋의 영토

그리심 산 ▲ • 세겜

• 마하나임

암몬

얍복 강

• 암만

• 여리고

르바임 골짜기 • 여부스

블레셋 가드 •

★헤브론

다윗의 영토

염해

• 아로엘

모압

• 브엘세바

아말렉

다윗과 이스보셋의 영토

　　그랬기에 비록 이스보셋의 나라가 유다 지파를 제외한 이스라엘 다른 지
파 전체와 그들의 영토를 장악할 정도로 세력이 컸다고는 하나, 그들의 나
라는 오래 가지 못했다. 이스보셋처럼 사람의 욕망으로 세워진 왕은 아무리
커 보여도 금방 무너지게 되어 있다. 그러나 하나님의 뜻으로 세워진 다윗

같은 왕은 시작은 미약하여도 그 끝이 창대하게 된다.

어떤 왕을 따를 것인가
선택하라

유다 지파 사람들은 다윗에게 하나님의 기름 부으심이 있음을 인정하고 왕이 되어달라고 요청했다. 앞에도 말했듯이, 이는 다윗이 단순히 유다 지파 출신이었을 뿐 아니라, 광야 시절부터 유다 지파 사람들에게 많은 축복을 흘려보냈기 때문이다.

다윗은 구약에서 예수 그리스도를 상징하는 인물이다. 우리가 주님을 알기 전에 이미 주님은 우리를 알고 계셨고, 우리에게 선하고 좋은 것들을 주고 계셨다. 그리고 결정적인 순간에 우리 마음의 문에 노크하셨다. 그 주님의 음성에 믿음으로 반응하여 우리는 하나님의 자녀가 되었다. 하나님의 자녀가 된 순간, 우리는 다윗을 왕으로 선포한 유다 지파처럼, 주님을 우리 인생의 왕으로 선포한 것이다. 이제부터는 절대 순종이 있을 뿐이다.

반대로, 사울의 추종 세력들은 하나님이 세우신 다윗을 왕으로 인정하지 않고 이스보셋을 자기들의 왕으로 세웠다. 그들은 이스보셋이 사울의 아들이라는 정통성을 내세웠지만, 그것은 자신들의 욕망과 야심을 감추는 허울에 불과했다. 사울은 이미 하나님이 버리신 사람이요, 다윗이 현재 하나님이 택하신 진짜 왕인데, 그들은 이 사실을 인정하지 않았다. 자기 생각, 자기 욕심이 너무 컸기 때문이다. 그리고 유다 지파를 제외한 나머지 지파와 넓은 땅을 장악했기 때문에 자기 힘에 도취되어 교만했다.

마찬가지로, 예수 그리스도를 왕으로 모시기를 거부하는 사람들의 본심에는 세상 욕망이 가득하다. 그들은 기독교를 비판하고 교회의 여러 가지 문제를 지적하지만, 그것은 핑계에 불과하다. 그저 자신의 마음속에 있는 세상 욕망을 내려놓을 수 없는 것이다. 욕망을 이루면서 자기 맘대로 살겠다는 것이다. 그러나 실은 자기 맘대로 사는 게 아니다. 세상 욕망의 뒤에는 세상 권세를 잡은 마귀가 있다. 그는 자기를 따르면 세상의 성공을 주겠다고 약속하지만, 결국 죄의 노예가 되어 파멸하게 된다. 세상 모든 사람들은 누가 자기의 왕이 될 것인지를 선택해야만 한다.

당시 이스라엘의 다른 열 한 지파가 모두 사울의 추종 세력과 함께했기 때문에, 유다 지파가 다윗을 따르기로 결정하는 것은 쉽지 않았을 것이다. 자신들보다 압도적으로 넓은 땅을 차지하고, 수적으로도 훨씬 많은 다른 지파들과 맞서야 하는 일이었다. 그러나 유다는 하나님의 기름 부으심이 다윗과 함께하는 것을 확신하고 그를 따르기로 했다. 오늘날에도 세상 권세는 크고 강해 보이며, 사람들은 다 세상 권세를 좇아가고 있기 때문에, 주님을 따르기로 결정하는 것은 쉽지 않다.

그러나 우리는 하나님께서 우리와 함께하심을 믿고 오직 예수님만을 우리의 왕으로 모시기로 결단해야 한다. 다윗의 세력이 처음에는 약해 보였으나 나중에는 사울의 세력을 꺾고 승리했듯이, 교회가 지금은 약해 보이지만 나중에는 반드시 승리하게 될 것이다.

가슴 아픈 내전

다윗과 사울 세력 간의 전쟁의 시작은 기브온 전투였다. 기브온은 유다 영토 북쪽에 위치한 곳으로, 다윗이 있는 헤브론에서는 아주 가깝지만, 이스보셋이 있는 마하나임에서는 상당히 먼 곳이었다. 위치상으로는 유다 영토를 본격적으로 침공해 들어올 수 있는 교두보로 안성맞춤이었다. 기브온은 적군이 성을 포위한다 해도 물 걱정이 없는 전략적 요충지였기 때문에, 만약 아브넬 군대가 이곳을 점령하고 본격적인 유다 침략의 전진기지로 삼는다면, 다윗 쪽은 큰 곤경에 처하게 될 것이었다.

사울 쪽 군사령관 아브넬의 군대는 멀리 동북쪽에 위치한 수도 마하나임에서 출발하여 기브온까지 달려왔다. 즉, 중앙의 핵심 주력 부대를 움직인 것이다. 이것이 무엇을 의미하겠는가. 가벼운 국지전이 아니라 처음부터 자신들이 가진 최정예 부대를 투입하는 전면전을 시작했다는 것이다. 또, 정황상 아브넬의 군대가 먼저 다윗 왕국을 공격해 온 것이다. 이러한 아브넬의 도발은, 자신들이 능히 다윗의 군대를 이길 수 있다는 자신감이 없이는 불가능한 것이었다.

기브온의 전략적 중요성, 그리고 밀려오는 아브넬 최정예 군대의 규모 등을 감지한 다윗 쪽에서도 총사령관 요압이 거느리는 최정예 병력을 기브온 방어에 즉각 투입했다. 그렇게 양측의 최정예 병력이 기브온 못가에서 팽팽히 대치하게 되었다. 양측의 부대가 정면충돌한 이 전투에서 다윗 측은 요압의 막냇동생 아사헬을 비롯한 스무 명이 전사했고, 사울 측, 즉 아브넬 측에서는 삼백육십 명이 전사했다. 병력의 숫자나 무기 면에서 아브넬의 군대가 압도적 우위를 점했음에도 불구하고, 그래서 아브넬이 자신들의 승리를 100퍼센트 확신하며 도발해 왔음에도 불구하고, 막상 뚜껑을 열고 보니 오히려 다윗의 군대가 압도적인 승리를 거두었다. 이는 하나님의 기름 부으심이 어느 쪽에 있는지를 전쟁 초기부터 확실하게 보여준 것이다.

기브온 못 가의 전투에서 시작된 다윗과 사울 세력 간의 전쟁은 그 후로도 이 년이나 계속되었다. 다윗이 처음 유다 왕으로 옹립되던 때부터 기브온 전투까지 사 년 반이나 지났다는 것을 감안한다면, 사실상 이 내전은 무려 칠 년 반 가까이 이어진 셈이다.

그런데 사실 이 내전은 처음부터 모두가 하나님의 뜻에 따라 다윗을 왕으로 인정했다면 할 필요가 없는 전쟁이었다. 그러나 하나님이 버리신 사울을 추종하는 자들이 하나님이 세우신 다윗을 대적했기 때문에 안 해도 될 전쟁을 하느라 모두가 고생하는 것이었다. 마치 그 옛날, 이스라엘 백성들의 불순종으로 인해 하지 않아도 되었던 사십 년 광야 생활을 했듯이, 모든 사람이 괜히 안 해도 될 희생과 고생을 칠 년 반이나 하게 된 것이다. 이렇게 동족상잔의 내전이 오랫동안 계속된 것은 사울의 군사령관이었던 아브넬이 계속 권력을 누리기 위해 나약한 이스보셋을 꼭두각시 왕으로 세운 뒤, 사울의 잔여 세력들을 모아 계속 저항했기 때문이다.

사울의 집 vs. 다윗의 집

성경은 양측의 모든 전투를 일일이 다 열거하지는 않는다. 하지만, 같은 민족끼리 피를 흘려야 하는 동족상잔의 전쟁은 우리도 겪어 봐서 알지만, 양측 서로 간 참으로 고통스러웠을 것이다. 그러나 다행히도 하나님의 은혜로 이 동족상잔의 전쟁이 오래가지는 않았다.

사울의 집과 다윗의 집 사이에 전쟁이 오래매 다윗은 점점 강하여 가고 사울의 집은 점점 약하여 가니라 삼하 3:1

사울은 이미 죽었고 사울 추종 세력의 왕은 분명히 그 아들 이스보셋이었는데도 성경은 '사울의 집'이라고 이야기한다. 이는 집안의 머리인 사울의 불순종으로 인해 하나님의 기름 부으심이 그를 떠난 상태에서 인간적 야심을 가진 자들에 의해 억지로 이어져 오고 있는 나라임을 뜻한다.

이스라엘의 실세는 사울의 사촌이자 군사령관이었던 아브넬이었고, 이스보셋은 꼭두각시 왕에 불과했다. 또한 다윗은 사울이 죽고 얼마 후에 바로 유다 지파의 전격적인 지지를 받아 왕으로 등극한 반면, 사울 추종 세력들은 하나로 규합되기까지 사 년 반이라는 시간이 걸렸고, 그 뒤에야 이스보셋이 왕으로 등극할 수 있었다. 따라서 이스보셋은 하나님께는 아무 의미 없는 왕인 것이다.

또, 이스라엘 세력의 군사령관은 아브넬이었지만, 그가 아무리 지략이 있고 용맹한 장군이라 해도 아무 소용이 없었다. 사울의 잔여 세력이 뭉친 이스라엘은 하나님이 기름 부으신 사람에게 정치적 야심으로 대적하는 이들이었다. 그래서 처음에는 열 한 지파가 뭉쳐 강대해 보이던 그 세력도 세월이 갈수록 시들어져 갔다.

반대로, 남쪽의 유다 왕국은 하나님께서 사무엘을 통하여 기름 부으신 다윗을 왕으로 모셨다는 명분이 확실했다. 또한, 다윗의 군대는 유다 지파 하나였기에 결속력이 단단했다. 하나님의 기름 부으심은 그렇다. 시간이 갈수록 그 빛을 발하게 된다. 그러므로 지금 약하게 시작한다고 해서 결코 위축될 필요가 없다.

사울의 추종 세력들은 하나님의 뜻을 거스르는 길을 갔기에, 처음부터 '영적 명분'(spiritual justification)이 없었다. 영적 명분이 없다는 것은 하나님의 도우심이 없다는 말이다. 따라서 아무리 뛰어난 재능이 있고, 돈이 많고, 노력을 많이 한다 해도 이상하게 점점 힘만 들고, 열매는 없다. 빼어난 장군이자 전략가인 아브넬이 그렇게 열심히 뛰어서 만들어낸 열한 지파의 동맹인 이스보셋의 이스라엘이 그랬다. 객관적인 전력에서 볼 때, 북쪽의 이스라엘은 다윗의 유다보다 훨씬 유리했다. 그런데 이상하게도 싸우면 싸울수록 이기는 쪽은 다윗의 유다 왕국이었다.

성경은 사울의 잔여 세력과 다윗 왕국의 내전에서 항상 다윗이 승리했음을 계속 강조한다. 작은 피해가 있긴 했지만, 그것은 결코 다윗 군대의 기세를 꺾을 수 없었고, 최후 승리를 막을 수 없었다고 말한다. 이스라엘의 전력이 압도적이었던 당시에는 그 누구도 예측하지 못했던 반전이었다.

최후 승리는
하나님의 군대에 있다

교회는 주님의 군대다. 우리 대장 예수께서 이미 마귀를 꺾고 승리하셨기에, 우리 또한 승리할 것이다. 다윗의 편에서도 전사자가 조금 발생했듯이, 우리도 크고 작은 피해가 있을 것이다. 그러나 그것이 결코 우리에게 약속된 최후 승리를 망가뜨리지는 못한다. 세상이 아무리 강대해 보여도 세상 권세를 잡은 자는 하나님께 반역한 마귀이다. 그들에게는 영적 명분이 없기 때문에, 능력도 권위도 없다. 그러므로 그들의 모든 노력은 결국 수포가 될 것이다. 그러니 우리는 눈에 보이는 세상의 규모에 위축되지 말고, 마음을 강하고 담대하게 해야 한다.

이기고 있긴 했지만, 다윗 쪽이 입은 피해도 컸다. 아사헬 장군을 비롯한 소중한 부하들을 많이 잃어야 했다. 영적 전쟁이 그런 것이다. 대가를 치르는 것이다. 하루아침의 승리로 통쾌하게 종결되는 게 아니다. 마귀가 권세를 잡은 이 세상에 우리가 살고 있는 한, 우리 하나님의 백성들은 끊임없이 어둠의 군대와 전쟁을 치러야 한다. 그렇기에, 우리는 처음부터 '그러려니' 하고 마음을 단단히 먹어야 한다.

군인은 전쟁터에서 총소리가 나고, 포탄이 터지고, 부상병들이 생기고 심지어 자기가 부상을 당해도, 그것을 당연하게 여긴다. 우리는 전쟁터에 나와 있는 군인과 같다. 희생을 각오하고 임해야 한다. '힘들어서 못하겠다'는 핑계가 안 된다. 전쟁터에서 안 힘든 병사가 누가 있는가. 끝까지 십자가 고통을 견디시고 승리하신 우리 주님을 생각하며 기도로 견뎌내자.

하루 이틀 싸우는 게 아니라, 평생 싸울 각오를 해야 한다. 장기전을 각오하며 힘을 안배하고 인내하면서 하루하루 정신 차리고 살아야 한다. 사울이 죽은 후에도 다윗은 이 내전으로 인해 칠 년 반이나 되는 세월을 더 기다려야만 했다. 광야 도망자 시절까지 합치면 도합 십칠 년이 넘는 기나긴 세월을 다윗은 하나님을 믿고 기다렸던 것이다. 보통 사람 같으면 '그 힘든 광야 생활을 끝내고 이제 사울이 죽어 왕이 되는가 싶었는데, 왜 또 이렇게 오랜 세월을 기다려야 하나' 생각하면서 역정이라도 낼 법하다. 그러나 다윗은 결코 조급해하지 않았다. 그는 성공해야 한다는 사실 자체보다, 하나님의 방법으로, 하나님의 때에 성공해야 함을 알고 있었기 때문이다.

믿음의 사람, 영국의 조지 뮬러는 이렇게 말했다.

"결코 하나님을 앞서가려 하지 말라. 결코 성령을 앞서가려 하지 말라. 결코 기도를 앞서가려 하지 말라."

전투를 하면 할수록 사울 진영은 점점 약해져 갔고, 다윗 진영은 점점 강해져 갔다. 전쟁은 양측 군사의 물자가 소모되는 것이니, 상식적으로 생각하면 군사 숫자와 물자가 많은 사울 진영이 절대적으로 유리하다. 그러나 결과는 반대였다. 땅도 작고 인구도 적은 다윗 진영은 싸우면 싸울수록 오히려 그 세력이 더 강해졌는데, 사울 진영은 오히려 싸우면 싸울수록 더 위축되었다. 하나님의 기름 부으심이 그런 것이다. 세상적 힘이 막강했던 사울 진영은 쇠락했고, 상대적으로 열세였던 다윗의 유다 왕국은 흥왕했다. 이유를 알 수가 없는데, 이기고 복 받았다.

결국 궁극적인 승리는 하나님의 기름 부으신 사람의 것이 된다. 그러니, 지금 힘들고 어렵다고 해서 주저앉으면 안 된다. 그것이 바로 마귀가 원하는 것이다. 얼마나 많은 하나님의 위대한 꿈들이, 이뤄지기 직전에 주저앉은 사람들로 인해 사그라져 갔던가? 믿음을 가지고 인내하고 견디면, 시간이 갈수록 하나님의 사람은 '점점 강해질 것'이다. 의인은 가만히 있어도 점점 하나님의 축복으로 커져가고, 악인은 가만두어도 점점 쇠퇴한다.

다윗을 향한 하나님의 축복의 대표적인 증거는 다윗 집안의 번성이다. 다윗은 헤브론에서 유다 족속의 왕으로 있는 동안 많은 아들들을 낳았는데, 사울의 아들들은 이스보셋을 제외하고는 모두 전사하고 말았다. 이는 다윗이 헤브론에서 많은 왕자들을 낳은 것과 극명하게 비교된다.

하나님이 기름 부으신 사람 다윗에게 많은 자녀를 주신 것처럼, 하나님이 축복하는 교회에는 많은 하나님의 백성들을 보내주신다. 그 교회를 통해 구원받은 사람들, 차가워진 신앙이 다시 뜨거워지는 사람들, 말씀으로 변화된 사람들로 인해서 교회가 점점 부흥하는 것이다. 다윗이 그저 온전히 하나님만 순종하며 가만히 있으면 되었듯이, 교회는 그저 말씀과 기도를 붙잡고 정도를 가면 하나님께서 자연적으로 대적들을 물리쳐 주시고, 성장과 부흥을 주신다.

사울 진영의
분열

크고 작은 전투에서 다윗 진영의 우세가 확연했다고는 하나, 이런 식으로 계속 가다가는 양측의 희생만 커지고 언제 통일이 될지 요원했다. 그러나 하나님께서는 인간이 생각지도 못한 방법으로 역사하셨다. 그렇게 강대해 보였던 사울 집안의 몰락은, 뜻밖에도 외부의 전쟁이 아닌 내부의 균열로 인해 일어났다.

하나님의 뜻을 거슬러 하나님이 이미 버리신 사울의 잔재를 이어가려는 이스보셋의 나라는 영적 명분이 없었다. 그러니 하나님의 능력과 보호하심이 없었던 것이다. 규모는 컸으나 열한 지파들이 단시일에 규합된 것이라 언제 와해할지 모르는 불안한 동맹이었다. 게다가 실세인 아브넬과 이스보셋 왕 사이의 보이지 않는 균열도 만만치 않았다. 성경은 전쟁에 나가는 사울 측 군대를 "아브넬과 이스보셋의 신복들"이라고 표현함으로써, 한 나라에 마치 두 명의 왕이 있는 듯한 메시지를 암시한다.

영적 명분이 없는 무리는 하나 되기가 어렵다. 겉보기에 사울의 왕국은 세력이 컸다. 그러나 모두가 각자의 정치적인 계산으로 모였기 때문에 언제든 이해관계가 바뀌면 서로 배신하고, 깨어질 수 있었다. 그랬기에 이들은 늘 서로 의심하고 불안해했다. 이런 사람들은 항상 무리수를 두게 되고, 생각이 복잡하다. 말이 많아지고, 말과 행동이 불일치 하는 경우가 많다.

사실 이스보셋은 그래도 선왕 사울의 핏줄이라는 명분이 있었고, 아브넬에게는 막강한 군대와 뛰어난 정치력이 있었다. 그래서 이스보셋과 아브넬의 연합은 각자의 뛰어난 장점을 합친 콤비라고 볼 수 있었다. 그러나 아무리 좋은 장점들이 모여도 하나님을 순종하는 영적 명분이 없으면 다 헛것이다. 하나님의 기름 부으심이 없고, 그렇게 되면 그것은 모래알 팀워크가 된다.

사울의 집과 다윗의 집 사이에 전쟁이 있는 동안에 아브넬이 사울의 집에서 점점 권세를 잡으니라 삼하 3:6

이미 우리는, 이스라엘의 실질적인 힘은 군사령관 아브넬이 장악하고 있으며, 이스보셋은 아브넬에게 모든 것을 의존하고 있는 명목상의 미약한 왕임을 알고 있다. 그러나 이스보셋은 사울의 아들로서 그래도 자존심이 있었기 때문에, 어떻게든 아브넬의 독주를 견제해보려고 했던 것 같다.

하지만 소용없었다. 사울의 핏줄이라는 것 외에 이스보셋은 아무것도 내세울 것이 없었다. 즉, 이스보셋이 처음부터 불리한 싸움이었다. 그는 강력한 군대를 거느린 데다가, 노련한 정치적 수완으로 이스라엘 열한 지파를 모두 하나의 동맹으로 만들어낸 아브넬을 당할 수가 없었다. 시간이 갈수록, 사울 왕국 내에서 아브넬은 점점 더 힘이 세졌고, 모두가 허수아비 왕인 이스보셋보다는 아브넬의 눈치를 보았다. 게다가, 남쪽의 유다 왕국과 전쟁 중인 국가 위기 상황에서는, 군부의 수장인 아브넬의 위세가 막강할 수밖에 없었다.

이스보셋의 패착,
아브넬의 배신

그러던 어느 날, 이스보셋이 용기를 내어 아브넬의 위세에 도전하는 사건이 발생했다. 일의 발단은 사울의 첩 리스바와 아브넬의 불륜이었다. 당시 선왕의 첩을 취할 수 있는 유일한 권리는 오직 후계자에게만 주어졌다. 즉, 이스보셋에게만 리스바를 취할 권리가 주어지는 것이다. 따라서 이 문제로 이스보셋이 아브넬을 추궁한 것은 단순히 그가 도덕적으로 문란한 짓을 저지른 이유에서만이 아니었던 것이다. 감히 신하로서 선왕의 첩을 넘본 것은 왕권을 위협하는 반역이라고 꾸짖는 것이다.

사울의 첩을 범한다는 것이 어떤 의미였는지 아브넬이 몰랐을 리가 없다. 알면서도 했다는 것은 아브넬이 실제로 리스바를 사랑하고 있었다는 뜻이기도 하지만, 동시에 이스라엘의 실제 왕은 자기인데 감히 누가 뭐라고 하겠느냐는 오만함도 있었을 것이다. 즉, 아브넬은 이스보셋이 아닌 자신이 이 나라의 '넘버원'임을 과시하고 싶었던 것이다.

아브넬의 이런 불순한 의도를 감지한 이스보셋은 용기를 내어 아브넬과 정면으로 부딪쳤다. 그동안 군부의 지지를 기반으로 국정을 좌지우지하는 아브넬 앞에서 이스보셋은 아무 말도 못 하고 살아왔다. 자기보다 나이도 한참 위고, 군권을 장악하고 있는 데다가, 다른 열한 지파와의 동맹의 구심점인 아브넬을 어떻게 할 수가 없었다. 하지만, 그럼에도 불구하고 이스보셋이 보기에 아버지의 첩을 범한다는 것은 아브넬이 분명히 선을 넘은 것이었다. 그래서 이스보셋은 아브넬을 향해 그동안 참고 참았던 분노를 터뜨렸다. 그러나 그것은 이스보셋의 결정적 패착이 되고 말았다.

화가 머리끝까지 치밀어 오른 아브넬은 연이어서 충격적인 선언을 했다. 이제는 이스보셋을 버리고 이스라엘을 다윗에게 들어 바치겠다고 한 것이다. 여기서 중요한 것은, 아브넬은 일찍이 하나님께서 사무엘 선지자를 통해 다윗에게 맹세하신 내용을 이미 알고 있었다는 사실이다. 그 맹세란 "이 나라를 사울의 집에서 다윗에게 옮겨서 그의 왕위를 단에서 브엘세바까지 이스라엘과 유다에 세우리라"(삼하 3:10)라고 하신 약속이었다.

"단에서 브엘세바까지"란 표현은 우리로 치면 '한라에서 백두까지'란 표현이다. 즉 아브넬은 지금껏 하나님의 뜻이 무엇인지 알고 있으면서도 그에 반하는 행동을 해 온 것이다. 하나님이 왕으로 세우실 다윗을 대적하는 이스라엘을 세운 일등공신이 아브넬이었으니 말이다.

우리가 말씀을 아는 것하고 말씀대로 사는 것은 다른 것이다. 말씀을 알면서도 행함이 없는 사람이 있고, 오히려 아브넬처럼 말씀을 대적하는 사람이 있다. 왜냐하면 말씀이 자신의 이익과 충돌하기 때문이다. 하나님이 버리신 사울이었지만, 아브넬은 지금껏 그 사울의 오른팔로서 권력의 단맛을 누리며 살았다. 사울이 죽었지만, 사울의 이름으로 잔여 세력을 모으니 따라오는 사람들이 많아서 그들을 모아 이스라엘을 세울 수 있었고, 그곳의 권력을 한 손에 쥐고 많은 것을 누릴 수 있었다. 그래서 아브넬은 하나님이 사울이 아닌 다윗을 왕으로 세우신 것을 알면서도, 이를 거역하는 삶을 살아온 것이다.

그러나 아브넬은 이제 말씀을 대적하며 살아온 자신의 인생을 바꾸어, 말씀이 이뤄지도록 돕겠다고 나선다. 이제는 상황이 변했기 때문이다. 더 이상 이스보셋이 자신의 꼭두각시가 되지 않겠다고 나오니, 허수아비 왕을 세워 놓고 자신이 뒤에서 마음대로 국정을 농단하는 일을 더는 할 수 없게 되었으니 말이다.

그렇다고 해서 이스보셋을 그냥 제거해 버리면 사울의 적통 왕조라는 명분을 주장할 수가 없게 되고, 그렇게 되면 다른 열한 지파와의 동맹이 깨지게 된다. 그땐, 사울 왕국의 일등공신으로 호의호식해오던 자신은 모든 것을 잃게 되는 것이다. 그래서 아브넬은 하루아침에 다윗의 편에 서기로 했다.

나라의 군권을 손에 쥔 아브넬이 왕 앞에서 대놓고 적국에 나라를 갖다 바치겠다고 말하는데도, 이스보셋은 그 사나운 기세에 눌려 아무 말도 하지 못했다. 아마 이스보셋은 아버지 사울의 첩을 범하는 일 정도면, 아브넬을 꼼짝 못 하게 할 충분한 명분이 된다고 생각했을 것이다. 그래도 자기가 사울의 핏줄인 이 나라의 왕이니 만큼 이 문제를 용기 있게 지적하면, 다른 신하들도 자기편을 들어서 아브넬을 궁지에 몰 수 있을 줄 알았던 것이다.

그러나 그것은 세상 물정 모르는 순진한 이스보셋의 헛된 착각이었다. 이런 전시 상황에서 '권력은 총부리에서 나오는 법'이다. 그 어떤 신하도 서슬 퍼런 아브넬의 기세에 도전하지 못하고, 고개를 돌려 침묵할 뿐이었다. 냉혹한 현실의 힘 앞에서 사람은 모두 비겁해진다. 이스보셋은 비로소 상황 파악을 하고 자기가 얼마나 어리석었는지를 깨달았다. 이 넓은 궁궐에 자기편은 아무도 없었다. 오히려 이스보셋은 호랑이 콧수염을 잡아 뽑은 셈이 되었다. 그는 노발대발하는 아브넬이 두려워서 한마디 말도 못 하고 파랗게 얼어붙었다. 그러나 후회하기엔 이미 때가 너무 늦었다.

아브넬의
항복

아브넬은 즉시 다윗에게 전령을 보내 이스라엘을 바치겠다고 말했다. 아브넬은 단지 이스보셋이 리스바와의 문제를 건드린 그 사건 하나 때문에 이렇게 확 돌아선 것은 아닐 것이다. 계산 빠른 아브넬은 이미 계속되는 내전에서, 모든 전황이 이스라엘 쪽에 불리하게 돌아가고 있음을 알고 있었다.

하나님의 기름 부으심이 확실한 다윗의 나라는 거대한 벽과 같았다. 싸우면 싸울수록 그들은 단단해져 갔고, 이스라엘은 가망이 없었다. 이런 상황에서 아브넬은 어떻게 하면 자신이 살아남을 수 있나 고민하고 있었을 것이다. 그런데 이스보셋이 뜻하지 않게 그 명분을 주었다. 아브넬은 다윗에게 이스라엘을 넘기면서 통일왕국의 이인자 자리를 꿈꾸었을 것이다.

정치적 계산이 빠른 아브넬은 이미 다윗에게로 기울고 있는 이스라엘 민심의 향방을 감 잡고 있었다. 그래서 어차피 이렇게 된 것, 차라리 자신이 나서서 나라를 다윗에게 갖다 바쳐 생색을 내고, 그 공으로 통일왕국 다윗 밑에서 이인자가 되고자 했던 것이다. 그는 아직도 망설이고 있는 이스라엘 리더들을 일일이 찾아가서 다 함께 다윗에게 투항하자고 설득했다. 그리고 비로소 부하 스무 명을 데리고 헤브론으로 가서 다윗을 만났다.

본문을 읽어 보면, 아브넬은 마치 다윗의 신하처럼 정말 이리 뛰고 저리 뛰면서 다윗을 위해 열심히 일했다. 아마 이 기회에 다윗에게 자신의 공로를 확실히 부각시켜 지위를 보장받으려 했을 것이다. 다윗은 아브넬의 이런 속내를 대략 짐작은 하면서도, 어쨌든 그로 인해 더 이상의 전쟁 없이 통일을 이룰 수 있게 되었으니 고맙기 짝이 없었다. 다윗은 아브넬을 맞이하여 성대한 잔치를 열어주었다.

하지만 아브넬이 한 가지 몰랐던 것은 다윗은 사울과는 전혀 다른 부류의 왕이라는 사실이었다. 다윗은 그 어떤 인간이 아닌, 오직 하나님의 섭리를 전적으로 믿는 사람이다. 다윗은 항상 하나님의 말씀을 묵상하며 하나님께 기도하고 모든 일을 결정하는 지도자였다. 즉, 다윗은 자신의 인간적인 정치 야망을 이루기 위해 사람을 이용하는 사람이 아니었다. 그렇기 때문에 아브넬은 사울이나 이스보셋을 움직인 방식으로 다윗을 움직일 수는 없을 것이었다.

하지만 하나님께서는 아브넬처럼 정치적 야심이 가득한 기회주의자도 하나님의 뜻을 이루는 도구로 사용하셔서 사울 왕국의 끝을 내게 하셨다. 악인은 분노와 음모로 계획을 도모할지라도, 하나님은 그런 악까지도 선으로 바꾸셔서 주의 뜻을 이루실 것이다. 세상의 왕과 신하는 서로를 이용한다. 사울과 이스보셋을 등에 업고 출세했던 아브넬은, 줄을 바꿔타서 다윗을 등에 업고 출세하려 했다. 그러나 하나님은 아브넬이 그런 식으로 다윗 왕을 이용하게끔 그냥 두지 않으셨다. 아브넬은 며칠도 못 가서 너무나 허무한 최후를 맞게 된다.

하나님의 약속은
하나님의 때에 반드시 이뤄진다

다윗이 사울 왕국을 무너뜨리기 위해 한 일은 아무것도 없었다. 다윗은 아무 일도 하지 않았지만, 하나님은 다윗을 대적하는 사울의 집안이 서로 갈등하고 분열하게 하시며, 스스로 망하도록 역사하셨다. 하나님의 교회를 대적하는 그 어떤 악한 세력도, 하나님은 결국 분열하게 하시고 망하게 하신다.

그러므로 우리는 지금 세상이 강해 보인다고 두려움에 사로잡혀 위축되어선 안 된다. 하나님이 맡기신 일을 묵묵히 순종하며 가야 한다. 복음을 전하고, 제자를 키워야 한다. 끝까지 주님의 길을 가면, 시간이 지나면서 대적들이 자연스럽게 붕괴될 것이다.

다윗은 하나님이 자신을 이스라엘 전체의 왕이 되기 전에, 헤브론에서 남쪽 유다를 다스리는 왕으로 칠 년 반을 보내게 하신 이유를 알고 있었다. 외국 민족인 블레셋과의 전쟁과는 달리 사울의 잔당들이 장악한 북쪽 이스라엘과의 전쟁은 같은 민족과의 전쟁이었다. 벌어지는 전투마다 다윗의 군대가 이기긴 했지만, 다윗은 상대의 피해를 최소화하는 데 몹시 신경을 썼다. 아무리 전투에서 이겨도 민심을 잃으면 모든 것이 헛수고이기 때문이다.

지금은 적이지만 통일이 되고 나면 다 자신이 다스리는 왕국의 백성들이 될 사람들이기 때문에 그들의 가슴에 한을 심어선 안 되었다. 폭군이었긴 해도 사울은 사십 년이나 이스라엘을 다스린 왕이었다. 따라서, 그에게 일단 충성을 바쳤던 백성들의 마음을 얻는 데는 시간이 필요했고, 섬세하고 정성 어린 노력이 필요했던 것이다.

다윗은 먼저, 가만히 자신의 힘을 착실히 길러가면 언젠가 하나님의 때가 오리라 확신했다. 이처럼, 하나님이 우리에게 기다리게 하시는 시간에는 다 의미가 있다. 조급한 마음을 버리고, 묵묵히 하나님의 길을 가라. 그러면 하나님께서 자연스럽게 기회를 주실 것이다. 그 기회를 기다리라. 하나님의 약속은 하나님의 때에 반드시 이루어진다.

chapter 9

예루살렘 정복

역대상 11:4-9

다윗은 마침내 북쪽의 이스라엘과 남쪽 유다의 통일을 이루고, 통일 이스라엘의 왕으로 기름 부으심을 받게 된다. 그리고 다윗은 통일왕국의 왕이 되자마자 첫 번째 행보로 예루살렘 정복에 나섰다.

가장 먼저
예루살렘 공략을 추진한 이유

어째서 다윗은 통일왕국의 왕이 되자마자 가장 먼저 예루살렘 공략에 나섰을까. 지금 이스라엘은 단순히 왕이 사울에서 다윗으로 바뀌는 것이 아니라, 고려 왕조에서 조선 왕조로 바뀌듯이, 왕조 자체가 바뀌는 역사의 격동기였다. 왕조가 새로 바뀔 때, 나라의 정치, 경제, 문화, 교통, 교육 등 모든 국정 운영의 중심이 될 '수도'를 어디로 하느냐는 너무나 중요한 문제였다.

지난 칠 년 반 동안 자신이 유다의 왕이었을 때, 다윗은 헤브론에 수도를 두었었다. 그러나 이제 북쪽의 이스라엘까지 연합하여 통일왕국의 왕이 된 다윗은 더 이상 헤브론에 머무를 수가 없었다. 다윗이 유다 지파만의 왕이었다면 상관없지만, 전 이스라엘을 다스리는 왕이 되기 위해서는 조금 더 나라의 중앙 지점으로 수도를 옮겨야 했다. 하지만, 그렇다고 사울 왕조의 거점이었던 마하나임을 수도로 삼으면, 유다 지파가 강하게 반발할 것이었다. 그래서 남쪽의 유다와 북쪽의 이스라엘을 모두 효과적으로 다스릴 수 있는 새로운 수도가 필요했다.

이에 가장 적합한 곳으로 선택된 곳이 바로 당시 여부스 성이라고 불리던, 예루살렘이었다. 예루살렘은 북쪽의 이스라엘이나 남쪽의 유다 왕국 그 어디에도 속한 곳이 아니었으며, 가나안 땅의 중간 지역에 위치해 있었기에 통일왕국의 수도로 딱 적당했다. 게다가 유다와 베냐민 지파와의 경계에 위치하였기 때문에, 그동안 사울 진영과 다윗 진영 간에 깊이 파인 갈등의 골을 메우고, 국민적 화합을 이룰 수 있었다.

이에 더하여, 이스라엘 백성들에게 예루살렘은 역사적으로 영적 의미가 있는 곳이었다. 예루살렘은 창세기 14장 아브람 때에 '살렘'(salem)이라는 이름으로 처음 성경에 등장한다. 믿음의 조상 아브람이 전쟁에서 승리한 뒤 처음 십일조를 바쳤던 멜기세덱이 살렘의 왕으로 나오는데, 이 살렘은 예루살렘을 가리킨다('살렘'은 '샬롬'과 같은 어근에서 온 말로 '평화'란 뜻이다. 즉, 예루살렘은 '평화의 도시'란 뜻이다).

그뿐 아니라, 아브람이 하나님의 명령을 따라 하나뿐인 아들 이삭을 제물로 바칠 뻔했던 모리아 산도 바로 예루살렘에 있었다. 이렇듯 예루살렘은 이스라엘 백성들 모두가 사랑하는 믿음의 조상 아브라함의 흔적이 있는 곳이었기에, 이곳을 수도로 취하는 것은 충분한 영적 명분도 있는 일이었다. 그런데 문제는 이 예루살렘이 그냥 걸어 들어가서 차지하면 되는, 비어 있는 성이 아니라는 데 있었다.

예루살렘이
여부스 성으로 불린 이유

다윗이 이곳을 정복하기 전, 예루살렘은 수백 년 동안 이곳을 장악했던 여부스 족속의 이름을 따서 '여부스 성'이라고 불렸다. 가나안 일곱 족속 중에서도 사납고 강성하기로 유명했던 여부스 족속은 이스라엘 백성들이 애굽에서 노예 생활을 할 때부터 이곳을 점거한 뒤, 도시 남동쪽 끝에 위치한 시온산에 성을 쌓아 '여부스 성'이라고 불렸다(그래서 시온 산성이라고도 불린다).

잠깐 아래 그림을 통해 예루살렘 도시의 변형사를 살펴보자. 오늘날의 예루살렘 성벽을 기준으로 각 시대별 예루살렘의 영역을 회색으로 표시했다. 다윗이 점령한 이후, 그곳을 수도로 삼고 솔로몬, 히스기야, 예수님 당시에 이르기까지 천년의 세월이 흐르면서 점점 그 범위가 넓어졌다.

현재의 성벽

여부스 시대(다윗)

솔로몬 시대

히스기야 시대

헤롯대왕 시대(예수님)

예루살렘의 변형사

오래전 여호수아가 이끄는 이스라엘 백성들이 약속의 땅 정복 전쟁을 시작할 때, 하나님께서는 분명히 "네 발로 밟는 땅은 영원히 너와 네 자손의 기업이 되리라"(수 14:9)라고 약속하셨다. "네 발로 밟는 땅"이란 말은 이 땅을 거저 주는 게 아니고, 이스라엘 백성들이 하나님을 믿고 순종하여 나가 싸울 때 주시겠다는 뜻이었다. 여호수아의 담대한 리더십에 힘입어 이스라엘은 가나안 족속들과의 수많은 전쟁에서 승리를 거두었고, 약속의 땅을 차지하였다. 그리고 열두 지파는 각자 분배받은 지역에서 자리를 잡았다.

그때 약속의 땅 대부분이 이스라엘 열두 지파에 점령되었지만, 정복되지 않은 곳들도 꽤 되었다. 이는 그 땅을 차지하고 있던 적들이 강한 탓도 있었지만, 더 근본적인 원인은 이스라엘 백성들이 하나님을 믿지 않고 불순종했기 때문이었다. 그때 이스라엘이 차지하지 못했던 땅 중에 대표적인 곳이 바로 예루살렘이었다. 그 이유는 이렇다.

오래전, 여호수아는 가나안의 다섯 왕과 싸울 때 아얄론 골짜기에서 태양을 멈추어놓고 적을 추적하여 섬멸했다. 이때 여호수아가 죽인 다섯 왕들의 수장인 아모리 사람 아도니세덱이 바로 예루살렘의 왕이었다. 그 뒤 이 지역은 유다 지파와 베냐민 지파에게 분배되었다. 그러나 그 두 지파가 잠시 방심한 틈을 타, 여부스 족속이 잽싸게 예루살렘을 장악한 것이다. 그리고 나서 여부스 족속이 얼마나 무섭게 저항했던지, 유다와 베냐민 두 지파 모두 예루살렘을 포기한 채로 물러서 버렸다. 여호수아가 가나안 정복 전쟁 전체를 승리로 끝내 놓았지만, 유다와 베냐민 지파가 자신들에게 주어진 전쟁을 확실히 마무리하지 못해서 예루살렘같이 중요한 곳을 여부스 족속의 손에 넘겨주고 말았다.

그렇게 여부스가 예루살렘에 알 박기를 한 채로 사사 시대 삼백사십 년이 지났다. 이어서 사울 왕의 사십 년 통치, 그리고 다윗이 유다 왕으로 있던 칠 년 반까지 해서 근 사백 년이 가깝도록, 여부스는 이스라엘을 비롯한 수많은 군대의 공격을 물리치면서, 예루살렘의 주인 행세를 해온 것이다.

예루살렘은 우상숭배를 일삼으며 음란하고 폭력적인 여부스 족속 같은 사람들이 차지하고 있어선 안 되는 땅이었다. 그러나 하나님의 백성들이, 예루살렘을 차지하겠다는 여부스의 결기를 꺾지 못하여 정복을 못했다. 그렇게 조상들이 확실히 마무리하지 않은 영적 전쟁은 자손들에게 두고두고 올무가 되어 화근이 됐다.

난공불락의 요새
예루살렘

다윗의 대군이 예루살렘 외곽으로 몰려와서 진을 치는데, 정작 성내의 여부스 족속들은 두려워하기는커녕 오히려 다윗을 비웃었다. '네가 이리로 들어오지 못하리라'라는 말은 '꿈도 꾸지 마라. 이 성은 난공불락이야'라는 오만한 조롱이었다. 여부스 사람들이 그렇게 자신만만한 데는 이유가 있었다.

예루살렘은 지형상 점령하기 쉽지 않은 도시였다. 당시 예루살렘 도시 모습을 재현한 모형을 보면 이해가 될 것이다. 예루살렘은 높은 고원 지대 약 오만 평 정도의 평평한 땅에 성벽을 쌓아 올린 도시로, 삼 면이 깊은 골짜기로 둘러싸인 분지에 위치했다. 골짜기는 천연 성벽을 제공하기 때문에 골짜기 위에 성벽을 세우면 당시의 기술로는 공략이 거의 불가능했다.

특히, 성의 동쪽과 남쪽은 절벽과도 같은 매우 경사진 언덕으로 되어 있었다.

다윗 시대의 예루살렘 재현

또 높은 분지는 멀리까지 확 트인 시야를 바탕으로 적의 군세와 공격로를 미리 파악하고 적절히 대응할 수 있게 했다. 게다가, 군대가 이동할 수 있는 큰 도로로부터 멀리 떨어져 있기도 했다. 한마디로 예루살렘은, 지키기는 쉽고, 공격하기는 어려운 천혜의 요새였다.

또 한 가지 우리가 알아 두어야 할 사실은 고대 근동 지방의 공성전은, 도시를 포위한 뒤, 공수 양측 중 한쪽이 먼저 식량과 물이 떨어질 때까지 버티는 싸움이었다는 점이다. 그래서 대부분의 성읍은 도시 정중앙에는 거대한 곡식 저장고를, 지하에는 물 저장소를 건설해서 전쟁에 대비했다. 설령 곡식은 떨어져도 다른 식량으로 버틸 수 있었지만, 물이 바닥나는 것은 곧 성읍이 점령되는 것을 의미했다.

바로 여기에 난공불락의 성 예루살렘의 비밀이 있었다. 예루살렘 성읍 동쪽 기드론 골짜기 아래에 있는 기혼 샘은 이 지역의 유일한 샘이었다. 기혼 샘은 간헐천으로 하루에 두 번에서 네 번, 약 1톤 정도의 물이 솟아 나왔다. 이는 수천 명이 마실 수 있는 양이었다. 따라서 예루살렘을 공격하는 상대에게 성 밖 골짜기 아래 위치한 기혼 샘은 봉쇄해야 할 첫 번째 장소였다.

그런데 기혼 샘까지 가는 통로를 봉쇄해도 예루살렘 성으로의 물 공급은 끊이지 않았다. 예루살렘에는 기혼까지 이어지는 지하 수로가 있었기 때문이었다.

당시 여부스 사람들은 기혼 샘에서 이어지는 약 13미터 정도의 수평 터널을 파서 기혼 샘에서 솟아 나오는 물을 끌어온 후, 약 12미터 깊이의 수직 터널을 뚫어 지하의 물 긷는 통로와 연결하였다. 당시 성안의 여부스 사람들은 수직 터널을 통해 도르래를 달아서 물을 퍼 올렸다.

기혼 샘 지하로 내려가는 통로 (출처 : 위키피디아)

덕분에 성 밖으로 겹겹이 포위당하고 기혼 샘으로의 통행이 봉쇄되어도 물이 마를 일이 없었다. 이 비밀은 사백 년이 넘는 기간 동안 예루살렘을 정복 불가능한 도시로 만들어주었다.

그래서 여부스 족속은 결코 다윗이 이 성을 빼앗을 수 없을 것이라며 자신만만했던 것이다. 본문은 이들이 "다윗에게 이르기를 네가 이리로 들어오지 못하리라"(대상 11:5)라고 비웃었다고 간단히 기록했는데, 평행본문인 사무엘하 5장 6절에 보면 이들은 정말 심한 말로 다윗을 비웃었다.

> 왕과 그의 부하들이 예루살렘으로 가서 그 땅 주민 여부스 사람을 치려 하매 그 사람들이 다윗에게 이르되 네가 결코 이리로 들어오지 못하리라 맹인과 다리 저는 자라도 너를 물리치리라 하니 그들 생각에는 다윗이 이리로 들어오지 못하리라 함이나 삼하 5:6

여부스 족속은 다윗에게 말하기를 '너희들의 공격을 막기 위해서 우리 정예 병사가 투입될 필요도 없다. 그저 맹인과 다리 저는 병사들이 지켜도(가장 나약한 병졸들로만 보초를 세워도) 너희들을 물리칠 수 있다'라고 한 것이다. 이는 천하의 용장 다윗에게 있어서 너무나 모욕적인 말이 아닐 수 없었다.

다윗은 통일 이스라엘의 왕이 되었지만, 편하게 부귀영화를 누리면서 권력을 누릴 수 없었다. 지금까지 칠 년 반이나 자리 잡고 있던 익숙한 땅 헤브론을 떠나야 했고, 사나운 적들이 견고한 요새를 치고 있는 예루살렘을 점령해야 했다.

새로운 자리는 새로운 도전을 요구한다. 남들이 보기에는 높은 자리에 올라 좋을 것 같지만, 결코 그렇지 않다. 자기의 안전지대를 떠나야 하고, 더 새롭고 힘든 시련과 맞서 싸워 돌파해야 한다. 떠남과 도전의 결단이 없으면 안 된다. 우리는 다윗을 비웃었던 여부스 족속처럼 우리를 비웃고 두렵게 하여 주저앉히려는 마귀들의 세력과 싸워 이겨야 한다.

하나님이 주신 비전은
실패하지 않는다

여부스 족속은 결코 '다윗이 이리로 들어오지 못할 것'으로 생각했다. 실제로 여호수아 때부터 지금까지 사백 년이 가깝도록 수많은 이스라엘 병사들이 공격해왔지만, 아무도 성공하지 못했기 때문이다. 그러나 여부스 족속이 몰랐던 점이 있다. 다윗은 지금까지 그들이 수백 년 동안 상대해왔던 군대들과는 차원이 다른 인물이라는 사실이었다.

다윗도 지난 사백 년 동안 자신보다 먼저 예루살렘을 공격했던 군대들의 실패를 잘 알고 있었다. 그러나 다른 사람들이 전에 다 실패했었다고 해서 나까지 실패하란 법은 없다. 우리는 아무나가 아니라 하나님이 기름 부으신 사람이기 때문이다. 벽이란, 다른 사람을 막기 위해서 존재하는 것이지, 하나님의 사람을 막기 위해 존재하는 게 아니다. 오히려 여부스 족속은 하나님의 사람 다윗이 올 때까지 다른 사람들이 예루살렘을 건드리지 못하도록 지켜주고 있었던 것일지도 모른다.

오만한 말로 다윗을 무시하고 비웃었던 여부스 사람들처럼, 오늘날 마귀는 하나님이 주신 꿈을 향해 가는 우리 앞을 막아서며 '네가 결코 이리로 들어오지 못하리라'라고 말한다. 그러나 다윗은 예루살렘을 정복하는 데 성공했다. 여부스 족속들은 불가능할 것이라고 비웃었지만, 다윗은 전혀 기죽지 않고 뚫고 나가 승리했다.

우리 또한 '못할 것이다, 안 될 것이다'라는 마귀의 말에 기죽지 말고 뚫고 나가 승리하자. 적의 악하고 더러운 말에 무게를 실어주지 말라. '지금까지 된 사람이 없었다'라고 조롱하는 적에게 '이제 내가 새 역사를 쓸 것이다'라고 선포해주라. 이제 우리로부터 패배가 승리로 바뀔 것이다. 하나님이 그렇게 해주실 것이다! 우리는 곧 우리를 조롱하는 적들을 무너뜨리고 승리하게 될 것이며, 그것은 가장 통쾌한 복수가 될 것이다.

성경은 "다윗이 시온 산성을 빼앗았으니 이는 다윗 성이더라"(대상 11:5)라고 했다. 여부스 족속이 점령하고 있었던 예루살렘의 또 다른 이름은 '시온 산성'이었다. 그러나 다윗이 이곳을 공략해서 정복한 뒤로는 '다윗 성'(city of David)이 되었다. 어제까지 적의 이름으로 불리던 곳이 오늘부터는 우리의 이름으로 불리게 될 것이다. 어둠의 군대의 문패를 떼어 내고, 하나님의 자녀의 이름이 그 자리를 차지할 것이다. 우리 하나님께서 그렇게 행하실 것이다. 이 땅의 정치, 경제, 교육, 문화 모든 영역에서 그런 역사가 일어나길 기도한다.

다윗이
적의 허를 찌르다

자, 다시 잠깐만 시간을 거슬러 올라가 보자. 난공불락의 성 예루살렘으로 진격하면서, 사실 다윗의 군대는 속으로 난감했을 것이다. 수백 년 동안 아무도 정복하지 못했던 철옹성 예루살렘을 과연 함락시킬 수 있을까. 설령 그럴 수 있다 해도 오랜 시간이 걸리고 엄청난 인명 손실이 날 것을 다들 각오했을 것이다. 그러나 그들의 대장 다윗은 적의 허를 찌르는 단 한 번의 공격으로 전쟁을 끝냈다.

여부스 사람들은 성이 난공불락이라고 생각했지만, 그들이 생각지도 못한 허점이 있었고, 하나님께서는 다윗에게 그것을 알려주셨다.

그날에 다윗이 이르기를 누구든지 여부스 사람을 치거든 물 긷는 데로 올라가서 다윗의 마음에 미워하는 다리 저는 사람과 맹인을 치라 하였으므로 속담이 되어 이르기를 맹인과 다리 저는 사람은 집에 들어오지 못하리라 하더라 삼하 5:8

다윗은 부하들에게 '물 긷는 데'로 올라가서 예루살렘을 정복하라고 했다. 영어성경에 보면 '수직의 물 통로'(water shaft) 혹은 '수로'(water tunnel)라고 되어 있다. 앞서, 예루살렘 성이 지금까지 버틸 수 있었던 결정적인 비결 중의 하나가 성 밖의 기혼 샘으로부터 성안까지, 수평 터널과 수직 터널을 통해 물을 끌어올 수 있었던 것이라고 했다. 그런데 예루살렘 성의 이런 큰 강점이, 치명적인 약점이 될 줄 누가 알았겠는가.

기혼 샘에서 예루살렘 성안으로 물을 끌어들이는 수로는 수평으로 한참 가다가 또 위로 꺾이는 수직으로 된 컴컴하고 좁은 통로였을 것으로 추정된다. 그런데 다윗은 바로 그 수로를 통해 몸이 민첩한 병사들을 침투시켜서, 물을 길어 올리는 수직 터널로 올라가, 성안으로 들어가는 작전을 세웠다.

하지만 이 작전은 침투조 전원의 목숨을 걸어야 하는 너무나도 위험한 작전이었다. 하루에 몇 차례씩 물이 쏟아져 나오는 간헐천인 기혼 샘이 가는 도중 갑자기 터지기라도 한다면 침투조 전원이 꼼짝없이 수장될 수도 있었다. 또 만약 수직 통로 위에 적이 경비부대를 세워 놓았을 경우에도 좁은 통로에 갇힌 침투조는 전멸될 것이었다.

그런데 이런 지하 수로의 구조 자체는 국가 기밀이어서 아는 사람이 별로 없었던 데다가, 방금 설명한 것처럼 이리로 무장한 병사들이 침투하는 것은 너무나 힘든 일이었다. 따라서 여부스 족은 설마 적군이 그 수로를 타고 침입해 들어올 줄은 상상도 하지 못했던 것이다. 그래서 상대적으로 경계가 소홀했다.

이런 구조적 이점 때문에 여부스 족은 다윗을 조롱하여 이르기를 '다리 저는 사람과 맹인이 지켜도 너희들은 물리칠 수 있다'고 자신한 것이다. 이는 '굳이 애써서 지킬 필요도 없다'는 말과도 같아서, 여부스 사람들이 얼마나 오만했는가를 보여준다. 만약 여부스 군인들이 이 물 터널을 제대로 방비했더라면, 결코 다윗의 공격은 성공할 수 없었을 것이다. 하나님께서는 그들의 오만이 그들의 멸망이 되도록 하셨다. 덕분에 죽음을 각오하고 그곳으로 침투한 다윗의 용사들은 철옹성 같았던 예루살렘 성의 문을 열 수 있었다. 자만하여 방심한 자와 겸손하게 최선을 다한 자의 차이가 승부를 갈랐다.

삼천 년 전 고대 이스라엘 버전의 '미션 임파서블' 같은 이 기적의 작전에서는 목숨을 걸어야 하는 침투조를 어떻게 구성할 것인가가 제일 고민이었다. 이때, 다윗은 놀라운 명령을 내렸다. 다윗은 부하들에게 "먼저 여부스 사람을 치는 자는 우두머리와 지휘관으로 삼으리라"(대상 11:6)라고 했다. 즉, 누구든지 가장 앞장서서 이 위험한 수로를 타고 올라가 공격을 성공시키는 사람에게 군대 총사령관을 맡기겠다는 것이다.

그런데, 당시 군대 총사령관이 없었으면 모르겠지만, 이미 요압이라는 군대 총사령관이 버젓이 있었다. 그럼에도 왕이 이런 명령을 내렸다는 사실이 충격적이지 않은가? 이 명령을 현장에서 듣고 있던 요압 자신이나 모든 부하 장수들은 다 충격을 받았을 것이다. 위험하고 중요한 미션인 건 알겠는데, 대체 왕이 어떤 의도로 저런 말씀을 하시는 건지 모두들 난처하여 왕과 요압의 눈치를 살폈다.

그러나 요압은 오히려 이를 악물었다. 사실 요압은 다윗의 허락 없이 아브넬을 죽인 사건으로 인해 다윗 왕의 눈 밖에 나 있었다. 쉬쉬하면서도, 전후 사정을 다 알고 있는 부하 병사들이나 백성들 사이에서, 왕의 허락도 없이 과격한 일을 저지른 요압에 대한 신뢰는 땅에 떨어져 있었다. 그래서 다윗은 예루살렘 공격을 빌미로 하여, 왕과 부하들의 신뢰를 잃고 의기소침해 있는 요압에게 스스로를 증명할 기회를 주었을 수도 있다.

'요압이여. 괜히 권력의 맛을 보려는 정치군인이 되지 말고, 초심으로 돌아가서 다시 한번 나라를 위해 목숨 걸고 싸워라. 스스로의 힘으로 왕과 부하들의 존경을 다시 얻어내라.'

아마 다윗은 이런 암묵적인 도전을 요압에게 던졌는지도 모른다.

요압은 그 기대에 부응했다. 그는 총사령관의 계급장을 벗어 던지고, 일반 졸병들처럼 가장 먼저 위험을 무릅쓰고 수로를 기어 올라갔다. 그리고 예루살렘 성 함락의 일등공신이 되었다. 그로 인해 요압은 다시금 다윗 군대 총사령관의 자격을 증명했다.

예루살렘이
다윗 성이라 불리기 시작하다

예루살렘의 '살렘'은 '평강, 평화'라는 의미이다. 반면 '여부스'라는 이름은 '짓밟힌'이라는 뜻을 가지고 있다. 평강의 도시가 오랫동안 이방인 여부스 족속에게 짓밟혀 있었다. 그러나 다윗이 여부스의 비밀을 꿰뚫고 그 성을 점령하여 다시 평화의 도시를 회복시킨 것이다.

다윗이 그 산성에 살았으므로 무리가 다윗 성이라 불렀으며 대상 11:7

이방 족속 여부스가 다스리던 예루살렘. 우상숭배로 가득했던 그곳은 다윗이 점령하여 다스리기 시작하면서부터 '다윗 성'이 되었다. 하나님의 도시, 거룩한 예루살렘이 되었다. 하나님의 사람이 들어가면 세상은 거룩한 땅이 된다. 어떤 영적 의미를 갖기 시작한다. 당신이 들어가는 곳이 바로 거룩한 땅이 될 것이다.

성경의 인물들에게는 그들과 하나님의 역사가 담긴 땅이 있었다. 모세에게는 십계명을 받은 시내산이 그랬고, 팔십오 세의 갈렙에게는 헤브론이 비전의 땅이었다. 사무엘에게는 민족 대각성 집회가 열린 미스바가 있었다. 그리고 예루살렘은 다윗의 비전이 이뤄지는 땅이다. 이렇듯, 우리 각자에게는 우리만을 위한 하나님의 예비된 비전이 있다. 그것은 하나님이 예비해 두신 것이지만, 우리가 담대히 나아가 쟁취해야 한다. 우리가 믿음으로 정복하면 거기에 우리의 이름이 붙을 것이다. 예루살렘이 다윗 성이라고 불리었듯이.

다윗이 밀로에서부터 두루 성을 쌓았고 그 성의 나머지는 요압이 중수하였더라

대상 11:8

여기서 '밀로'는 히브리어로 '채우다'란 뜻인데, 학자들은 다윗이 망대나 성채와 같은 방어시설을 견고하게 공사했을 것으로 추측한다. 다윗은 견고한 성 예루살렘을 다시금 튼튼하게 보수하고, 요압으로 하여금 마무리하게 했다. 아마 자기들이 공격했던 물 긷는 수로로 적군이 침입하지 못하도록 그쪽 경계도 강화했을 것이다.

우리는 하나님이 주신 땅을 정신 차리고 지켜야 한다. 약속의 땅은 공격해서 취하는 것만이 중요한 게 아니라, 영적으로 깨어 지켜야 하는 것이기도 하다. 다윗이 이렇게 힘들게 정복하고 지켜낸 예루살렘을, 훗날 다윗의 후손들은 영적으로 타락하여 제대로 지켜내지 못한다. 예루살렘을 지켜내지 못하니까 나라도 망했다.

다윗의 예루살렘 정복 이야기가 기록된 역대상은 다윗이 죽고 오백여 년 뒤 쓰인 책이다. 이때는 유다가 망하고 유다 백성들이 바벨론에 포로로 끌려가 칠십 년의 끔찍한 포로 생활을 하고 돌아왔을 때다. 돌아온 유다 백성들은 모든 것이 폐허가 된 예루살렘에 서야 했다. 그들은 사방에 득실거리는 적을 막을 성벽도 없고, 그렇다고 자치 군대를 구성하지도 못하는, 가난하고 연약한 백성들에 불과했다.

그러나 역대기 기자는 다윗의 예루살렘 정복 사건을 상기시키면서, 하나님의 나라는 하나님의 도우심으로 세워지는 것이기에 그런 인간적 악조건들이 문제가 되지 않음을 강조한다. 하나님이 함께하시면 그 옛날 다윗이 예

루살렘을 정복한 때처럼, 어떤 역경도 이기고 다시 예루살렘을 재건할 수 있다고 격려한다.

예루살렘 정복에 담긴 영적 의미

자, 예루살렘을 정복하고 나서 예루살렘을 굳건하게 보수한 직후 나오는 성경말씀이 의미심장하다.

> 만군의 여호와께서 함께 계시니 다윗이 점점 강성하여 가니라 대상 11:9

성경에는 어떤 말씀이 나오는가도 중요하지만, 어떤 시점에 나오는가도 중요하다. 하나님께서는 항상 다윗과 함께하셨지만, 특별히 예루살렘을 정복하고 나서부터 전과는 비교도 할 수 없는 힘이 그에게 부어졌다. 다윗이 예루살렘에 뿌리를 내리고 예루살렘 성을 굳게 보수하고 지키면서부터, 하나님의 은혜가 본격적으로 다윗에게 부어졌다. 안 그래도 하나님의 은혜가 충만하던 다윗이 예루살렘에 자리를 잡으면서 날개를 단 격이다.

하나님의 사람은 자신의 힘으로 강해지려는 유혹을 버려야 한다. 스스로 강해지려고 하는 것은 오히려 독이 될 때가 많다. 강대국들과 동맹을 맺고, 군사와 무기를 늘리면 나라의 힘이 강해지는 것처럼 보이지만, 진짜 힘은 하나님을 의지하는 데서 나온다. 다윗은 오직 하나님과 동행함으로써 날로 강성해졌다. 많은 사람이 강해지고 싶어 하고, 강해지기 위해 온갖 노력을 다한다. 그러나 정말로 강해지는 방법은 잘 모르는 것 같다. 하나님을 의지하고 동행하는 것만이 강해지는 비결이다.

"점점 강성하여 가니라"라는 말은 다윗의 강성함이 현재에 머물지 않았다는 것이다. 하나님이 부어주시는 은혜로 사는 그는 어제보다는 오늘이, 오늘보다는 내일이 더 나아지는 사람이었다. 점점 더 강성해져 갔기 때문에, 다윗이 어디까지 커질지는 아무도 몰랐다. 하나님이 함께하시는 사람의 미래는 아무도 측량할 수 없을 만큼 크고 놀랍다. 단순히 나이만 먹는 것이 아니라, 하나님의 축복으로 다윗처럼 날마다 성장하는 것이 중요하다. 과거를 보고 우리 인생을 판단하지 말라. 우리가 날마다 하나님과 동행하기만 한다면 하나님께서 우리를 '점점 더 강성하게 하실 것'이다.

예루살렘은 주님이 머리 되신 교회다. 우리가 말씀과 성령이 충만한 교회에 뿌리를 내릴 때, 우리의 영성은 날개를 단 듯이 비상할 것이다. 교회 공동체에서 함께 영적인 도전을 받고 기도하며 은혜를 누리자. 그럼 우리는 하나님이 부어주시는 능력과 축복을 나날이 더 풍성하게 체험할 것이다.

그 당시 예루살렘이 실제로 대단한 도시여서 하나님이 축복하신 게 아니다. 예루살렘보다 더 크고 위대한 도시들도 많았다. 그러나 하나님이 택하셨기 때문에 예루살렘이 그토록 높고 아름다워진 것이다. 교회는 세상의 정부나 기업 같은 조직들에 비하면 초라해 보일 수 있다. 그러나 주님의 피로 사는 성도들이 모인 은혜 공동체이기 때문에 하나님의 임재가 교회 위에 가득하다. 하나님의 임재가 있기에 교회는 영광스럽다.

당시 이스라엘 백성들이 예루살렘을 사랑했듯이, 우리도 교회를 사랑해야 한다. 이스라엘 백성들이 항상 예루살렘의 평화를 기도했듯이, 우리도 교회의 평화를 위해 기도해야 한다.

우리가 세상을 볼 때, 세상은 너무나 강성하고 대단해 보인다. 그에 비해 교회는 너무나 미약하고 왜소해 보인다. 그러나 하나님이 함께하시기 때문에 우리의 예루살렘인 교회는 결코 무너지지 않는다. 무너지지 않는 정도가 아니라, 교회를 조롱하고 공격하는 세상의 권세를 하나님이 공격해 흐트러뜨리신다. 그러므로, 자신감을 가져야 한다. 절대 위축되지 말아야 한다. 교회는 이 세상을 두려워하지 말아야 한다. 믿음이 작아지면 세상이 두려워진다. 교회의 머리 되신 주님을 붙잡는, 강하고 담대한 믿음을 가지도록 하자.

chapter 10

모든 대적들을 굴복시키다

사무엘하 8:1-18

"사는 게 전쟁이다"란 말들을 많이 한다. 예수님은 평화의 왕이신데, 예수님의 권위를 따르지 않는 세상은 다툼과 전쟁이 끝이 없다. 예수님을 믿는 크리스천들도 이런 죄 많은 세상에 몸담고 살기에 날마다 영적 전쟁을 치러야만 한다.

각자가 처한 상황에 따라 모든 영적 전투가 다 다른 양상을 띠기 때문에 어제 승리했다고 해서 오늘 방심했다가는 큰일 난다. 그저 날마다 겸손히 우리의 대장이신 예수님께 의지하며 영적 전쟁에 임해야 한다.

이번 장에서는 다윗이 왕이 된 후에 통일 이스라엘 왕국의 기반을 다지기 위해 치러야 했던 정복 전쟁들을 살펴볼 것이다. 이를 통해서 날마다 영적 전쟁을 치러야 하는 오늘날 교회가 배워야 할 영적 교훈들을 찾아보자.

참고로 이 전쟁들의 시기를 군이 따져보자면, 주전 1003~990년경일 것으로 추정된다. 즉 이것은 십여 년의 긴 시간 동안 벌어진 전쟁들의 기록인 것이다.

블레셋을
정복하다

그 후에 다윗이 블레셋 사람들을 쳐서 항복을 받고 블레셋 사람들의 손에서 메덱암마를 빼앗으니라 삼하 8:1

여기서 '메덱암마'는 단순히 어떤 한 지역의 지명을 가리키는 것이 아니라 블레셋의 수도였던 가드와 그에 종속되었던 가사, 아스돗, 아스글론, 에그론 등 블레셋의 다섯 개의 주요 도시들 모두를 가리킨다. 블레셋은 이 다섯 개의 도시국가들이 모여서 만든 연합 국가다. 다윗의 블레셋 정복은 이스라엘 민족에게 실로 엄청난 사건이었다.

지난 수백 년 동안 블레셋이란 존재는 이스라엘에게 결코 넘어설 수 없는 공포의 대상이었다. 블레셋은 사막의 여느 부족들과는 차원이 다른 국가였다. 원래 블레셋 민족은 일찍부터 바다를 누볐던 '바다의 백성'(sea people)으로 유명했는데, 세력이 강성했을 때는 강대국 애굽을 위협할 정도였다.

이들은 아브라함 시대부터 조금씩 팔레스타인으로 이주해와서 정착하기 시작하다가, 주전 12세기 초반부터 본격적인 대규모 이주를 해왔다. 그들은 일찍이 가나안 남부 해안 지역의 드넓은 평야를 차지했는데, 이곳은 물 공급이 넉넉했고 땅이 기름진 옥토여서 곡식이 풍성했다.

가나안의 도시들, 특히 블레셋의 도시들은 대부분 돌로 기초를 놓고 진흙 벽돌로 만든 두꺼운 성벽으로 중무장한 요새화된 도시들이었다. 신전과 궁전, 행정과 재판을 위한 건물, 산업 시설물들이 들어찬 계속된 도시였다. 특히, 금속 공예와 도자기 제조 기술은 매우 뛰어난 수준이었다. 농사가 주업이었지만, 해양 민족답게 여러 이웃 나라와의 무역을 통해서 부강한 나라가 되었다.

특히 블레셋인들은 철을 다루는 기술이 뛰어나서 일찍부터 철기 문명을 꽃피웠다. 뛰어난 철제 무기와 전차들, 궁수, 마병, 보병 부대를 가진 블레셋 군은 아직 청동기 문화를 벗어나지 못한 이스라엘을 비롯한 주변 국가들을 군사적으로 압도했다. 한마디로 블레셋은 중동의 바이킹 같은 전사들이었다.

일찍부터 가나안 땅에 정착하고 있던 이들은 여호수아가 이끄는 이스라엘 백성들이 가나안 땅으로 들어와 살기 시작하면서부터 곳곳에서 이스라엘 백성들과 부딪치기 시작했다. 사사 시대에는 이 충돌이 더 빈번해져서 간간이 삼손 같은 사사가 일어나서 블레셋의 침략을 물리친 이야기가 성경에 기록되어 있다.

막강한 철제 무기로 무장한 블레셋 군의 침략은 이스라엘에게 항상 위협적이었다. 무엇보다도 블레셋은 애굽이 가졌던 것과 유사한 스타일의 전차 부대를 보유하고 있었다.

당시 전차는 두 개의 바퀴가 달려 있고, 두 마리의 말이 끌었으며, 그리스 전차처럼 뒤가 열려 있고, 안장이 갖춰져 있었다. 한 명은 무사, 한 명은 전차를 모는 기수, 이렇게 2인 1조가 되어 각 전차에 탔고, 왕이 타는 전차는 보통 병사들의 것보다 좀 더 크고 튼튼했다.

전차

    이런 전차를 수백, 수천 대 보유한 블레셋 군대는 당시 주변 모든 국가에 공포의 대상이었다. 전차는 당시 고대 중동에서 전쟁의 향방을 가를 수 있는 게임체인저였다. 이것 때문에 이스라엘은 기름진 남서부 해안지대의 평야를 고스란히 블레셋에게 넘겨줄 수밖에 없었고, 수많은 이방 민족 가운데서도 블레셋이 가장 끈질기고 위협적인 존재가 되었다.

    하지만 블레셋에게 의외의 아킬레스건이 하나 있었다. 수백 년 역사상, 블레셋은 항상 이스라엘을 공격하는 입장이었지, 자신들이 침공당해본 적이 없었던 것이다. 이것이 그들의 장점이자 약점이었다. 항상 남을 때려 보기만 하고 맞아본 적이 없는 사람이 처음 자기보다 더 강한 상대에게 맞으면, 그 충격은 엄청나다. 지금 블레셋이 그런 상황이다.

    다윗 왕 때에 이르러서 전세가 역전되어 처음으로 블레셋이 이스라엘에 침공당했고, 완전히 패배하여 항복하게 되었다. 이전에도 이스라엘이 블레셋 군대를 물리친 적은 있었지만, 다 방어전이었다. 이렇게 블레셋 본거지까지 밀고 들어와 완전히 정복하여 항복시킨 적은 없었다. 그런데 다윗이 그것을 해낸 것이다. 블레셋은 극심한 충격을 받았고 다윗에 대해 공포를 느꼈다.

이스라엘의 블레셋 정복이 이스라엘 백성에게 준 감동은 우리가 상상할 수 없을 만큼 컸다. 다윗의 수많은 정복 전쟁 중에서도 블레셋 정복 이야기가 가장 먼저 언급되는 것은, 당시 이스라엘에게는 블레셋이 가장 무서운 적이었기 때문이다. 수백 년 동안 이스라엘 사람들의 기를 죽였던, 결코 넘어설 수 없을 것 같은 대적이었다.

하나님께서는 다윗에게 지금껏 결코 넘어설 수 없던 강한 적을 넉넉히 이기게 하셨다. 블레셋을 무너뜨리고 나니까 다들 두려움이 사라졌다. 이제는 어떤 적과도 싸워 이길 수 있다는 자신감이 생겼다. 우리도 예수님의 깃발 아래 서면, 지금껏 우리가 넘어설 수 없다고 생각했던 불가능한 적도 무너뜨릴 수 있다. 그다음에는 어떤 적과도 싸워 이길 수 있다.

모압을 정복하다

이어서 다윗은 모압과의 전쟁에서 큰 승리를 거두었다.

다윗이 또 모압을 쳐서 그들로 땅에 엎드리게 하고 줄로 재어 그 두 줄 길이의 사람은 죽이고 한 줄 길이의 사람은 살리니 모압 사람들이 다윗의 종들이 되어 조공을 드리니라 삼하 8:2

특기할 만한 것은, 다윗이 잡은 모압 포로들을 처리한 방식이다. 성경은 다윗이 "두 줄 길이의 사람은 죽이고 한 줄 길이의 사람은 살렸다"라고 했다. 이 말은 전쟁 포로 가운데 끝까지 저항한 강포한 자들은 죽이고, 자신의 잘못을 인정하고 항복하는 사람들은 살려주었다는 뜻이다. 여기에는 사정이 있다.

모압은 원래 이스라엘과는 매우 우호적인 관계를 유지하던 나라였다. 다윗의 증조할머니 룻이 모압 여인이었기 때문에, 사실은 다윗에게도 어느 정도 모압인의 피가 흐르고 있었다. 그래서인지 다윗이 사울을 피해 도망 다닐 당시 모압이 다윗의 부모를 보호해주기도 했다.

그럼에도 불구하고 다윗이 모압을 정벌한 것은 아마도 다윗을 돕던 모압 왕이 죽고 새로운 사람이 왕위에 올라 다윗을 대적하고 이스라엘을 위협했기 때문일 것이다. 다윗이 모압군을 패배시키고 나서 포로들을 처리할 때 어떤 이들은 살려주고 어떤 이들은 처형한 것은, 누가 배신한 자들이고 누가 어쩔 수 없이 그들에게 끌려간 단순 가담자들인지 옥석을 가린 뒤에 배신자들은 심판하고, 그렇지 않은 사람들은 살려준 것이다.

모압의 경우처럼 우리는 어제까지 친구였다가 갑자기 배신하는 적과 싸워야 할 때가 있다. 자기와 친했던 모압의 배신을 응징해야 하는 전쟁이라 다윗도 처음에는 마음이 힘들었을 것이다. 그동안 쌓인 정 때문에라도 더 그랬을 것이다. 그러나 그는 개인적인 감정에 얽매이지 않고 담대히 일어나 모압과 전쟁을 치렀다.

그러나 다윗의 모압 정벌에는 다윗 자신도 모르는 하나님의 숨은 섭리가 있었다. 이것은 오래전 이스라엘 백성들이 모세를 따라 광야에서 행군할 때, 하나님께서 주술사 발람의 입을 빌어 말씀하신 예언의 성취다. 그때 모압은 유명한 주술사 발람을 매수하여 이스라엘을 저주하고자 했으나 하나님께서 막으셨었다. 그리고 하나님께서는 언젠가 반드시 모압을 심판하시겠다고 예언하셨었다. 하나님의 백성들을 뒤에서 음해하고 멸망시키려 했던 악의 세력은 세월이 가도 하나님께서 반드시 심판하신다.

다윗은 오래된 하나님의 적을 심판하는 하나님의 칼로 쓰임 받았다. 다윗처럼 성령의 기름 부으심이 가득한 지도자는 당대의 적들뿐 아니라, 조상 세대의 적들에 대한 심판까지도 감당하도록 하나님이 써주신다. 우리도 영적 전쟁에서 그렇게 쓰임 받아야 할 때가 있다. 하나님이 우리 모두를 다윗과 같은 하나님의 도구로 써주시길 바란다.

소바 왕 하닷에셀과 다메섹 아람 지원군을 패배시키다

소바는 유브라데강 근처 다메섹과 하맛 사이에 위치한 아람 족속의 나라다. 당시 아람 족속들은 여러 작은 나라들로 이뤄져 있었는데, 하닷에셀은 소바의 왕으로, 이들 아람 족속 나라들에 주도적 영향력을 행사했던 것 같다.

> 르홉의 아들 소바 왕 하닷에셀이 자기 권세를 회복하려고 유브라데 강으로 갈 때에 다윗이 그를 쳐서 삼하 8:3

하닷에셀은 "자기 권세를 회복하려고" 다윗에 대적하려 했다. 소바는 사울 이래로 이스라엘의 속국이었는데, 하닷에셀이 왕으로 등극하자 전에(삼하 10장) 다윗에게 패배했던 것을 만회하기 위해 아람의 세력을 최대한 규합해서 다윗을 대적할 준비를 했던 것 같다. 그들은 무엇보다 고대 사회에서 모든 강대국들이 애지중지하는 최첨단 무기였던 말과 병거를 대규모로 준비했다.

'하닷에셀'은 '그의 도움은 하닷'이란 뜻인데, '하닷'은 수리아의 태양신의 이름이다. 그런 이름을 가질 정도로 하닷에셀은 나름 영웅적 리더십을 가진 대단한 군주였던 모양이다. 야심과 능력을 겸비한 그는 아람의 군사력을 한껏 끌어올렸고, 어느 시점부터는 이 정도면 이스라엘과 겨루어도 해볼 만하다고 판단한 것 같다.

마침내 하닷에셀은 아직 다윗의 세력이 미치지 않는 유브라데강으로 가서 대군을 정비하고 이스라엘을 공격하려고 했다. 그러나 뛰어난 젊은 군주 하닷에셀도 하나님이 함께하시는 다윗의 적수가 되지 못했다. 다윗은 하닷에셀에게 시간 여유를 주지 않고 공격하여 큰 승리를 거두었다.

이때 사로잡은 포로만 해도 마병 천칠백에 보병 이만 명이라는 것으로 미루어 보아, 전사자 숫자는 그보다 훨씬 더 많았을 것이다. 그야말로 아람이 총력을 기울인 대군이 완전히 궤멸된 것이다.

우리는 이렇게 오랜 시간 우리를 노리고 치밀하게 준비해온 적과 싸워야 할 때가 있다. 그러나 하나님께서는 그들의 치밀한 준비가 허사가 되게 하신다. 하닷에셀이 약했던 게 아니라, 다윗이 너무 강했던 것이다. 아니, 다윗의 하나님이 너무 강하셨기 때문에 시작도 하기 전에 이미 승패가 결정된 전쟁이었다.

한 가지 주목할 사실은 승리한 다윗이 적으로부터 엄청나게 많은 병거와 말들을 노획했는데, 이 중에서 병거 일백 대의 말만 남기고 그 외 모든 병거의 말은 다 발의 힘줄을 끊어버렸다는 점이다. 한마디로 누구도 다시 못 쓰게 만들어 버린 것이다. 이것은 모두를 깜짝 놀라게 한 충격적인 결정이었다. 왜냐하면 이미 잠깐 언급했듯이, 그 당시 병거와 말은 전쟁의 향방을 바꿀 수 있는 최첨단 무기, 게임체인저였다. 각 나라마다 말과 병거를 얼마나 많이 보유했는가로 서로의 군사력의 수준을 가름할 정도였다. 그래서 모두들 수단 방법 가리지 않고 최대한 많은 말들을 확보하려고 혈안이 되어 있었다.

소바 왕 하닷에셀도 이를 알기에 이스라엘과의 전쟁을 위해 오랜 시간 수많은 말들을 조련해왔다. 전쟁에서도 말은 포로보다 더 중요하게 간주되어, 빼앗아서 자국 군대의 자산으로 만드는 게 정석이었다. 다윗은 하닷에셀의 군대를 격파하면서 이 수많은 말들을 쉽게 차지할 수 있게 되었고, 이것들을 장차 이스라엘 군대의 전력으로 사용하면 군사력이 더욱 막강해질 수 있었다. 그런데 다윗은 그 아까운 말들의 힘줄을 다 끊어버렸다. 적들도 쓰지 못할 뿐 아니라 아군도 쓰지 않겠다는 것이다.

이것은 일찌감치 하나님께서 모세를 통해 이스라엘의 왕들에게 명령하신 것이었다.

반드시 네 하나님 여호와께서 택하신 자를 네 위에 왕으로 세울 것이며 네 위에 왕을 세우려면 네 형제 중에서 한 사람을 할 것이요 네 형제 아닌 타국인을 네 위에 세우지 말 것이며 그는 병마를 많이 두지 말 것이요 병마를 많이 얻으려고 그 백성을 애굽으로 돌아가게 하지 말 것이니 이는 여호와께서 너희에게 이르시기를 너희가 이 후에는 그 길로 다시 돌아가지 말 것이라 하셨음이며 신 17:15,16

하나님께서는 이스라엘을 향해 너희들은 다른 나라들과는 달리 "병마를 많이 두지 말라"고 하셨다. 이는 이스라엘 군대가 이방 군대들처럼 병거와 말에 의지하고 하나님을 의지하지 않게 될 것을 경계한 것이다.

오늘날 우리의 말은 무엇인가. 부동산일 수도 있고, 돈이나 인맥일 수도 있고, 학벌일 수도 있다. 그것들을 모조리 주님 앞에 내려놓아야 한다. 그것들이 나를 지켜줄 것이라는 생각을 버리고 오직 하나님의 손을 잡아야 한다.

말, 즉 인간적으로 자기를 지켜줄 수단을 많이 두게 되면 그만한 대가를 치르게 된다. 삶을 단순화해야 한다. 뭔가를 움켜쥐려고 집착하지 말고 자꾸 내려놓는 연습을 하라. 덜 소유하고, 덜 주장하고, 하나님께 더욱 의지하자. 그러면 하나님이 나의 힘이 되어주신다.

자, 다시 전쟁 이야기로 돌아와서 하닷에셀은 다윗에게 패배했지만, 아직 전쟁은 마무리되지 않았다. 다윗이 생각지 못했던 뜻밖의 변수가 발생했다. 아람의 용병들이 하닷에셋을 도우러 달려온 것이다.

다메섹의 아람 사람들이 소바 왕 하닷에셀을 도우러 온지라 삼하 8:5

여기에 언급된 "다메섹의 아람 사람들"은 다메섹을 수도로 하여 작은 나라를 이루었던 또 다른 아람 족속을 가리킨다. 이들은 같은 아람 족속인 소바 왕 하닷에셀이 대패하자 지원군을 급파하여 도우러 온 것 같다.

그러나 너무나 어리석은 선택이었다. 다윗은 이 아람의 지원군 또한 완전히 궤멸시켜 버린다. 무려 이만 이천의 아람 군이 그날 전멸했다. 가만있었으면 화를 면할 수 있었을 것을 괜히 하닷에셀을 돕겠다고 나섰다가 같이 망한 것이다. 여기서 우리는 불의에 참여하거나 불의를 행하는 자를 돕는 자도

다 같이 심판을 면치 못한다는 사실을 배운다. 또한 적을 돕는 무리가 아무리 많아도 하나님이 우리와 함께하시면 우리가 반드시 이김을 믿어야 한다.

적을 궤멸시킨 다윗은 다메섹 아람에 이스라엘 수비대를 두었다. 여기서 '수비대'는 군사 기지를 가리키는 말로, 아람의 차후 도발을 방지하고 변방의 수비를 위하여 설치하였을 것이다.

영적 전쟁에서도 적을 공격하여 물리친 그곳을 비워두면 안 된다. 반드시 아군의 수비대를 두어야 한다. 그래야 다시 적에게 그곳을 빼앗기지 않는다. 마귀를 몰아냈으면 그 자리에 예배의 제단을 쌓아야 하고, 기도의 제단을 쌓아야 한다. 세상의 쾌락을 좇아다니며 죄짓는 일을 끊었으면, 이제 그 시간에 하나님의 일을 해야 한다. 우리의 인생 곳곳에 거룩한 영적 수비대를 세워야 한다.

에돔을
궤멸시키다

연이은 다윗의 정복 전쟁은 예측하지 못했던 남쪽에서 계속된다. 다윗은 소금 골짜기에서 에돔 군대 일만 팔천 명을 궤멸시킨다. 에돔은 에서의 후손들이다. 사냥꾼의 후예답게 다들 체격이 크고 어려서부터 전쟁을 연습한 호전적인 부족이었다. 이들은 다윗이 북쪽의 암몬과 아람 족속들을 상대로 전쟁을 벌이고 있는 기회를 이용하여 이스라엘 군대의 먼 남쪽 후방에서 군사를 일으켰다.

그러나 북쪽 전쟁을 마치고 돌아온 다윗 군대는 오히려 에돔 군대에게 역공을 가했다. 유다 남부, 사해의 남쪽에 있는 소금 골짜기에서 다윗이 에돔 군대를 궤멸시켰다.

> 다윗이 소금 골짜기에서 에돔 사람 만 팔천 명을 쳐죽이고 돌아와서 명성을 떨치니
> 라 삼하 8:13

이 승리 후에 다윗이 '명성을 떨쳤다'는 것으로 미루어 보아, 당시 에돔은 자타가 공인하는 사납고 강한 민족이었던 것이 분명하다. 명예란 이렇게 정당한 일을 하였을 때 주어지는 것이다. 하나님께서는 악하고 강한 적을 상대로 승리하는 하나님의 군대가 명성을 떨치게 하신다.

에돔 군대처럼 우리가 다른 쪽의 적과 전쟁하고 있을 때 우리의 등 뒤에서 허를 찌르며 공격해오는 악한 무리가 있다. 그들은 소문나게 강하고 악한 존재들이다. 그러나 하나님께서는 이런 악한 무리들도 우리가 능히 패배시키고 승리하게 하신다. 그래서 이 승리로 인해 오히려 우리의 명성을 높여주신다.

승리한 다윗은 북쪽 다메섹 아람 때처럼 에돔에도 수비대를 주둔시켜 차후에 다시 에돔이 반항해서 일어나지 못하도록 했다. 이날의 승리로 에돔 사람들 역시 모두 다윗의 종이 되었다.

광범위한
다윗의 정복 전쟁

자, 여기서 다윗이 치른 정복 전쟁들이 얼마나 광범위한 지역에서 치러졌는지 지도를 보면서 살펴보자.

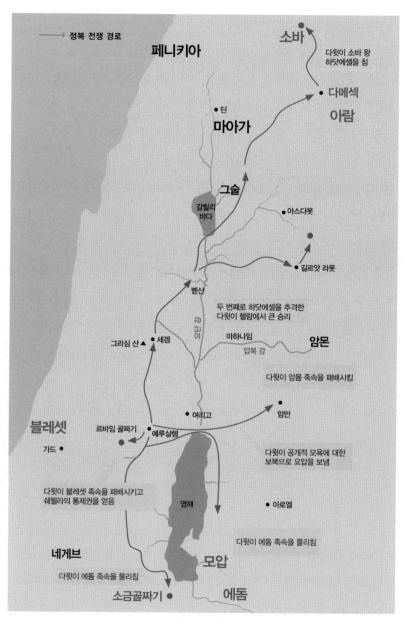

정복 전쟁 경로

페니키아

소바

다윗이 소바 왕
하닷에셀을 침

다메섹

아람

딘

마아가

그술

갈릴리
바다

아스다롯

길르앗 라못

벧산

두 번째로 하닷에셀을 추격한
다윗이 헬람에서 큰 승리

요단 강

그리심 산

세겜

마하나임

암몬

압복 강

다윗이 암몬 족속을 패배시킴

여리고

암만

블레셋

르바임 골짜기

예루살렘

가드

다윗이 공개적 모욕에 대한
보복으로 요압을 보냄

다윗이 블레셋 족속을 패배시키고
쉐펠라의 통제권을 얻음

염해

아로엘

다윗이 에돔 족속을 물리침

네게브

모압

다윗이 에돔 족속을 물리침

소금골짜기

에돔

다윗의 정복 전쟁

먼저, 예루살렘 남서쪽에 위치한 가장 막강한 적 블레셋 족속의 다섯 도시를 정복하여 항복을 받았다. 그리고 사해 동남쪽의 모압 족속을 정벌했다. 또, 북으로 올라가 북쪽의 소바 왕 하닷에셀의 군대를 패배시켰다. 그리고 다메섹 아람에서 온 지원군도 궤멸시켰다. 다윗이 북쪽의 전쟁을 치르고 있는 틈을 타서 남쪽의 에돔이 움직이자, 다윗은 전광석화처럼 군대를 이동시켜 소금 골짜기에서 에돔의 군대를 전멸시켰다.

이렇듯 다윗의 군대는 동서남북으로 팔레스타인 전역을 누비며 싸웠다. 성경은 "다윗이 어디로 가든지 여호와께서 이기게 하셨더라"(삼하 8:14)라고 기록한다.

말 그대로, 다윗은 어떤 지형에서 어떤 군대와 싸우든지 백전백승했다. 산악전, 평야전이 상관없었고, 낮에 싸우든, 밤에 싸우든 상관이 없었다. 기마병, 보병이 상관이 없었고, 정규군이든 게릴라들이든 상관이 없었다. 그 지역 토박이들이 치밀하게 무기들을 준비하고 지형을 이용해 진을 치고 덫을 놓아도 소용이 없었다. 다윗이 이쪽의 적과 싸우는 틈을 타서 다른 쪽의 적이 기습해도 소용이 없었다. 이웃에서 지원군들이 몰려와도 다윗을 이길 수는 없었다.

한마디로 그 어떤 인간의 군대도, 그 어떤 무기와 전략도 다윗의 군대를 이길 수 없었다. 그들이 약한 것이 아니라 다윗이 너무 강했다. 다윗의 하나님이 너무 강하셨다.

"여호와께서 이기게 하셨더라."

다윗의 승리의 비결을 담은 말씀이다. 여기서 '이기게 하셨더라'의 히브리어인 '야솨'는 '어려운 일을 도와준다' 혹은 '구원한다'라는 의미로 쓰였다.

즉, 어려운 상황에서 구출해내어 안전한 지역으로 옮겨주는 행위를 뜻한다. 생사의 갈림길인 전쟁에서 승리를 얻게 하는 것을 뜻하는 표현이다. 특히 '야솨'는 강한 자가 약한 자의 어려움을 자기 일처럼 여기고 적극적으로 도와주는 것을 말한다. 강한 자의 도움으로 인해서 약한 자도 강성해진다.

다윗은 하나님을 마치 자신의 승리를 위해서 항상 싸우시는 분으로 여겼다. 다윗은 자신의 승리가 자신의 용맹이나 전술 때문이 아니라 오직 하나님의 도우심에 의한 것임을 고백했다. 그래서 다윗에게는 약점이 없었다. 특별히 두려워하는 전투나 적장이 없었다. 모든 이름 위에 뛰어난 하나님, 모든 적들의 강점과 약점을 다 아시는 하나님께서 다윗의 편이셨기 때문이다. 다윗은 적을 분석할 필요가 없었다. 항상 하나님을 굳게 의지하기만 하면 되었다.

다윗은 그리스도의 예표이다. 다윗 군대의 승리는 그리스도의 군대의 승리를 상징한다. 다윗의 군대는 하나님이 기름 부으신 다윗을 따랐기 때문에 어떤 적과 만나도 승리했다. 우리도 예수님을 온전히 따를 때 어떤 적과 만나도 승리할 수 있다. 그러니 문제를 묵상하지 말고 오직 예수님을 묵상하고 의지하라.

예수님의 십자가 사역은 우리의 대적 마귀에 대한 승리다. 이제 우리는 십자가 은혜로 죄와 사망에서 벗어났다. 마귀의 지배를 받으며 종노릇 하던 비참한 처지에서 해방되었다. 주님의 몸 된 교회는 이제 그 영광의 승리를 누리며 날마다 힘차게 살아간다. 이 땅을 살면서 크고 작은 영적 전쟁을 수없이 많이 치르겠지만, 우리가 십자가 주님을 온전히 붙잡고 나가면 어떤 적과 만나도 승리할 것이다.

모든 전리품을
오직 하나님께

전쟁에서 이기는 자에게는 항상 엄청난 전리품이 돌아온다. 보통 정복자들은 전리품을 가져와서 자신의 배를 불리거나 병사들에게 나눠줘서 인심을 얻고 더 확고한 충성을 받아낸다. 다윗도 많은 전쟁에서 승리하면서 엄청난 전리품을 얻었지만, 그는 보통의 정복자들과는 전혀 다르게 전리품을 처리한다.

먼저, 아까 언급한 소바 왕 하닷에셀을 패배시켰을 때부터 살펴보자. 다윗은 하닷에셀의 신복들이 가진 금방패들을 빼앗아 예루살렘으로 가져왔다. 금방패들은 당시 주로 왕족이나 고위층에 속한 자들이 만든 방어용 무기였다. 다윗은 이것들을 모아서 예루살렘으로 가져왔는데, 이는 하나님께 드리기 위해서였다.

다윗이 전쟁에서 빼앗은 노획물은 모두 하나님께 드려졌으며, 이는 훗날 솔로몬이 성전을 지을 때 사용되었다. 또한 하닷에셀의 고을 베다와 베로대에서 많은 놋을 빼앗기도 했는데, 솔로몬은 나중에 그것으로 성전의 놋대야와 기둥과 놋그릇들을 만들었다.

그뿐이 아니었다. 적의 적은 친구라고 했던가. 하맛 왕 도이가 자신의 숙적 하닷에셀의 군대를 다윗이 물리쳐준 데 대한 감사의 예물로 많은 은그릇, 금그릇, 놋그릇을 보내왔다. 다윗은 이 또한 아낌없이 하나님께 드렸다. 뜻밖의 횡재같이 들어온 물건들도 다 하나님께 드렸다.

그뿐이 아니었다. 다른 모든 지역의 전쟁들에서 얻은 전리품도 똑같이 처리했다. 대단하지 않은가. 다윗은 자신이 피땀 흘려 싸운 모든 정복 전쟁에서 얻은 노획물을 하나님께 아낌없이 드렸다. 보통 사람들은 자신이 노력해서 얻는 것들을 전부 하나님께 드리기는 아깝다고 생각했을 수 있다. 그러나 다윗은 전혀 주저 없이 다 하나님께 드렸다. 자신이 전쟁에서 이길 수 있었던 결정적 원인이 하나님의 도우심임을 알았기 때문이다. 승리해서 얻은 전리품을 기쁘게 드림은 신앙고백이다. 이것은 "하나님이 나로 하여금 이기게 하셨다"라는 고백이다.

이 정도 승승장구 했을 때, 보통 사람 같으면 승리에 도취하여 교만해졌을 수도 있는데, 다윗은 그렇지 않았다. "하나님이 승리하게 하신 것이지 나는 아무것도 아니다"라는 영적 겸손을 잊지 않았다. 사울이 항상 사리사욕을 채우는 데 급급했던 데 반해서, 다윗은 노획물을 모두 하나님께 바침으로써 모든 승리의 영광을 하나님께 온전히 돌렸다. 다윗이 이처럼 겸손하고 물욕이 없었기 때문에, 하나님은 오히려 그를 더욱 축복하셨다.

교회도 다윗처럼 모든 승리의 영광을 오직 하나님께 돌려야 한다. 우리의 죄가 어떻게 용서받았는가? 오직 하나님의 은혜로 인함이다. 우리가 어떻게 하나님 자녀의 권세를 갖게 되었는가? 오직 하나님의 은혜로 인함이다. 우리가 어떻게 감히 언제나 하나님 임재 앞으로 나아가 기도하고 예배할 수 있게 되었는가? 오직 하나님의 은혜로 인함이다. 우리가 어떻게 악한 마귀가 건들지 못하는 존재가 되었는가? 오직 하나님 은혜로 인함이다.

우리가 어떻게 한 몸으로 서로 사랑하고 격려하는 아름다운 교회가 되었는가? 오직 하나님의 은혜 때문이다. 그렇다면 우리는 모든 영광을 하나님께 돌리며, 감사해야 마땅하다.

모든 백성을
정의와 공의로 다스리다

이처럼 다윗은 전쟁에 능한 왕이었으며, 승리의 근원이신 하나님께 아낌없이 드릴 줄 아는 예배자였다. 그리고 다윗은 훌륭한 통치자였다. 수많은 정복 전쟁을 통해 이스라엘의 영토는 북쪽의 하맛으로부터 사해 남쪽의 염원까지, 그리고 지중해로부터 유브라데강까지의 광활한 지역을 포함하게 되었다. 그러나 통일 이스라엘의 왕으로서 다윗의 사명은 지금부터 시작이었다. 수많은 제국들이 무력으로 땅을 정복할 수는 있었어도, 정복한 땅을 지혜롭게 통치하지 못해서 금방 무너지는 경우가 허다했다. 그러나 다윗은 정복한 땅을 힘과 공포가 아닌 하나님의 지혜로 다스렸다.

다윗이 온 이스라엘을 다스려 다윗이 모든 백성에게 정의와 공의를 행할새

삼하 8:15

다윗은 전쟁터에서 용감했을 뿐 아니라, 정의와 공의로 백성을 다스리는 지혜를 지녔다. 여기서 '정의와 공의'라 함은 정직하고 선한 결정들을 했다는 뜻이다. 즉, 사사로운 이해관계를 떠나 지도자로서 공정한 판결을 했다는 뜻이다. 다윗은 모든 백성을 다스림에 있어서 한쪽으로 치우침이 없었다.

또한 "온 이스라엘을" 정의와 공의로 다스렸다는 것은 다윗이 지역적인 편견을 갖지 않고 공평하게 백성들을 다스렸다는 뜻이다. 우리나라만 해도 지역 갈등이 너무나 심각한 상태다. 이는 특정 지역의 사람들이 권력을 잡았을 때 예산 배정이나 인재 등용에 있어서 노골적으로 자기 지역 사람들을 배

려하고, 다른 지역 사람들을 차별했기 때문에 빚어진 결과다. 이스라엘도 열두 지파로 나뉘어 각 지파 중심으로 수백 년 넘게 이어오면서 그런 현상이 심했다. 하지만 다윗 왕은 이 모든 지역주의를 일소하고 지역적 편견 없이 공정하게 다스렸다.

또 "모든 백성에게" 정의와 공의를 행했다는 것은 신분에 있어서 남녀의 차이, 빈부의 차이, 귀천의 차이를 가리지 않고 공의로운 정치를 행했다는 뜻이다. 시편 72편을 보면 다윗은 가난하고 소외된 계층의 사람들을 더욱더 정성껏 돌보고 온정을 베풀었음을 알 수 있다. 하나님을 모르는 세상 사람들은 돈 있고 권력 있는 자를 두둔하고, 가난하고 연약한 사람들을 멸시하는 경우가 많다. 그러나 우리는 힘을 가질수록 다윗처럼 약자를 위한 통치를 해야 한다.

또한 나라를 다스리는 것을 다윗 혼자서 다 할 수는 없었다. '인사가 만사'라는 말이 있듯이, 적재적소에 능력과 인품이 뛰어난 인재들을 배치해야만 했다. 성경은 다윗이 국가의 중요한 요직에 사람들을 임명하는 것을 구체적으로 소개한다. 가장 중요한 군대 총사령관으로는 요압이 임명되었다. 요압은 광야 시절부터 수많은 전투에서 공을 세우며 다윗을 도왔던 인물이다. 또 국가의 중요한 사건들과 행정 업무를 기록하는 사관으로 임명된 여호사밧, 예배를 총괄하는 제사장으로 임명된 사독과 아히멜렉, 나라의 행정 업무를 총괄하는 서기관에 임명된 스라야 등, 이들은 모두 오랜 시간 충성과 능력을 검증받은 신실한 일꾼들이었다.

특히, 브나야는 "그렛 사람과 블렛 사람을 관할"했다고 했는데, 이는 왕궁 시위대장을 뜻한다. 그렛 사람과 블렛 사람은 이방인 용병들인데도 오랜 시간 다윗을 측근에서 섬겼던 병사들이었다. 특히, 그들의 지휘관으로 임명된 브나야는 역대상 11장에 나오는 블레셋 군대 한복판으로 뚫고 들어가 베들레헴의 우물물을 다윗 왕에게 떠다 바쳤던 전설의 세 용사 가운데 하나다. 그는 언제나 남들보다 앞장서서 주군을 위해 목숨 바쳐 싸웠으며, 그 모습이 세월이 가도 변치 않았던 신실한 용사다.

이렇게 다윗이 새 정부의 핵심 관료로 임명한 사람들의 면면을 살펴보면, 하루아침에 벼락출세한 사람들이 아니다. 모두 다윗과 함께 광야 시절부터 오랜 세월 동고동락해오며 많은 공을 세운 충성된 사람들이다. 광야에서는 볼품없는 사람들이었지만, 다윗과 함께 지내면서 훌륭한 인재로 빚어진 사람들이었다. 다윗은 그런 충성된 사람들, 그 분야에 전문성이 있는 사람들에게 직분을 주었다.

그러나 직분은 특권이 아니라 책임이었다. 이들 중에는 다윗의 기대를 저버리지 않고 끝까지 맡겨진 일을 충성스럽게 섬긴 이들이 있는가 하면, 끝이 좋지 않았던 사람도 있었다. 그러나 그럼 위험부담을 감수하면서도 다윗은 지금까지 신실했던 사람들을 자리에 배치했고, 그들을 믿어주었다.

비록 사람의 눈으로 보기엔 보잘것없고 아무것도 아닌 것 같았던 열두 제자들도 주님이 부르시고 사명을 주셨을 때 결국에는 '사람 낚는 어부들'이 되어 초대교회 지도자로 귀하게 쓰임 받았다. 우리 주님은 주님의 보배로운 피로 구원하신 우리 한 사람 한 사람에게 직분을 맡기시고 사명을 주셨다. "맡은 자들에게 구할 것은 충성"이라고 하시며 우리의 신실함을 기대하신다.

물론, 우리 중에 많은 수가 끝까지 이 사명을 감당하지 못하고 쓰러지고 실패하여 주님을 실망시킬 수도 있다. 그러나 주님은 그 위험을 감수하시고

도 우리를 믿어주시고 세워주셨다. 우리는 기도하며 끝까지 신실하게 자신에게 주어진 사명을 감당해야 할 것이다.

다윗의 거룩한 통치로 인해 이스라엘 백성들은 평안하고 복된 삶을 누릴 수 있었다. 우리도 예수님의 통치 아래서만 평안하고 복된 삶을 누릴 수 있다. 예수님을 우리 인생 모든 영역의 왕으로 인정하고 순종하자. 그것이 최선의 삶이다.

KING DAVID'S
HIDDEN LEGEND

4

다윗의
사람들

chapter 11

세 용사의 신화

역대상 11:15-25

다윗이 놀라운 지도자이긴 했으나 다윗 혼자 그 수많은 전쟁을 치르면서 통일 이스라엘의 영광을 이룰 수는 없었다. 다윗 옆에는 하나님께서 붙여주신 수많은 충성스러운 신하들이 있었다. 용장 밑에 약졸 없다고, 모두가 다윗과 닮은 용맹한 사람들이었다.

역대상 11장은 다윗의 왕국을 만드는 데 결정적인 공을 세웠던 최고의 장군들의 이름과 행적을 기록하고 있다. 하나님은 하나님나라를 위해 피땀 흘린 성도들의 이야기를 반드시 기억하신다.

삼십 우두머리 중 세 사람이 바위로 내려가서 아둘람 굴 다윗에게 이를 때에 블레셋 군대가 르바임 골짜기에 진 쳤더라 대상 11:15

여기 보면 "삼십 우두머리 중 세 사람"이라고 했는데, 이 구절은 설명이 필요하다. '삼십 우두머리'(thirty chiefs)란 방금 이야기한 역대상 11장에 기록된 다윗을 도운 최고의 장군 삼십 명을 가리키는데, 그 삼십 명 중에서도 일등급 용사인 최고의 삼인은 야소브암, 엘르아살, 삼마였다. 이들에 대한 소개는 본문 바로 앞인 역대상 11장 10-14절에 나와 있다.

그리고 본문 15절에 언급된 '세 사람'은 이 일등급 그룹보다는 능력이 조금 떨어지는 이등급 그룹에 속한 세 명의 용사들을 가리킨다. 본문은 이 세 사람을 전설로 만들어준 베들레헴 우물 사건을 다루고 있으며, 이어서 그중 두 사람인 아비새와 브나야의 개인 프로필을 다루고 있다.

자신도 모르게
무모한 명령을 내린 다윗

때는 "블레셋 군대가 르바임 골짜기에 진 쳤던" 때 즉, 블레셋의 1,2차 대침공 때 있었던 일이다. '거인의 평원'이라는 뜻의 르바임 골짜기는 예루살렘 남서쪽에 위치한 넓은 골짜기 평원이다. 블레셋은 수많은 전차대와 보병부대를 이끌고, 막 왕위에 오른 다윗을 무너뜨리기 위해 진격해왔다.

이때 다윗은 '아둘람 굴'에 전진기지를 설치했던 것 같다. 아둘람 굴은 오래전 다윗이 사울의 추격을 피해 십 년 동안 광야 생활을 하던 때에 부하들과 함께 은신해 있던 곳이다. 따라서 다윗은 이쪽 지형을 손바닥 보듯 훤히 읽고 있었다. 이제 블레셋의 대침공을 물리치기 위해서 다윗은 도망자 시절 고생하던 아둘람 굴로 다시 돌아와 전진기지를 설치했다. 왕이 된 후 이곳에 다시 오게 될 줄은 아마 꿈에도 생각 못 했을 것이다. 이 전쟁에서 지면 다시 모든 것을 잃고 광야로 돌아가야 할지도 모른다. 그래서 다윗은 다시 초심으로 돌아가 비장한 각오로 블레셋과의 결전을 준비하고 있었다.

다윗은 아둘람 굴이 있던 산성에서 아래를 내려다보고 있었고, 블레셋 군대는 베들레헴 지역 전체를 가득 메우고 진을 쳤다. 이때 다윗의 입에선 이런 말이 흘러나왔다.

> 다윗이 갈망하여 이르되 베들레헴 성문 곁 우물물을 누가 내게 마시게 할꼬 하매
>
> 대상 11:17

여기서 다윗이 "갈망하여 이르되"라고 했는데, '갈망하여'는 다윗의 갈증이 심했다는 표현이다. 전투를 지휘하다 보면 갈증이 생기는 것은 당연한 일이다.

그렇다고 해서 부하들의 생명을 자기 생명보다 더 귀하게 여기는 다윗이, 부하들에게 적의 대군이 점령하고 있는 베들레헴 한가운데 있는 우물물을 떠 오라고 하는 무모한 명령을 내렸을 리가 없다. 모르면 몰라도 그때 상황은 대충 이렇게 된 것 같다.

예루살렘 코앞까지 밀려온 블레셋 군에 맞서 전략을 짜느라 다윗이 느꼈던 심리적 압박감은 엄청나게 컸다. 뜨거운 팔레스타인의 태양 아래에서 이런 심리적 부담까지 안고 전투를 준비하다 보니, 다윗은 갑자기 목이 타오르는 것을 느꼈다. 그런데 적국 블레셋이 진을 치고 있는 베들레헴을 내려다보니 문득 옛 생각이 떠올랐다.

베들레헴은 다윗이 나고 자란 고향 마을이다. 베들레헴의 우물물은 깊고

깨끗하고 시원했다. 다윗은 어린 시절 베들레헴의 우물물을 마시고 자랐을 것이다. 그 당시 다윗이 진을 치고 있던 아둘람에도 마실 물은 있었다. 그러나 막강한 적과 대치하고 있는 격전의 소용돌이 속에서 다윗은 고향의 옛 우물을 보며 그 시원하고 깨끗한 물맛을 떠올렸다. 그래서 자기도 모르게 '아 누가 저 베들레헴의 우물물 좀 나에게 떠다 주었으면'이라고 말하고 말았다.

"누가 내게 마시게 할꼬"는 '누가 가서 물 좀 떠와라'라는 명령어가 아니라, '누가 저 물 좀 떠다 줬으면 좋겠네'라는 혼잣말에 가까운 탄식이다. 하지만 다윗이 그렇게 내뱉은 탄식을 그의 곁에 섰던 세 부하는 심각하게 받아들였다.

베들레헴 삼총사의 목숨을 건 충성

그들은 의미심장한 눈빛을 서로 교환한 뒤, 창칼을 집어 들고 다윗이 미처 말릴 새도 없이 쏜살같이 적진을 향해 달려 내려갔다.

수천수만의 블레셋 군은 자신들을 향해 달려오는 세 명의 용사를 보면서 처음엔 반신반의했다.

'설마 고작 세 명으로 우리에게 전면 공격을 해오는 것인가? 뭔가 꿍꿍이가 있겠지…. 자살하려는 것이 아니면 왜 저런 무모한 짓을? 도대체 무엇을 노리고 오는 걸까?'

블레셋 장수들과 병사들이 그렇게 의아해하고 있는데, 이미 세 사람은 폭풍우처럼 들이닥쳐서 블레셋 병사들을 쓰러뜨리기 시작했다.

성경은 세 사람이 블레셋 군대 사이를 "돌파하고 지나가서"라고 하는데,

이는 '충돌하고 쪼개다'란 뜻이다. 밤에 은밀하게 침투한 것도 아니고, 대낮에 완전무장하고 있는 적의 대군 한가운데를 싸우면서 돌파한 것이다. 어찌 보면 너무나 무모한, 목숨을 건 돌파였다. 블레셋 장수들과 병사들도 처음에는 놀라서 당했으나, 바로 정신을 차리고 달려들었다. 그러나 블레셋 군은 세 사람의 용맹을 당해내지 못하고 추풍낙엽처럼 쓰러져갔다. 마침내 베들레헴 한가운데의 우물에 당도한 세 사람은 가져간 물통에 가득가득 우물물을 퍼 담았다. 그리고 다시 수많은 적을 쓰러뜨리면서 이스라엘 진영까지 돌아왔다.

피와 땀이 범벅이 된 얼굴로 다윗에게 우물물을 갖다 바치는 세 명의 용사를 보면서 다윗은 기가 막혔다. 자신은 그저 무심코 한마디 내뱉었을 뿐인데, 부하들은 그 말 한마디에 자신들의 목숨을 건 모험을 한 것이다. 온몸이 피땀에 젖어 헉헉대고 있는 세 용사, 그리고 주위에 둘러서서 자신을 바라보고 있는 부하들의 시선이 눈에 들어왔다. 다윗은 갑자기 목에서 뜨거운 것이 울컥 솟아오르는 것을 느꼈다. 그는 도저히 그 물을 마실 수 없었다. 왜냐하면 그것은 부하들의 생명과 피를 담보로 한 전리품이었기 때문이다. 만약 다윗이 그 물을 그냥 받아 마셨다면, 그는 이미 왕으로서의 자격을 상실한 것이다.

성경은 다윗이 "(그 물을) 마시기를 기뻐하지 아니하고 그 물을 여호와께 부어"(대상 11:19) 드렸다고 했다. 이것은 하나님께 드리는 전제물로 부었다는 뜻이다. 부연하여 설명하자면, 이 물은 부하들이 생명을 걸고 떠온 물이기에 그들의 피나 다름없었다. 율법에 따르면 모든 피는 하나님께 돌려져야 했다. 그 물을 그대로 받아 마실 수도 없었고, 그렇다고 그렇게 힘들게 떠온 물을 그냥 땅에 버리는 것은 부하들의 수고를 모욕하는 것이기 때문에 하나님께 전제물로 드린 것이다.

다윗은 자신이 너무 힘들어서 무심코 내뱉은 말 한마디로 인해, 사랑하는 세 명의 부하를 잃을 뻔했던 것이 너무 마음 아팠다.

이르되 내 하나님이여 내가 결단코 이런 일을 하지 아니하리이다 생명을 돌아보지 아니하고 갔던 이 사람들의 피를 어찌 마시리이까 하고 그들이 자기 생명도 돌보지 아니하고 이것을 가져왔으므로 그것을 마시기를 원하지 아니하니라 세 용사가 이런 일을 행하였더라 대상 11:19

리더가 가지는 영향력은 항상 리더 본인의 생각보다 크다. 리더가 아무렇지도 않게 툭 던진 한마디도, 듣는 부하들은 뜻밖으로 아주 심각하게 받아들인다. 무슨 말을 어떻게 했느냐보다 더 중요한 것은 누가 그 말을 했느냐이다. 그래서 리더는 말과 행동을 신중하게 해야 한다.

부모도 가정의 리더이기 때문에 말과 행동을 조심해서 해야 한다. 아이들은 생각보다 부모의 말에 크게 영향을 받기 때문이다. 사자는 웃어도 토끼가 인상 쓰는 것보다 무섭다. 힘 있는 사람은 무심하게 조용히 말해도 크게 전달되기 때문에, 정말 조심해야 한다.

전화위복이 된
세 용사의 충성

그러나 이 세 용사가 적의 포위망을 뚫고 베들레헴 우물물을 떠 온 일은 오히려 전화위복이 되었다. 무엇보다 이 일은 이스라엘을 얕잡아 보고 쳐들어온 블레셋 군대에 엄청난 충격을 주었다. 처음 세 용사가 자기들 진영으로 뛰어드는 것을 보고 블레셋 군대는 이 자살특공대 같은 자들이 노리는 게 뭘까, 의아했을 것이다.

'우리의 왕이나 최고 지휘관을 노리고 온 것 같지도 않고, 그렇다고 우리 보급창고나 무기를 노리는 것도 아니다. 그렇다면 도대체 무엇 때문에 단 세 명이 목숨을 걸고 사지로 뛰어든단 말인가? 도대체 노리는 게 뭘까?

의아해하던 블레셋 군은 그렇게 목숨 걸고 싸워서 고작 베들레헴 우물물 한 그릇을 퍼가는 모습에 기가 차서 할 말을 잃었을 것이다.

나중에야 그것이 그들의 왕 다윗의 목마름을 덜어주기 위한 것임을 알고 블레셋은 충격을 받았을 것이다.

"이스라엘 장수들의 충성심이 저렇게 무섭구나. 목말라하는 주군을 위해 목숨을 걸고 사지로 뛰어들어 물을 떠 갈 정도로…. 단 세 명에게도 우리 수천수만의 군대가 어이없이 돌파당하는데, 이스라엘 군 전체와 부딪치면 과연 우리가 이길 수 있을까."

블레셋의 사기는 땅에 떨어졌을 것이다.

반대로, 왕의 목마름을 해결해드리기 위해 목숨을 걸고 적진 한가운데를 뚫고 들어갔다가 무사히 돌아온 세 용사를 보면서, 그리고 그 물을 차마 마시지 못 하고 하나님께 부어드리며 이들을 치하하는 다윗 왕을 보면서, 이스라엘 군대 전체는 가슴에 뜨거운 것이 치솟는 것을 느꼈을 것이다.

"이런 왕과 장수들이 있는데, 우리가 어찌 이 전쟁에서 질 수 있겠는가. 우리는 하나님이 함께하는 군대다."

이스라엘 군의 사기는 하늘을 찔렀을 것이다. 이때부터 세 용사의 이야기는 전설이 되었고, 다윗은 이들을 평생 존귀하게 대했다.

다윗은 예수 그리스도의 모형이다. 다윗이 이스라엘의 왕이었던 것처럼 예수님이 우리의 왕이 되신다. 다윗의 소원에 세 용사가 목숨 걸고 충성했던 것처럼, 우리는 교회의 머리 되신 예수님의 소원에 목숨 걸고 충성한다. 다윗이 명령한 것이 아니라 말실수에 가깝게 탄식처럼 소원을 말한 것뿐이지만, 세 용사는 그 말 하나까지도 심각하게 여겨서 목숨을 건 충성을 바쳤다. 우리 주님은 말실수하지 않으신다. 그러나 주님의 마음속에 있는 소원이 무엇인지 우리는 안다. 그렇다면 그것을 이뤄드리기 위해 목숨을 바쳐 헌신해야 하지 않겠는가. 우리는 그래서 구제하고, 전도하고, 양육하고, 선교하는 것이다.

주군의 마음을
깊이 헤아렸던 충정

중요한 것은 세 용사가 그들의 주군인 다윗의 마음 깊은 곳까지 헤아렸다는 점이다. 사실 그 자리에서 다윗 왕이 '베들레헴 우물물을 한 모금 마실 수 있었으면' 하는 탄식을 주변의 모든 장수들이 다 들었을 것이다. 그러나 실제로 물을 가지러 적진으로 뛰어든 것은 세 용사뿐이었다(그들보다 능력이 많은 일등급 용사들도 움직이지 않았다).

아마 어떤 장군들은 '목이 마르시면 여기 아둘람 우물물을 드시면 되지, 왜 이 전쟁터에서 굳이 베들레헴 우물물을 드시겠다고 하시지? 물이면 다 물이지, 베들레헴 우물물이 뭐 특별한가'라고 속으로 생각했을 것이다. 또 어떤 장군들은 '농담이시겠지…. 어떻게 적의 대군이 점령하고 있는 베들레헴 한가운데 우물물을 떠 올 수 있겠어' 하면서 못 들은 척했을 것이다.

하지만 앞에서도 말했듯이 다윗은 "지금 목이 마르니 베들레헴 우물물을 떠다 달라"라는 의미로 이 말을 한 게 아니다. 십 년이 넘는 광야 생활과 내전을 거쳐 통일 이스라엘의 왕이 된 지금까지, 다윗은 너무나 힘들게 여기까지 왔다. 그런데 다시 적군의 침략으로 나라가 큰 위기에 처해 부하들을 이끌고 싸우러 나온 지금, 다윗의 육체적 정신적 피로는 극심했다. 그런데 고향 베들레헴에 적이 가득히 진치고 있는 것을 보고 그만 "어린 시절 고향의 우물물을 마실 수 있으면" 하고 탄식하듯 내뱉은 것이다.

여기에는 베들레헴 목동에서 지금 왕의 자리에 이르기까지 견뎌내야 했던 수많은 위기와 아픔, 리더로서의 외로움이 다 담겨 있었다. 다윗도 왕이기 전에 사람이다. 고향이 있고, 가족이 있고, 마음이 무쇠가 아니다. 나이도 삼십 대 후반, 우리 교회의 청년부 나이다. 그 어깨에 짊어진 짐은 너무 컸고, 너무 힘이 들었을 것이다.

리더에겐 '누가 내게 따뜻한 노래 한 구절 불러줬으면, 정말 수고했다는 위로 한마디 해주었으면, 이 위기를 뚫고 승리할 것이라는 격려를 해줬으면 좋겠다'란 마음이 들 때가 있다. 다윗처럼 담대하고 믿음 좋은 리더도 너무 힘들다 보면, 들려오는 익숙한 옛 노랫가락 하나에도 울컥하는 때가 있다. "누가 베들레헴의 우물물을 내게 떠다 줬으면 좋겠다"라는 다윗의 말에는 그런 리더의 마음이 담겨 있던 것이다.

그리고 세 용사는 바로 다윗의 그 마음을 읽었다.

"왕이여, 외로워 마시고 힘들어 마십시오. 당신을 위하여 이렇게 목숨을 던져 싸우는 우리 같은 용사들이 왕 곁에 많지 않습니까?"

그들이 떠온 베들레헴의 우물물에는 바로 그런 메시지가 담겨 있었다. 다윗도 그 마음을 읽고 감격한 것이다.

세 용사가 다윗의 작은 바람까지 살피고 충성을 다했듯이, 우리도 주님을 위해 그렇게 살아야 한다. '살인이나 도둑질 같은 심각한 죄만 짓지 않으면 된다'라든가, '주어진 일만 하면 된다'라는 식의 '최소한만 하면 된다'라는 신앙에서 벗어나야 한다. 어떻게 하면 우리의 최선을 다해 주님이 기뻐하실 일을 할 수 있을까를 생각하고 헌신해야 한다. 그것이 바로 진정한 믿음의 용사이며, 주님은 그런 사람을 존귀하게 높이신다.

또 한 가지, 블레셋 군대는 왜 하고많은 곳을 다 놔두고 굳이 다윗의 고향 베들레헴에 자신들의 진영을 구축했을까? 블레셋은 다윗이 나고 자란 곳, 다윗이 가장 사랑하는 베들레헴에 진을 침으로써 의도적으로 다윗의 자존심을 건드린 것이다. 블레셋은 '네 고향부터 시작해서 앞으로 네가 사랑하는 모든 것을 우리가 파괴할 것이다'라는 조롱 섞인 위협을 하는 것이었다. 어쩌면 다윗이 화가 나서 이성을 잃고 마구 공격해 오기를 기다리고 있었는지도 모른다. 적의 의도를 읽은 다윗은 분노를 절제하면서도 마음이 힘든 것은 어쩔 수 없었다. "베들레헴 우물물을 한 모금 마실 수 있었으면" 하는 다윗의 탄식에는 그런 고뇌가 담겨 있었다.

그런데 단 세 명의 용사가 블레셋 군을 뚫고 들어가 베들레헴의 우물물을 떠 왔다. 이것은 다윗에게 치욕을 안기려던 블레셋에게 역으로 치욕을 안겨 준 통쾌한 일이었다.

"단 세 명에게도 뚫리는 너희 블레셋이 거기서 얼마나 버틸 것 같으냐. 우리 주군 다윗은 너희들에게 모욕당하실 분이 아니다. 다윗의 군대는 곧 너희들을 무너뜨릴 것이다."

이 메시지가 블레셋에게 전달되었을 것이고, 다윗은 너무나 감격했을 것이다. 우리도 우리 주님의 이름이 세상에서 모욕당한다면 이 세 용사들처럼 나가서 담대히 싸워야 할 것이다.

잘난 형의 그림자에서 벗어난 아비새

마블 영화 〈어벤져스〉는 지구 최고의 슈퍼 히어로들이 연합해서 외계의 침략자와 싸우는 스토리를 다룬다. 그리고 그 슈퍼 히어로들 각자가 어떻게 슈퍼 히어로가 되었는지 개별적인 스토리를 다룬 영화들도 존재한다. 예를 들면, 〈아이언맨〉, 〈캡틴 아메리카〉, 〈토르〉, 〈블랙 위도우〉 등처럼 말이다.

본문에서도 베들레헴의 전설을 만든 세 용사 중 특별히 두 사람의 이야기를 각각 따로 다루고 있다. 먼저 이 세 사람의 리더였던 아비새를 보자.

요압의 아우 아비새는 그 세 명 중 우두머리라 그가 창을 휘둘러 삼백 명을 죽이고 그 세 명 가운데에 이름을 얻었으니 대상 11:20

여기서 "요압의 아우 아비새"라고 소개된 것을 주목하라. 아비새는 다윗의 군대장관 요압의 동생이었다. 유명한 형을 두었다는 것이 아비새에겐 평생 감당하기 어려운 부담이었을 것이다. 항상 사람들은 "요압의 아우 아비새"로 그를 소개했다. 조금만 못하면 '형 망신시키는 동생'이라며 욕을 먹었을 것이다. 또 잘하면 잘하는 대로, '그렇게 유명한 형이 뒤에 있는데, 그 정도도 못 하면 바보지'라는 말을 들었을 것이다. 아비새는 평생 형의 그림자를 벗어나기 힘들 수도 있었다.

아비새에게 있어서 형 요압은 고마운 존재이면서 동시에 원망스러운 존재이기도 했다. 형의 후광도 입었겠지만, 형 때문에 다윗의 눈 밖에 난 적도 있기 때문이다. 동생 아사헬의 원수를 갚기 위해 요압과 함께 사울의 군대장관 아브넬을 암살한 일 같은 경우 말이다. 형 요압은 과격한 기질이 있어서, 자주 다윗 왕의 뜻을 거스르며 다윗의 마음을 힘들게 했던 부하였다.

그러나 아비새는 신실한 충성심으로 자연스럽게 형과 자신을 차별화시켰다. 본문을 보면 아비새는 "창을 휘둘러 삼백 명을 죽이고"라고 했다. 말이 삼백이지 비무장 민간인이 아니라, 고도로 훈련된 중무장한 블레셋 군사 삼백 명을 혼자서 다 해치운 것이니 보통 사람이 아니다. 삼백 명을 해치우려면 적어도 삼백 번 이상 창을 휘둘러야 했다는 말이고, 또 상대의 창칼을 피하고 막아야 했다는 얘기다. 삼백 번 죽을 고비를 넘겼다는 말이기도 하다.

21절에 보면 아비새는 "세 명 가운데에 가장 뛰어나 그들의 우두머리가 되었다"라고 했는데, 그것은 목숨을 걸고 최선을 다한 공로를 인정받은 것이다.

이후, 아비새는 수많은 이방 민족과의 전투에서 공을 세운다. 무엇보다 훗날 다윗이 아들 압살롬의 반역으로 인해 수도 예루살렘을 빼앗기고 도망가던 곤고한 때에도 끝까지 다윗을 떠나지 않고 그를 지켰다. 그 뒤로도 아비새는 수많은 반란을 진압하고, 이방 민족들의 침략을 몰아내는 데 큰 공을 세운다. 다윗이 늙어서 참전한 블레셋과의 전투에서 블레셋의 거인 용사에게 죽을 뻔한 다윗을 구해낸 것도 아비새였다.

이렇듯 아비새는 평생을 통해 다윗이 어려움을 겪을 때마다 항상 다윗의 곁을 지킨 충신이었다. 그가 치른 수많은 전설 같은 전투들은 하나같이 주인 다윗을 지키기 위한 것이었다. 수많은 사람들이 다윗을 배신하고 떠날 때도 아비새는 변함없이 충성을 다했다.

"세상 흔들리고 사람들은 변하여도 나는 주를 섬기리"라는 찬양 가사가 있는데, 바로 아비새가 그랬다. 성경 말씀에 "맡은 자들에게 구할 것은 충성"이라는 말씀이 그대로 표현된 것이 아비새의 인생이었다. 그래서 더 이상 아무도 "요압의 아우 아비새"라고 하지 않았다. 아비새는 충성스러운 섬김으로 형의 그림자를 벗어나, 다윗 왕국 건설에 큰 공을 세운다. 우리도 끝까지 그렇게 주님 곁을 지키는 충성스러운 일꾼들이 되어보자.

어떤 도전에도
담대히 맞섰던 브나야

갑스엘 용사의 손자 여호야다의 아들 브나야는 용감한 사람이라 그가 모압 아리엘의 아들 둘을 죽였고 또 눈 올 때에 함정에 내려가서 사자 한 마리를 죽였으며 대상 11:22

브나야는 '여호와께서 세우신다'라는 뜻이다. 그는 제사장 여호야다의 아들로, 참 좋은 믿음을 가지고 하나님을 늘 가까이 의식하면서 사는 믿음의 가문에서 자랐다. 특히 성경은 브나야에 대해서 설명할 때 "용감한 사람"이라고 했는데 영어성경은 이 부분을 '용감무쌍한 전사'(a valiant fighter)라고 표현했다. 다윗의 군대는 다 다윗을 닮아 용감한 전사들이었지만, 브나야의 용기는 그중에서도 특출났던 것 같다. 본문은 상상을 초월하는 브나야의 용기의 예로 세 가지 이야기를 소개한다.

첫째로 브나야는 '모압 아리엘의 아들 둘을 죽임'으로써 그 이름을 세상에 알리기 시작했다. 학자들은 아리엘이 실제 사람의 이름이 아니고, '전쟁의 신의 사자들'이라고 읽는 게 정확하다고 한다. 지금도 아랍권에서는 뛰어나게 용감한 사람들을 '아리엘'(혹은 신의 사자들)이라고 부른다. 즉, 이들은 당시 모압에서 가장 용맹한 두 명의 장군이었을 것이다. 그런 용맹한 모압 최고의 전사들을 브나야가 죽였다.

이것은 쉽게 읽어 넘겨서는 안 되는 것이다. 이 두 명을 죽였다는 것은 이 두 명과 동시에 맞서 싸웠다는 얘기 아닌가. 모두가 두려워하는 최고의 적장들을 한 명도 아닌 두 사람과 동시에 싸웠다. 아마 자신의 무용을 시험해보기 위해서 한 전투는 아니었을 것이고, 이 두 모압 전사들이 이스라엘 백성들을 죽이면서 나라의 안전에 큰 위협을 가해왔기 때문이었을 것이다. 어쨌든 보통 용기가 아니고는 할 수 없는 일이었다. 브나야는 항상 불리한 조건에서도 물러나지 않고 싸웠고, 승리했다.

또 '눈 올 때에 함정에 내려가서 사자 한 마리를 죽였다'라고 했다. 우리가 간단히 읽어 넘길 수는 있지만, 그 당시 상황을 상상해보면 이건 보통 사람이 할 수 있는 일이 아니다. 어떤 영어성경 번역에 보면 '눈 오는 날 미끄럽고 험한 구덩이 속으로 사자를 쫓아 들어가서 죽였다'라고 되어 있다. 사자에게 불의의 습격을 당해 자기방어로 필사적으로 싸운 것이 아니고, 오히려 사자를 함정 안까지 추격해 들어가 죽인 것이다.

당시 이스라엘 광야에 있던 들사자는 200킬로그램이 넘는 몸무게에, 시속 50킬로미터까지 달릴 수 있고, 한 번에 10미터 가까이 점프할 수도 있는 무섭고 빠른 맹수였다. 그 앞발의 가격은 헤비급 권투선수 펀치보다 훨씬 셌다. 그런 사자의 공격에 맞서 살아남기만 해도 대단한 것인데, 혼자서 사자를 구덩이 안까지 쫓아 들어가 공격했다는 것은 엄청난 일이다. 그것도 눈 오는 날에! 이스라엘은 더운 지방이라 눈이 잘 오지 않는다. 아마 높은 고원지역이었을 것이고, 날씨가 굉장히 안 좋은 때였을 것이다.

그런 악조건 속에서 다윗 군대의 중요한 장수였던 브나야가 굳이 사자를 잡으러 함정 속까지 들어간 것은, 그저 사냥이 취미여서는 아니었을 것이다. 그 사자는 분명히 선량한 사람들을 해치고, 백성들에게 큰 위협이 되는 존재였을 것이다. 그래서 백성을 사랑하는 다윗 군대의 장군으로서 브나야는 담대히 나서서 모두가 두려워하는 사자를 추격하여 죽였을 것이다.

즉, 그 사자는 모두가 큰 문제라고 알고 있는, 그러나 그 누구도 두려워서 건드리지 못하는 큰 국가적 우환이었다. 그것을 브나야가 나서서 해결한 것이다. 그것도 눈이 쏟아지는 날, 구덩이 안까지 쫓아 들어가는 위험을 감수하면서 말이다. 자기의 목숨을 잃을 수도 있는 위험한 일이지만, 그는 나라를 위해서 그 일에 나섰다. '다음에 평지에서 날씨 좀 풀리면 하지. 사냥꾼을 불러야지, 장군 체면에 내가 직접 나설 필요가 있나' 하면서 뒤로 뺄 수도 있었다. 그러나 브나야는 상황을 평계하지 않았고, 자기 몸을 아끼지 않았다.

우리는 아무 잘못을 안 하면서, 아무 옳은 일도 안 할 수 있다. 브나야가 가만히 있었어도 나무랄 사람은 아무도 없었을 것이다. 가만 보면 뜻밖에 많은 크리스천이 '미니멈 크리스천'의 삶을 산다. '하나님한테 혼나지 않을 정도로, 사람들에게 욕먹지 않을 만큼만 하자'는 율법적 사고방식이다. 그러나 이와 다르게 '어떻게든 하나님을 기쁘시게 해야겠다'는 마음으로 기회만 되면 최선의 헌신을 하는 성령의 사람이 있다. 그냥 물로 예수님의 발을 씻어드려도 훌륭하다 할 텐데, 값비싼 향유가 든 옥합을 깬 마리아가 그런 성령의 사람이었고, 본문의 브나야가 그런 사람이었다.

브나야는 백성들을 괴롭히는 사자를 가만두지 않고 용감하게 나서서 공격했다. 아마 하나님께서 그날 거기에 그를 두신 것은 바로 부르심의 사명을 위해서였을 것이다. 하나님께서 우리를 위험하고 힘든 도전 앞에, 그 순간에 갖다 놓으신 것은, 우리에게 주신 부르심이다. 눈앞에 으르렁거리고 있는 사자처럼, 그 부르심의 도전은 너무나 무섭고 두려워 보인다. 그러나 누군가는 반드시 해결해야만 하는 문제다. 우리는 하나님의 나라를 위협하는 어떤 문제로부터 도망가기만 할 것이 아니라, 그 문제를 향해 기도하며 공격해야 한다. 브나야는 그날 자기 앞에 던져진 무서운 도전 앞에 물러서지 않았고, 그렇게 전설이 되었다. 영적 성숙이란 하나님이 주신 기회를 놓치지 않고 담대히 붙잡는 것이다.

브나야의 전설은 또 있었다.

또 키가 큰 애굽 사람을 죽였는데 그 사람의 키가 다섯 규빗이요 그 손에 든 창이 베틀 채 같으나 그가 막대기를 가지고 내려가서 그 애굽 사람의 손에서 창을 빼앗아 그 창으로 죽였더라 대상 11:23

다섯 규빗이면 키가 2미터 30센티미터가 훨씬 넘는 거인이다. 브나야가 왜 애굽 사람과 싸우게 되었는지는 잘 모른다. 당시 세계 최강의 군대를 갖고 있던 애굽이었고, 애굽 군대 출신의 많은 병사들이 여러 나라에 돈을 받고 용병으로 가기도 했다. 그러므로 이스라엘을 공격하는 블레셋 같은 나라들이 용병으로 데려온 전사일 수도 있다. 모르면 몰라도 이 애굽인 용사는 오래전 골리앗처럼 이스라엘 군대를 마구 죽이면서 이스라엘을 위협했던 존재였을 것이다. 그래서 브나야가 그를 막으려고 뛰어든 것이다.

키가 거인처럼 컸던 이 애굽인은 팔 길이도 브나야보다 훨씬 길었을 것이고, 칼과 창을 휘두르는 싸움에서 브나야에게 절대 불리한 싸움이었을 것이다. 게다가 그의 손에 든 창은 얼마나 큰지 '베틀 채'(실을 뽑고 옷감을 짜는 베틀 말이다. 골리앗이 들었던 창도 베틀 채 같았다고 했다) 같았다고 했다. 그 무시무시한 무기에 비하면 브나야가 가진 작은 막대기는 너무 볼품없어 보였다.

그러나 브나야는 이때도 상대의 공격을 간신히 막아내기만 한 것이 아니라, 자기가 뛰어 내려가서 애굽인을 공격했다. 그는 자기가 가진 무기가 상대보다 못하다는 사실에 좌절하지 않았고, 오히려 적의 손에 있는 무시무시한 창을 빼앗아서 그것으로 그를 죽였다.

정말 말이 안 되는 반전의 승리다. 그는 적이 든 무기로 적을 죽였다. 그때까지 그 애굽인은 수많은 장수들을 그 창으로 죽였을 것이다. 그런데 설마 그날 자기 창에 자기가 죽임당할 줄은 꿈에도 생각 못 했을 것이다. 브나야는 적의 창으로 적을 죽임으로써 이때까지 공포에 사로잡혀 있던 이스라엘 병사들에게 놀라운 용기를 주었을 것이다.

'적의 창을 두려워하지 마라. 하나님께서 우리와 함께하시면 애굽인의 무기는 우리가 아닌 애굽인 자신을 죽이게 될 것이다.'

눈 오는 날의 사자든, 베틀 채 같은 큰 창을 휘두르는 무시무시한 애굽인이든, 브나야 앞에 놓인 도전은 결코 쉬운 것이 없었다. 그러나 주군인 다윗을 위하여 브나야는 어떤 도전과도 담대히 맞섰다. 그리고 그것은 오히려 브나야의 이름을 높여주는 기회가 되었다.

다시 말해, 위기가 없다면 기회도 없다. 하나님이 가장 귀하게 쓰시는 사람들은 어찌 보면 그 인생에서 가장 힘든 위기들과 담대히 맞섰던 사람들이다. 당장은 재앙 같아 보이는 위기였으나, 그것은 그들로 하여금 하나님의 영광을 드러내는 축복의 계기였다.

부족한 능력을
담대한 충성심으로 메꾸어 전설이 되다

여호야다의 아들 브나야가 이런 일을 행하였으므로 세 용사 중에 이름을 얻고 삼십
명 중에서는 뛰어나나 첫째 세 사람에게는 미치지 못하니라 다윗이 그를 세워 시위
대장을 삼았더라 대상 11:24,25

아비새를 소개할 때도 그랬고, 브나야를 소개할 때도 성경은 "첫째 세 사람에게는 미치지 못하니라"라고 말한다. 여기서 '첫째 세 사람'이란, 처음에 언급한 다윗의 삼십 명의 최고 장군 중에서도 일등급에 속하는 야소브암, 엘르아살, 삼마 세 사람을 가리킨다. 본문에 나오는 베들레헴 삼총사는 능력 면에서는 그들에 조금 못 미치는 이등급 장군들이었다. 그러나 이들의 충성과 용기는 일등급 세 용사를 뛰어넘었다. 특히, 베들레헴 우물물 사건을 기점으로 아비새와 브나야는 오히려 일등급 인재들을 뛰어넘어 역사의 전면에

부각된다.

특히, '첫째 세 사람에게는 미치지 못하는 능력임에도 다윗이 브나야를 세워 시위대장을 삼았다'는 표현이 중요하다. 시위대장은 왕의 생명을 맡기는 가장 중요한 직책이다. 원래 나라 최고의 무장을 임명하는 것이 정석이니, 일등급 능력을 지닌 세 용사 중 하나가 되어야 마땅한데, 다윗은 이들보다 능력이 조금 떨어지는 베들레헴 삼총사 중에서 브나야를 선택했다. 그리고 그것은 정말 탁월한 선택이었다. 광야 시절부터 다윗과 함께했던 브나야는 다윗에 이어 아들 솔로몬의 시대까지 오랜 세월 목숨을 걸고 왕을 지켰다. 수많은 반란이 일어났어도 브나야는 앞장서서 그 반역들을 다 진압하며 왕에게 충성을 바쳤다.

아비새와 브나야가 다윗으로부터 존귀하게 여김을 받은 것은 눈에 보이는 성과 때문이 아니었다. 그들에게는 그들보다 더 뛰어난 능력을 가진 최고의 용사 세 명이 없는 무언가가 있었다. 남들은 출근 도장만 겨우 찍고 주어진 일만 간신히 해낼 때, 그들은 주군을 위해 안 해도 되는 파격적인 헌신을 했다. 다윗이 명령한 일이 아닌데도 다윗의 목마름을 해갈해드리겠다는 순수한 충성심으로, 적진 한가운데를 뚫고 들어가서 우물물을 퍼왔다. 그런 그들을 보면서 다윗은 너무 미안하면서도 큰 감동을 받았음이 분명하다. 그래서 그때부터 이들을 주목하고 존귀하여 대했다.

그리고 그들은 평생 그날 베들레헴 우물에서 보여주었던 충성을 변함없이 보여주었다. 세월이 흐르면서 수많은 신하들이 다윗을 떠나고, 배신하고, 다윗에 대한 거짓 루머가 돌아도 아비새와 브나야는 흔들리지 않고 다윗의 곁을 지켰다.

주님이 우리에게 기대하시는 것도 바로 이런 신실한 충성심이다. 꼭 안 해도 되는데 하는 것, 능력이 조금 부족해도 열심히 하는 것, 적당히 해도 되는데 최선을 다하는 것. 주님은 이런 충성된 일꾼을 찾고 계신다. 하나님께선 지금도 세상에 약하고 미천한 존재들을 쓰셔서 강하고 잘난 것들을 부끄럽게 하신다.

우리가 꼭 잘나서 하나님께 쓰임 받는 게 아니다. 부족한 능력을 가지고도 언제 어디서든 신실하게 주님께 충성할 때 쓰임 받는다. 이 마지막 시대에 우리는 베들레헴의 세 용사처럼 주님을 위해 목숨 걸고 충성할 믿음의 용사들이 되자.

chapter 12

다윗을 도운 용사들

역대상 12:16-18,21-23,38-40

앞 장에서 우리는 적진 한가운데로 들어가 베들레헴의 우물물을 떠 온 다윗의 세 용사 이야기를 함께 묵상했다. 남들이 몸을 사리며 최소한의 의무만 다하고 가만히 있을 때, 이들은 자신들의 몸을 던져 최선을 다해 주군을 섬겼다.

사람들에게 잘 보이기 위해서도 아니고, 월급이나 승진을 욕심내서도 아니었다. 오직 자신들의 왕 다윗을 사랑하는 충성심으로 왕의 마음을 기쁘게 해드리기 위해 옥합을 깨는 헌신을 한 것이다. 그래서 다윗은 그들보다 능력이 뛰어난 세 용사들이 아닌 베들레헴 삼총사를 귀하게 쓰게 된다. 우리도 부족한 능력으로라도 주님을 위해 최선을 다한다면 하나님께서 귀히 사용해주실 것이다.

아둘람 굴의
인재들

이제 다윗을 도와 함께 나라를 세웠던 다윗의 신하들 이야기를 해보려고
한다. 우리가 알다시피, 다윗은 사울 왕에게 쫓겨 십 년간 유다 광야에서 도
망자 생활을 했다. 이때 다윗의 은신처는 유다 광야의 아둘람 굴이었다.

> 그러므로 다윗이 그곳을 떠나 아둘람 굴로 도망하매 그의 형제와 아버지의 온 집이
> 듣고 그리로 내려가서 그에게 이르렀고 환난 당한 모든 자와 빚진 모든 자와 마음이
> 원통한 자가 다 그에게로 모였고 그는 그들의 우두머리가 되었는데 그와 함께한 자
> 가 사백 명 가량이었더라 삼상 22:1,2

다윗의 첫 번째 신하들은 이때 모여든 사백 명이었는데, 하나같이 '억울한
자, 마음이 상한 자, 애통한 자, 환난 당한 자들', 즉 도망자 다윗처럼 인생
이 망가진 사람들이 대부분이었다. 정상적으로 잘나가던 시절의 다윗이라
면 결코 상종도 잘 하지 않았을 사람들이다. 하지만 다윗은 그들과 공동체
생활을 하면서 어려움을 극복해나갔다. 함께 고통을 나눴고 위기를 극복했
다. 그렇게 다윗은 리더십을 키워갔다.

다윗의 용사들은 자격 조건을 구비한 인재들을 가려 뽑아 모은 사람들이
아니라, 처음에는 볼품없고 사연 많은 사람들이었다가 서로 함께 하나님 안
에서 성장하며 용사들이 된 것이다. 다윗의 나라는 사실 이 광야 아둘람 공
동체에서 시작되었다고 볼 수 있다. 고된 광야 생활이 십 년 가까이 계속되
며 다윗을 버리고 떠나는 사람도 많았지만, 하나님께서 새로운 사람들을 계

속 보내주서서 이들의 숫자는 조금씩 늘어갔다.

그러다가 다윗의 광야 생활의 마지막 일 년 반 무렵, 즉 다윗이 블레셋 땅으로 망명하여 시글락에 본거지를 구축했을 때는 사방에서 인재들이 본격적으로 다윗을 도우러 몰려들기 시작했다.

역대상 11장이 베들레헴 삼총사를 포함한, 다윗과 함께했던 최고의 장군 삼십 명 중심의 기록이었다면, 역대상 12장은 이때 다윗에게 몰려온 인물들 전체를 광범위하게 소개하고 있다.

어제의 적이
오늘의 동지가 되다

당시는 다윗의 광야 생활 말기였고, 두 번째 블레셋 망명 생활을 하던 때였기 때문에 다윗은 많이 지치고 외롭고 힘들었다. 손에 든 게 아무것도 없었다. 부하들에게 월급이나 주택 등의 이렇다 할 보상을 해줄 수도 없는 곤고한 처지였지만, 하나님께서 은혜로 꼭 필요한 인재들을 보내주셨다. 특히, 이 힘든 시절에 자신에게 귀순한 첫 번째 그룹을 보고 다윗은 깜짝 놀랐다.

베냐민과 유다 자손 중에서 요새에 이르러 다윗에게 나오매 대상 12:16

유다 지파야 다윗이 속한 지파니까 그렇다 치지만, 베냐민 지파는 다윗을 핍박하던 사울 왕의 지파였고 당시 나라의 권력을 독점하고 있던 지파였다. 그런 지파 사람들이 사울을 버리고 다윗에게 모여들었다는 것은 이미 하나님에 의해 민심이 다윗 쪽으로 기울어지고 있었음을 보여준다.

다윗에게 충성하기로 한 베냐민 지파 용사들은 사울의 불신앙과 광적인 권력 지향적 모습을 보면서, 하나님께서 이미 사울을 떠나셨음을 알았다. 그래서 사울과의 혈연관계를 과감하게 청산하고, 자신들의 비옥한 영토와 고향을 버리고 다윗에게 온 것이다.

그러나 다윗의 입장에서는 자신을 핍박해온 사울 왕의 베냐민 지파 출신들을 쉽게 받아주기가 어려웠다. 게다가 한두 명도 아니고 이렇게 많은 사람이 한꺼번에 다윗의 신하가 되겠다고 찾아오는 것은, 다윗으로서는 너무 당혹스런 상황이었다. 29절에 보면 다윗에게 온 베냐민 지파 용사들의 숫자가 무려 삼천 명이나 되었다고 한다. 이들이 한꺼번에 온 것 같지는 않지만, 그래도 상당히 많은 이들이 이날 다윗에게 왔을 것이다.

두려움으로 문 닫지 말고 가능성에 문을 열라

다윗이 나가서 맞아 그들에게 말하여 이르되 만일 너희가 평화로이 내게 와서 나를 돕고자 하면 내 마음이 너희 마음과 하나가 되려니와 만일 너희가 나를 속여 내 대적에게 넘기고자 하면 내 손에 불의함이 없으니 우리 조상들의 하나님이 감찰하시고 책망하시기를 원하노라 하매 대상 12:17

성경은 "다윗이 나가서" 이들을 맞았다고 기록한다. 이는 다윗이 그를 찾아온 베냐민의 용사들을 자신의 은신처로부터 멀리 나와 맞이했음을 보여준다. 그것은 다윗이 만약의 경우, 즉 그들이 사울의 첩자들일 경우 자신의 은신처를 노출하지 않기 위해서였다. 광야 생활을 하면서 다윗은 많은 사람들에게 배신당했다. 특히 어려운 가운데서도 블레셋에게 공격당한 그일라 마을 사람들을 도와주었는데, 그들은 사울의 추격대가 밀려오자 다윗에게 매몰차게 등을 돌렸다. 그런가 하면 같은 유다 지파인 십 사람들이 다윗의 은신처를 사울에게 밀고하는 바람에 죽을 고비를 넘기기도 했다.

이런 상황이었으니, 다윗은 인간에 대해 깊은 회의가 생겼을 것이다. 동족인 유다도 자기를 배신하려 했던 때에, 자신을 죽이려는 사울 왕의 지파 베냐민 용사들이 갑자기 항복하러 온다는 말을 액면 그대로 믿을 수 있었겠는가. 그것도 다윗이 속한 유다 지파 사람들과 함께 섞여서 말이다.

'도대체 뭘 하자는 것인가?'

과연 그들이 진짜 다윗을 도우러 왔는지 아니면 흑심을 품고 왔는지 몰랐기에, 다윗의 마음에는 불안함과 초조함이 있었을 것이다. 보통 사람 같으면 만나보지도 않고 피하거나 공격했을 것이다.

그러나 다윗은 과연 믿음의 사람이었다. 그는 영의 눈을 들어 하나님을 바라보았다. 다윗은 인간에게 받은 상처가 있음에도 불구하고, 그 때문에 새로운 가능성의 문을 닫아버리지 않았다.

대신, 다윗은 자신과 함께 온 베냐민의 용사들을 하나님의 판단 앞에 세운다. 다윗은 '평화롭게 와서 돕는 자'와 '속여서 대적에게 넘기고자 하는 자', 두 종류로 나누었다. 인간은 인간을 모르지만, 하나님은 아신다. '너희들은 나를 핍박하는 사울 왕의 지파로 내게 해가 될지도 모르지만, 만약 친구로서 나를 돕기 위해서 왔다면 내가 너희와 한마음이 되고자 한다'는 것이다.

특히 다윗은 만약 너희가 거짓 항복으로 나를 속여서 적에게 나를 넘기려는 마음이라면, '우리 조상들의 하나님'께서 너희를 드러내시고 벌하실 것이라고 선포한다. 살다 보면 우리에게 축복이 될 사람과 해가 될 사람, 함께할 사람과 헤어져야 할 사람을 결정해야 할 때가 있다. 그러나 인간관계에 있어서, 겉에 보이는 것만으로는 정확한 판단이 어려울 때가 많다. 같은 지파가 배신할 수도 있고, 어제까지 적이었던 지파가 오히려 우리의 우군이 될 수도 있다.

모든 것은 하나님만이 아신다. 그러므로 자신의 명철을 의지하지 말고 겸손히 하나님의 지혜를 구하며 기도해야 한다. 모든 것이 그렇지만, 특히 인간을 판단하는 일에 대해서는 자신의 판단이 아닌 하나님의 판단에 온전히 의지해야 한다. 판단의 기준을 하나님의 말씀에 두고 매 순간 기도하며 하나님의 인도하심을 구한다면, 사람 문제로 인하여 낭패를 보지 않을 수 있다.

판단을 하나님께 내어드리면
성령님이 역사하신다

다윗이 판단의 권한을 하나님께 드리자, 하나님은 바로 응답해주신다. 18절 말씀을 보면 "그때에 성령이 삼십 명의 우두머리 아마새를 감싸시니"라고 했다(여기서 삼십 명은 베냐민 전사들의 지도자 그룹을 뜻하는 것 같다). 여기서 '감싸셨다'는 말은 히브리어로 '옷 입히셨다, 감동하셨다'는 뜻이다. 항복하러 온 베냐민 전사들은 거짓 투항한 자들이 아니라, 진실한 마음으로 다윗을 섬기러 온 자들이었을 것이다. 하지만 그런 인간적인 충성심은 상황에 따라 변할 수 있다. 그런데 다윗이 이 문제를 하나님께 온전히 맡기자 하나님의 영이 베냐민 용사들의 인간적 충성심을 굳건한 영적 헌신으로 확실히 굳혀주셨다. 성령께서는 반신반의하는 마음, 갈등하는 마음, 불안한 마음을 감동시키셔서 영적 결단을 제대로 하게끔 역사하신다.

아마새도 인간일진대, 자신이 사울 왕의 베냐민 지파에 속한 것으로 인해 다윗에게 충성을 바치기 전, 여러 가지 주저함과 갈등이 있었을 것이다. 그러나 성령은 우리 안에 그런 모든 인간적인 갈등을 정리하고 하나님께 온전히 헌신하도록 이끄신다.

성령에 감동된 아마새는 "다윗이여 우리가 당신에게 속하겠고 이새의 아들이여 우리가 당신과 함께 있으리니 원하건대 평안하소서"(대상 12:19)라고 충성 맹세를 한다. 그리고 덧붙여 "당신의 하나님이 당신을 도우심이니이다"라며 다윗을 축복하고 지지한다. 우리 역시 성령 충만하면 우리가 주님께 속해 있음을 알게 된다. 주님과 함께 있는 것을 즐거워하며, 주님을 위해 생명 바쳐 충성하게 된다.

그 당시 사람들은 하나님의 이름을 함부로 부르지 않았다. 일단 하나님의 이름을 입에 올리면 거짓을 말하지 않아야 하고, 목숨을 걸어야 한다는 것을 알고 있었기 때문이다. 하나님 앞에서 한 이 충성 맹세로 인해 아마새는 다윗의 군대 지휘관 중 하나가 된다. 비록 출신 지파가 다르고 나이와 살아온 배경이 달랐지만, 성령 안에서 다윗과 아마새는 하나가 되었다.

다윗은 꼭 자기가 속한 유다 지파 사람만 고집하지 않고, 그리 가깝지 않은 지파들과 심지어는 적의 혈족이라 할지라도, 하나님께서 허락만 하신다면 편견 없이 중용했다. 교회는 다윗이 이끌었던 군대처럼 오직 신앙을 기반으로 뭉쳐야지, 인간관계 때문에 모이고 흩어지는 일이 없어야 한다.

다윗이 시글락에 있을 때, 그를 돕기 위해 가장 먼저 달려온 용사들이 다윗의 대적 사울의 동족인 베냐민 지파 사람들이었다는 사실은 생각해볼수록 놀라운 일이다. 성경에는 이들이 와서 '다윗을 도왔다'는 말이 몇 번씩 반복된다. 다윗을 돕는 하나님의 손길이 다윗을 핍박하는 사울이 속한 베냐민 지파에 이토록 많이 있었다는 사실이 놀랍지 않은가? 하긴, 사울의 친아들 요나단부터 다윗을 그토록 헌신적으로 도왔으니 더 말할 필요가 없을지도 모른다. 하나님은 항상 전혀 생각지 못했던 무리 중에도 우리를 돕는 사람들을 은밀히 준비하셨다가, 결정적인 때에 보내주신다.

역대상 12장 1-7절에 소개된 이들 베냐민 사람들의 프로필을 보면 모두 활을 잘 쏘고, 양손을 다 사용하는 용사들이었다. 이들은 다윗이 가장 힘들고 어려울 때 다윗과 함께했다. 다윗은 자신이 어려운 가운데서도 이들을 잘 돌보았고, 이들 또한 다윗에게 목숨을 건 충성을 바쳤다. 그래서 다윗에게 시글락은 고난의 장소였지만, 동시에 좋은 인재들을 만나는 축복의 장소이기도 했다.

위기를 통해 세워진
용사들

평소에 드러나지 않던 인재가 위기의 때에 드러나는 경우가 있다. 다윗의 광야 생활 말기에 가장 큰 위기는 블레셋 왕의 요청으로 다윗이 부하들과 함께 전쟁에 출정했을 때, 다윗의 본거지 시글락을 아말렉이 급습한 사건이었다. 아말렉은 시글락을 불태우고, 여인들과 아이들, 그리고 산더미 같은 물자들을 강탈해갔다. 폐허가 된 시글락으로 돌아온 다윗은 부하들과 함께 망연자실하여 통곡하다가 전열을 재정비한 뒤, 사백 명의 병력으로 아말렉을 추격해가서 빼앗긴 모든 것을 되찾아왔다. 이때 다윗 추격대의 선봉에 서서 큰 공을 세운 용사들이 있었다.

이 무리가 다윗을 도와 도둑 떼를 쳤으니 그들은 다 큰 용사요 군대 지휘관이 됨이었더라 대상 12:21

여기서 '도둑 떼'란 시글락을 침략해서 다윗과 부하들의 처자식을 다 납치하고 물건들을 강탈해간 아말렉인들을 뜻한다. 그렇다면 다윗을 도와 도둑 떼를 친 '이 무리'는 누굴까? 이를 알기 위해서 바로 앞 구절인 20절을 읽어보자.

다윗이 시글락으로 갈 때에 므낫세 지파에서 그에게로 돌아온 자는 아드나와 요사밧과 여디아엘과 미가엘과 요사밧과 엘리후와 실르대이니 다 므낫세의 천부장이라 대상 12:20

이들 므낫세의 일곱 천부장이 바로 시글락의 위기 때 다윗 무리에 합류한 '이 무리'다. 즉, 성경은 므낫세 용사들이 다윗 무리에 합류한 때가 시글락의 비극을 당했던 바로 그때라고 말하고 있는 것이다. 므낫세 용사들이 하필이 타이밍에 다윗의 진영에 합류한 것은 하나님의 섭리였다.

생각해보라. 폐허가 된 시글락을 보면서 다윗과 부하들은 망연자실하고 있었다. 그러나 이때 합류한 므낫세 용사들은 다윗이나 그의 부하들과는 달리 체력이나 정신력이 흔들리지 않았던, 아직 싱싱한 기운을 가진 일꾼들이었다. 그래서 그들은 지친 다윗의 군대 최선봉에 서서 아말렉을 추격하여 섬멸하는 데 큰 공을 세울 수 있었다. 가는 날이 장날이라고, 므낫세 장수들이 합류한 때가 다윗 인생에 가장 큰 고통의 때였지만, 오히려 그랬기 때문에 그들의 가치가 빛날 수 있었다. 이들은 이때의 공로로 다윗 군대의 지휘관으로서 확실히 자리 잡을 수 있었다.

이렇듯 우리 인생에는 어떤 특별한 위기에 필요한 특별한 인재들이 있다. 정확한 타이밍에 이들이 나타나서 돕기 때문에, 이들은 하나님이 보내주신 천사들과 같다. 그리고 다윗에게 이런 사람들은 므낫세 용사들뿐이 아니었다.

> 그때에 사람이 날마다 다윗에게로 돌아와서 돕고자 하매 큰 군대를 이루어 하나님의 군대와 같았더라 대상 12:22

바로 앞에서 언급했듯이, 이때는 다윗의 광야 생활 말기였다. 시글락 전투로 모든 것을 잃었다가 되찾는 힘든 시기였으며, 사울이 블레셋과의 전쟁에서 패하고 죽임을 당했던 때였다. 하지만 사울이 죽었다고는 해도 아직 그 추종 세력이 건재했고, 블레셋은 이제 이용 가치가 떨어진 다윗을 죽이려 했던 한 치 앞을 볼 수 없었던 때였다.

이런 때에 "사람이 날마다 다윗에게로 돌아와서 돕고자 하매 큰 군대를 이루었다"라고 했다. 다윗의 입장에서는 고난이 길어져서 많이 지치고, 모든 상황이 급변하고 있어서 마음이 불안한 때였는데, 희한하게 그런 와중에도 하나님이 새로운 부하들을 계속 보내주고 계셨다. 나도 돌이켜보면 교회가 힘들고 어려웠던 때에 새가족이 끊임없이 와서 너무 황송하고 감격했던 기억이 난다.

하나님이 불러 모아주신
하나님의 군대

그들의 숫자는 날마다 늘어났다. 어려운 때였지만, 다윗 무리는 눈만 뜨면 몰려드는 새로운 병사들로 인해 항상 활기가 넘쳐났다. 그들은 다윗에게 뭘 얻어먹으려고 온 사람들이 아니라, '다윗을 돕고자 온 사람들'이었다. 그들은 다윗에게 자신들의 재능과 생명을 바치러 온 헌신자들이었다.

"하나님의 군대와 같았더라"라는 말은, 숫자가 많았다는 뜻이기도 하지만 무엇보다 다윗의 무리가 하나님의 능력이 나타나는 군대란 의미다. 이들은 다윗이 개인적인 노력으로 모은 군대가 아닌, 하나님께서 모집하고 세우신 군대였다.

사무엘상 14장 52절을 보면 사울은 "힘 센 사람이나 용감한 사람을 보면" 놓치지 않고 그들을 불러 모았다고 했다. 아마 파격적인 대우를 해주면서 스카우트했을 것이다. 이것은 세상의 다른 왕들이 하는 것과 똑같은 방식이었다. 고액 연봉을 주고 힘 있는 용사들을 많이 고용해서 군사력을 키우는 것 말이다. 사울은 하나님과 동행하지 않으니까 불안해서 더더욱 인간적인 방법으로 자기 사람을 늘렸다.

그러나 사울이 그렇게 좋은 조건으로 모아들인 사람들은 훗날 사울이 전쟁에서 패할 때 콩가루처럼 부서져서 사방으로 달아나버렸다. 힘과 돈으로 모아들인 엘리트 인재들은 당장은 대단해 보이고 화려해 보일지 모른다. 그러나 폭풍이 몰아쳐 오고 세월이 가면, 다 흩어져버린다. 하지만 하나님께서 내 곁에 붙여주신 사람들은 당장은 보잘 것 없어 보여도 든든한 동역자들이 되어 내 곁을 지킨다.

사울과 달리 다윗은 훗날 광야 생활 십여 년을 하며 아무 보상도 주지 못함에도 옆에 좋은 용사들이 모여들었다. 외형적 스펙은 떨어졌지만 그래도 하나님이 붙여주신 보물 같은 인재들이었다. 그들은 다윗의 남은 생애 동안 변함없이 다윗의 곁을 지켰다.

그러니 인간적인 방법으로 사람을 모으지 말고, 하나님께 순전히 헌신하라. 그러면 하나님께서 하나님의 사람들을 자연스럽게 옆에 붙여주실 것이다.

하나님이 수많은 인재들을 광야 시절부터 다윗 휘하에 보내신 까닭은 이들을 통해서 이루실 하나님의 계획이 있다는 증거다. 그랬기 때문에 다윗의 군대는 세상의 잣대로 설명할 수 없는 하나님의 기름 부으심이 있는 '하나님의 군대'였다.

열두 지파에서 모여든 다양한 재능의 인재들

역대상 12장에 나오는 다윗의 신하들 중, 두 번째 그룹은 23-40절에 소개되는데, 이들은 다윗이 헤브론에서 유다 왕이 된 직후에 지파별로 모여든 용사들이었다. 이때 다윗의 형편은, 물론 광야의 도망자 시절보다는 훨씬 나았지만, 아직 유다 지파의 왕에 불과했고, 나머지 열한 지파들은 사울의 추종 세력으로, 다윗을 대적하던 상황이었다.

인간적 눈으로 보면 언제 통일이 될지 요원했고, 오히려 다윗의 유다 왕국이 패배할 확률이 더 높았다. 그런데도 각지에서 많은 인재가 몰려와 다윗을 섬기고자 했다.

이 용사들의 목록을 살펴볼 때 주목할 사실은 첫째로, 열두 지파가 골고루 분포되어 있다는 사실이다. 이는 이스라엘 모든 지파가 다윗에게 돌아왔음을 뜻한다. 이것은 보통 일이 아니다. 이스라엘 백성들은 천 년이 넘도록 열두 지파로 나뉘어 지파 중심의 사회로 살아왔기 때문에, 중앙집권적인 구조와는 잘 맞지 않았다. 지파 간의 크고 작은 분쟁이 끊이지 않았고, 감정의 골이 깊었다. 그런 열두 지파 사람들이 기적같이 하나가 될 수 있었던 것은 다윗이 하나님이 기름 부어 세우신 왕이었기 때문이다.

유다 지파 중심으로 살아왔던 다윗에게, 어찌된 영문인지 하나님께서 열두 지파 전체에서 사람들을 계속 보내주신 것은, 하나님이 반드시 다윗을 이스라엘 전체의 왕으로 세우실 것이라는 증표였다. 지금 당장은 이들을 왜 보내주시는지, 이들이 어떤 일을 할 것인지 다윗도 제대로 알지 못했다. 그러나 하나님은 계획을 갖고 계셨다. 그들은 훗날 다윗이 열두 지파 전체를 다스리는 통일왕국의 왕이 될 때 쓰임 받을 인재들이었다.

오늘 내게 붙여주시는 사람들은 장차 하나님이 나를 통해서 하실 일들에 대한 예언이다. 그러니 지금 당장은 필요하지 않은 사람들 같아도 자세히 살펴보라. 그들의 배경과 재주는 다 하나님께서 미래에 나를 통해 행하실, 지금의 나는 생각지 못할 새롭고 놀라운 일들에 쓰임 받게 될 것이다.

둘째로, 이들은 모두 각자 특출한 재능을 지닌 사람들이었다. 예를 들어 "싸움하는 큰 용사", "아론의 집 우두머리", "젊은 용사", "유명한 큰 용사", "방패와 창을 가지고 따르는 자" 등이다. 싸움 잘하는 병사들만 있는 것이 아니었다. 잇사갈 지파의 경우는 "시세를 알고 이스라엘이 마땅히 행할 것을 아는 우두머리가 이백 명이니 그들은 그 모든 형제를 통솔하는 자"(대상 12:32)였다. '시세를 아는 사람'이라 함은 시대를 잘 분별하는 사람, 자기 시대의 흐름을 제대로 간파하는 지혜 있는 사람들이었다는 얘기다. 그들은 자기 시대를 향한 하나님의 뜻이 사울이 아닌 다윗에게 있다는 것을 깨달은 지혜로운 사람들이었다. 그런 지혜로 인해서 그들은 형제들을 통솔하는 우두머리들이 될 수 있었다.

스불론 지파도 대단했다.

> 스불론 중에서 모든 무기를 가지고 전열을 갖추고 두 마음을 품지 아니하고 능히 진영에 나아가서 싸움을 잘하는 자가 오만 명이요 대상 12:33

스불론은 원래 뛰어난 상인들이 많은 지파였는데, 무장도 잘 되어 있고 전장에 나가서 탁월한 전투 능력을 발휘하는 병력이 오만 명이나 되었다. 특히, 그들은 '두 마음을 품지 않는' 믿을 수 있는 사람들이었다. 싸움을 잘하는 지파가 충성심까지 갖고 있다는 것은 서로 배신을 밥 먹듯이 했던 그 시대에 너무나 중요한 자산이었다.

다윗의 용사들은 각기 출신 지파들이 달랐고 가진 재능들도 달랐지만, 다윗이라는 한 주군을 섬기는 일로 하나가 되었다. 하나님께서는 우리를 각자 다르게 지으셨고, 그 나름의 달란트를 가지고 주님을 섬기기 원하신다. 우리는 그런 다양성을 가진 존재이지만 주님을 중심으로 하나가 된다.

이들은 저마다의 달란트를 가지고 다윗을 도와 하나님나라를 회복하는 것으로 마음을 모았다. 진정한 시너지는 이렇게 하나님의 사람들이 같은 목표를 갖고, 예수님의 리더십 밑에 모일 때 일어난다. 이들이 마음을 합하고, 기도를 합하고, 재주를 합함으로써 다윗의 군대는 천하의 강군이 되었다.

교회는 그리스도의 몸이다. 각각 다른 지체들이 한 몸을 이룰 때 우리는 강해진다. 다양성 속에서 일치를 이루는 것이 하나님 군대의 본질이다.

말씀에 근거한 하나의 목표를 공유하다

이들은 언제든지 다윗을 위하여 싸울 준비가 된 용사들이었는데, 중요한 것은 이들이 "여호와의 말씀대로 사울의 나라를 그에게 돌리고자"(대상 12:23) 하였다는 점이다.

일반적으로 세상 역사를 보면 보통 후대의 왕조가 선대의 왕조를 무력으로 폐하고 왕이 되게 마련이다. 그러나 다윗은 사울을 죽일 수 있는 기회가 두 번이나 있었음에도 불구하고 그를 죽이지 않았다. 그 때문에 말할 수 없이 힘든 광야 생활을 더 오래 해야 했다. 이는 그가 '하나님의 말씀'을 붙잡고 때를 기다렸기 때문이었다. 다윗은 평생 하나님의 말씀을 묵상하고 말씀대로 살려고 몸부림친 사람이다. 사울은 항상 하나님의 말씀을 무시하고 자기 생각대로 다스렸는데, 다윗은 항상 하나님의 말씀대로 살려고 했다.

그 차이가 컸다. 다윗이 말씀의 사람이었기에 말씀의 힘이 다윗 진영에 역사했다. 이스라엘의 열두 지파의 용사들이 모두 "여호와의 말씀대로" 다윗에게 사울의 나라를 돌리게 되었다. 다윗은 군사적 힘이 아닌 '하나님의 말씀'에 의해 왕이 되었기에 그 왕위가 견고할 수 있었다. 이토록 다양한 배경의 부하들을 하나로 묶을 수 있었던 힘 역시 다윗 개인의 카리스마가 아닌 하나님의 말씀에서 나왔다. 교회를 이끄는 힘도 하나님의 말씀에서 나온다.

역대상 12장에 소개된 열두 지파에서 모여든 다윗의 용사들을 보면 그 수가 도합 34만 822명(약 35만 명)이나 되었다. 그들은 각자 일당백의 뛰어난 재주를 가진 충성된 리더들이요, 정예 병사들이었다. 이들을 보며 다윗이 얼마나 감격스러웠겠는가!

다윗이 처음 광야 생활을 시작할 때 아둘람 굴에 모여든 사람들은 주로 유다 지파 중심으로, 약 사백 명에 불과했다. 그런데 십 년이란 세월이 흘러 헤브론에서 유다 왕으로 등극한 뒤 통일 이스라엘 왕국을 이루려는 시점에서, 하나님께서 모든 열두 지파로부터 모여든 35만에 가까운 용사들을 붙여주셨다는 사실이 놀랍다. 억울하게 사울에게 쫓기던 십 년 광야 생활 동안 다윗은 하나님만 신뢰하며 고난을 견뎌냈다. 그랬더니 하나님께서 보이지 않게 계속 복을 부어주셨다. 구름떼같이 많은 돕는 손길들을 보내주신 것이다. 지금 당장은 말씀대로 사는 게 어렵고 힘들다고 해도, 그게 모두 이후에 부어주실 하나님의 크신 축복을 위한 준비 과정임을 믿고 소망을 가지라.

통일 전쟁을 앞두고, 다윗의 군대는 헤브론에 집결했다. 이 모든 군사가 전열을 갖추고 다 성심으로 다윗을 섬기고자 했다. 이들은 머릿수만 채우는 사람들이 아니고, 모두 싸울 준비와 훈련이 갖춰진 군사들이었다. 그런데다가 다윗을 향한 자발적 충성심이 대단했다. 모두 다윗의 군대 규율에 철저히 순종하는 각오가 된 정예들이었다. 이들이 모두 전열을 갖추고 다윗의 리더십 아래 모였다.

그들은 분명한 목적의식을 갖고 있었다.

(그들이) 다 성심으로 헤브론에 이르러 다윗을 온 이스라엘 왕으로 삼고자 하고

대상 12:38

영어성경에는 이 부분이 'they were fully determined'(그들은 완전히 결심했다)라고 표현되어 있다. 즉, 그들 모두는 반드시 다윗을 온 이스라엘의 왕으로 세워드린다는 결심을 하고 온 것이다. 그들은 고액 연봉 받아서 온 것도 아니고, 자신들의 야심을 이루기 위해 다윗을 이용하러 온 것도 아니다. 그들의 동기는 순수했다. 그들은 오직 자신들의 주군 다윗을 왕으로 올려드리기 위해 왔다. 그랬기에 그들 자신도 그 과정에서 축복을 받았다.

우리는 예수님을 이용해서 우리의 야심을 이루려고 예수 믿는 게 아니다. 우리의 왕이신 예수님을 높여드리고, 하나님나라의 확장을 위해서 헌신하는 것이다. 우리가 그렇게 순수하게 주님을 섬겨드리면 주님이 우리의 모든 것을 책임져주실 것이다.

거룩한 기쁨으로
충만한 공동체

이스라엘 열두 지파에서 구름떼같이 모여든 다윗의 용사들은 헤브론에서 삼 일간 머물렀다. 그리고 삼 일간의 축제를 즐겼다.

> 무리가 거기서 다윗과 함께 사흘을 지내며 먹고 마셨으니 이는 그들의 형제가 이미 식물을 준비하였음이며 대상 12:39

다윗이 명령하지도 않았는데 모두가 자발적으로 음식과 과일과 기름을 산더미처럼 실어왔다. 그래서 그 많은 사람이 사흘 동안 대축제를 벌이며 먹고 마셨는데도 부족함이 없었다.

자기밖에 모르던 지파와 개인들이 그런 모습을 버리고, 다윗의 리더십 아래서 하나가 되었다. 그리고 서로 사랑하는 기쁨의 공동체로 변화되었다. 교회는 기쁨이 가득한 성령 공동체다. 예수님이 우리의 머리가 되시기 때문이며, 우리가 예수님 중심으로 모였기 때문이다.

40절을 끝 부분을 보면 "이스라엘 가운데에 기쁨이 있음이었더라"라고 했다. '기쁨'이라는 단어가 역대기에 여러 번 등장하는데, 다윗이 왕이 되어 국민 축제가 열리던 지금이 처음 '기쁨'이라는 단어가 나오는 때다. 말씀에 순종하는 왕, 하나님이 세우신 왕이 섰을 때 이스라엘에 기쁨이 임했다. 하나님은 광야를 전전하며 주리고 궁핍했던 다윗의 과거를, 이처럼 큰 풍요와 나라를 아우르는 기쁨으로 갚아주셨다.

하나님은 회복의 하나님이시다. 참으로 '재 대신 화관을, 슬픔 대신 기쁨을 주시는 분'이시다. 지금 아무리 어려울지라도 우리가 지금 당장의 어려움을 감사함으로 참고 하나님을 신뢰하며 인내한다면, 언젠가 하나님께서는 다윗에게 베푸셨듯이 큰 풍요와 기쁨으로 갚아주실 것이다.

하나님이 주시는
영적 기쁨을 누리라

다윗을 따르는 자들에게 큰 기쁨이 있었던 것같이, 하나님을 따르고 섬기는 일은 축제다. 성령이 임하는 곳에 서로가 협동하여 섬기는 축제 분위기가 연출된다.

다윗 왕에게 큰 무리가 몰려왔듯이, 신약시대에 예수님에게도 많은 백성들이 모여들었다. 다윗 왕을 세우는 축제에서 백성들이 배불리 먹고 마셨듯이,

예수님이 오천 명을 먹이실 때도 백성들은 배불리 먹었다.

느헤미야서 8장에 보면 "여호와로 인하여 기뻐하는 것이 너희의 힘이니라"(느 8:10)라고 했다. 마귀가 지배하는 세상에는 진정한 기쁨이 없다. 진정한 기쁨은 예수님을 우리 왕으로 선포하고 예수님의 깃발 아래 함께 모일 때 비로소 충만히 솟아나는 것이다. 그리고 그 거룩한 기쁨이 우리의 힘이다.

주님은 "항상 기뻐하라"(살전 5:16)라고 하셨다. 크리스천의 삶의 목적은 하나님을 영화롭게 하고 영원토록 그분을 기뻐하는 것이다. 믿는 자들이 교회를 중심으로 하나님이 주시는 영적인 기쁨을 누릴 때, 그것은 세상이 감당하지 못하는 힘이 된다. 이것을 알기 때문에 마귀는 항상 우리의 영적 기쁨을 빼앗아가려고 한다. 우리가 죄짓도록 유혹하고, 형제를 미워하고 의심하게 하며, 교회를 떠나게 하고, 우리를 자꾸 두렵게 해서 영적 기쁨을 앗아가려고 한다. 우리는 예수님의 이름으로 마귀를 물리치고 영적 기쁨을 되찾아야 한다.

사실 지금 다윗과 용사들 앞에 놓여 있는 길은 매우 험난했다. 이스라엘은 아직 반으로 갈라져 내전을 치르는 상황이고, 다윗이 다스리고 있는 남쪽 유다는 북쪽에 비해 병력이나 무기를 비롯한 모든 면에서 절대 열세였다. 모두 목숨을 걸고 싸워야 통일 이스라엘을 이룰 수 있었다. 또 통일을 해도 주변의 블레셋 같은 군사 강국들의 침공과 맞서 싸워야 하는 힘든 상황이었다.

그러나 그럼에도 불구하고 헤브론에 모여든 다윗의 부하들에게는 기쁨이 넘쳤다. 예수님을 따르는 제자의 길이 결코 화려하고 쉬운 것만은 아니다. 마귀의 수많은 유혹과 시험, 공격과 아픔이 기다린다. 그러나 주님과 함께

하기에, 주님으로 인하여 하나 된 형제자매들이 함께하기에 우리는 그 길을
기쁨으로 갈 수 있다.

chapter **13**

요나단의 아들

사무엘하 9:1-13

이스라엘을 통일한 후 다윗은 숨돌릴 새도 없이 주변의 열강들과 정복 전쟁을 치러냈다. 하나님의 도우심으로 십여 년에 걸친 수많은 정복 전쟁에서 다윗은 한 번도 패하지 않고 승리했다. 이 승리들을 기반으로 다윗은 통일 이스라엘 왕국의 기반을 확고히 다질 수 있었다.

사방의 적들을 평정한 다윗은 비교적 한가하게 시간을 가질 수 있게 되었으며, 그의 주변 일들도 정리할 만한 여유가 생겼다. 이때 하나님께서는 다윗이 까맣게 잊고 있던 어떤 일을 생각나게 하셨고, 이것은 너무나 감동적인 은혜의 스토리가 된다.

본문의 때는, 아마 사울 부자가 블레셋과의 전투에서 전사하여 다윗이 유다 왕으로 등극한 때로부터 적어도 17~18년 경과한 때로, 이때 다윗의 나이는 48에서 49세쯤 되었을 것으로 추측된다.

요나단과의 언약을
떠올리다

어느 날 다윗은 부하 신하들 앞에서 조용히 한마디를 던졌다.

"사울의 집에 아직도 남은 사람이 있느냐?"(삼하 9:1)

다윗 왕의 입에서 '사울의 집'이란 말이 나오는 순간, 신하들은 긴장했을 것이다. 보통의 경우 멸망한 이전 왕조의 왕족들은 처형되거나 노예가 되어 비참한 신세로 전락하게 마련이다. 하물며 사울은 십 년 넘게 다윗을 죽이려 했던 왕이다.

안 그래도 이미 오래전 블레셋 군대에게 사울 왕과 요나단 부자가 죽고, 남은 아들 이스보셋까지 측근들에게 죽은 뒤 사울 집안은 풍비박산이 났다. 그런데 새삼 다윗이 그 집에 남은 자가 있느냐고 물으니, 혹시라도 남은 자가 있으면 끝까지 복수하려는 것이 아닌가 싶어 다들 긴장한 것이다.

그러나 다윗은 인자하게 웃으며, 바로 이어서 자신은 그런 뜻으로 물어본 것이 아님을 밝힌다.

"내가 요나단으로 말미암아 그 사람에게 은총을 베풀리라."

사울은 밉지만, 그 아들 요나단은 다윗에게 잊을 수 없는 보석 같은 친구였다. 그런 요나단과의 우정으로 인해 혹시 남은 핏줄이 있다면 그에게 은총을 베풀고 싶다는 것이었다.

여기서 '은총'은 하나님의 백성에게 부어주시는 하나님의 무조건적인 은혜, 크고 풍성한 은혜를 표현할 때 쓰는 말이다. 단순한 사면(赦免)이 아니라, 모든 명예와 부를 회복시켜주는 복권(復權)을 주겠다는 것이다.

신하들은 '요나단'이라는 말을 듣고서야 긴장을 풀었다. 다윗의 신하 중에 사울 왕이 다윗에게 얼마나 악하게 대했는지 모르는 사람이 없었지만, 또한 그 아들 요나단이 다윗에게 얼마나 잘했는지 모르는 사람도 없었다. 모두들 '이건 정치 보복의 피바람이 아니라 은혜의 바람이구나' 하고 안도의 한숨을 내쉬었다.

오래전 다윗은 이십 대 청년 시절부터 사울의 아들 요나단과 깊은 우정을 맺었다. 골리앗을 쓰러뜨리고 하루아침에 국가 최고의 스타로 떠오른 다윗을 요나단은 질투하지 않고 오히려 아껴주었다.

다윗이 사울 왕의 미움을 사서 사울 왕궁을 탈출할 때도 요나단은 목숨을 걸고 다윗을 지켜주었다. 이때 사울 왕은 사위인 다윗을 죽이려고 자객들을 다윗의 집에 보냈었고, 다윗이 도주한 라마까지 쫓아올 정도로 집요하게 다윗의 목숨을 노리고 있었다. 나라 전체에 자기를 잡으라는 살벌한 수배령이 떨어진 상황에서, 당시 이십 대 청년 다윗은 죽음의 공포를 시시각각 느꼈다. 이때 사울의 아들 요나단은 온 몸을 던져 몇 번이나 다윗의 생명을 지켜주었다.

너는 내가 사는 날 동안에 여호와의 인자하심을 내게 베풀어서 나를 죽지 않게 할뿐 아니라 여호와께서 너 다윗의 대적들을 지면에서 다 끊어버리신 때에도 너는 네인자함을 내 집에서 영원히 끊어버리지 말라 하고 삼상 20:14,15

요나단은 성령의 사람이었다. 그렇기에 비록 지금은 다윗의 신세가 궁핍하지만, 하나님이 기름 부으신 인물이기 때문에 언젠가는 그가 반드시 이 나라의 왕이 될 것을 알았다. 그래서 그런 다윗에게 자신과 자기 가문의 안위를 부탁했다.

그 후 약 삼십 년의 세월이 흐른 지금, 요나단의 예언대로 다윗은 통일 이스라엘의 왕이 되었다. 그리고 하나님은 요나단과의 언약을 다윗이 기억하게 하셨고, 다윗은 혹시라도 살아남은 요나단의 핏줄이 있다면 약속대로 은혜를 갚으려는 것이다.

므비보셋을
찾다

지엄한 왕명이 떨어졌으니, 다윗의 신하들은 기민하게 움직였다. 그리고 마침내 사울의 집 종들 중 남아 있는 시바란 사람을 찾아냈다. 시바는 사울의 종이었기 때문에 안 그래도 다윗이 왕이 된 뒤부터 조용히 눈치를 보며 살아왔다. 십여 년 동안은 다윗이 정복 전쟁으로 바빴기 때문에 아무 일 없이 세월이 흘렀다. 그래서 시바가 '이젠 좀 마음 편히 살 수 있겠다' 하던 차에 갑자기 다윗의 신하들이 들이닥쳐 다짜고짜 왕궁으로 끌고 가는 것이다. 시바는 새파랗게 질려서 다윗 앞으로 끌려왔을 것이다.

그런데 왕이 사울의 남은 핏줄을 찾는다는 것이다. 그러면서 뜻밖의 말을 한다.

내가 그 사람에게 하나님의 은총을 베풀고자 하노라 삼하 9:3

시바는 순간 머리가 혼란스러워졌다. 사울 왕이 다윗에게 얼마나 모질게 했는지 이스라엘에 모르는 사람이 누가 있는가. 그런데 이제 절대 권력자가 된 다윗이 새삼 그 원수 같은 사울의 핏줄을 찾아서 하나님의 은총을 베풀려 한다니, 믿을 수가 없었다. 시바는 여러 가지 생각들로 머릿속이 복잡해졌다.

'다윗 왕이 말은 저렇게 하지만, 어떻게 해서든 사울의 핏줄을 찾아서 보복하려는 거야. 잘못하다간 사울의 종이었던 나도 같이 얽혀서 경을 치겠어…. 아니야, 하지만 위기가 기회라고 했어…. 내가 사울의 핏줄을 찾아서 왕이 복수할 수 있게 도와주면, 내 공을 잊지 않고 후히 사례할 것이다. 큰 벼슬을 내려줄지도 몰라.'

뒤에서 다시 다루겠지만, 시바는 의리 없고 아주 사특하며 기회주의자였다. 그래서 대뜸 "요나단의 아들 하나가 있는데 다리 저는 자니이다"라고 대답한 후, 왕의 눈치를 보며 바짝 고개를 숙였다. 순간 다윗은 눈이 번뜩 뜨였다. 므비보셋은 소중한 친구 요나단의 아들이긴 했지만, 다윗의 십 년의 광야 생활 중에 태어났기 때문에 다윗은 그 존재를 잘 모르고 있었다.

어찌 되었건 요나단의 아들이 살아 있다는 소식에 다윗의 얼굴에는 화색이 돌았다. 다윗은 즉시 그가 어디 있는지를 물었다. 시바는 "로드발 암미엘의 아들 마길의 집에 있나이다"라고 고해바쳤다.

이상한 일이다. 시바는 므비보셋이 다리 저는 장애인인 것도 알고 있었고, 어디 사는지도 뻔히 알고 있었다. 이 말은 그동안 시바가 므비보셋의 어려운 사정을 알면서도 그를 내팽개치고 돌보지 않았다는 이야기다. 시바가 제대로 된 사울의 종이었다면 주인의 유일한 핏줄을 그렇게 방치할 수는 없는 일이었다.

므비보셋이 거주하고 있다는 "로드발 암미엘의 아들 마길의 집"은 요단

동편 마하나임 부근의 성읍이었다. 마하나임은 오래전 다윗을 대적하던 이스보셋이 이끄는 사울 추종 세력의 수도였으며, 현재 통일왕국의 수도인 예루살렘에서 한참 떨어진 곳이었다. 게다가 다윗을 대적하던 무리의 수도였기 때문에, 그곳은 완전히 폐허가 되다시피 했을 것이다. 므비보셋은 거의 폐허가 된 빈민촌에서 살고 있었던 것이다.

므비보셋이
다윗의 앞으로 불려오다

자, 여기서 잠깐 시계를 과거로 돌려서 요나단의 아들 므비보셋의 가엾은 인생 스토리를 살펴보자.

요나단의 아들 므비보셋이 처음부터 장애인이었던 것은 아니다. 원래 건강한 아이였는데, 오래전 불행한 사고를 겪었다. 이스라엘 군이 블레셋과의 전쟁에서 참패하여 사울 왕과 요나단 부자가 함께 전사해버리고 말았는데, 그 소식을 들은 유모가 충격과 공포에 질려버렸다. 당장이라도 블레셋 군대가 왕궁까지 몰려와서 사울의 집안을 비롯하여 이스라엘 지도층을 다 죽여버릴 것 같았다.

그래서 너무 급하게 다섯 살짜리 꼬마 므비보셋을 안고 도망가다가 그만 땅에 떨어뜨리고 만 것이다. 어떻게 잘못 떨어졌는지, 므비보셋은 가엾게도 그때 크게 다쳐 두 다리를 절게 되었다.

사울의 추종자들은 사울의 마지막 남은 아들 이스보셋(므비보셋에게는 삼촌이 된다)을 이스라엘의 왕으로 삼고, 다윗의 유다 왕국과 내전에 들어갔다. 칠 년에 걸친 내전에서 다윗 쪽이 점차 승기를 잡으며, 사울 쪽의 패색이

짙어졌다. 그리고 사울 쪽의 총사령관 아브넬이 죽고, 이어서 사울의 마지막 남은 아들 이스보셋도 측근들에게 암살당했다.

이제는 사울의 손자인 므비보셋이 유일하게 남은 사울 왕가의 핏줄이었다. 그런데 그런 므비보셋도 절름발이였기 때문에 사울 왕가는 모든 소망이 끊겨버렸다. 그 당시 다리를 저는 장애인은 요즘의 장애인보다 훨씬 혹독한 사회적 낙인이 찍혀 어떤 정상적인 직업이나 위치를 가질 수 없는 가엾은 처지가 되었다.

다윗이 드디어 내전을 끝내고 통일왕국의 왕위에 오르자, 모두 다윗에게 새롭게 충성 맹세를 하게 되었고, 충성을 의심받지 않기 위해 사울 왕가와는 일절 관계를 끊어버렸다. 그러니 가엾은 므비보셋은 더욱 외롭고 처량한 신세가 되었다.

이때 므비보셋의 나이는 겨우 열두 살. 혹시 사람들이 자신을 잡아 다윗에게 갖다 바칠까 싶어서, 또 혹시 다윗이 할아버지 사울에 대한 원한으로 자신을 찾으러 수색대를 보낼까 싶어서 므비보셋은 불편한 몸을 가지고 사람들의 눈을 피해 외진 곳으로 가서 숨어 살았다.

나라를 통일하고 나서도 다윗은 주변 나라들과 크고 작은 정복 전쟁으로 십여 년 동안 정신이 없었다. 그렇게 세월이 흐르면서 므비보셋의 나이도 이십 대 중반이 되었고, 그사이 그래도 결혼을 하여 아들도 낳고 가정을 꾸렸다. 가난했지만, 그렇게나마 살아 있을 수 있음에 감사했다.

그런데 어느 날, 가장 두려워하던 일이 터졌다. 다윗이 보낸 사자들이 말을 타고 들이닥친 것이다. 그들은 즉시 예루살렘으로 같이 가야 한다고 했다. 가엾은 므비보셋은 두려움으로 얼굴이 새파랗게 질렸다. 아버지 요나단과 다윗의 우정에 대해서는 전혀 아는 바가 없던 므비보셋은 그저 할아버지 사울과 다윗이 얼마나 좋지 않은 관계였는지만 알았다. 그래서 마지막 남은 사울의 핏줄인 자신을 찾아서 복수하려 한다고 생각했을 것이다.

마침내 므비보셋이 다윗의 왕궁으로 소환됐다. 평생 처음 통일왕국의 수도 예루살렘에 와서 왕궁에 들어선 므비보셋은, 설렘보다는 두려움으로 가득 차서 정신이 없었다. 당시 근동 지방에서는 왕조가 바뀌어 새로운 왕조의 왕이 등극하면, 정적이 될 만한 소지가 있는 사람들은 모두 찾아내어 제거하는 것이 관례였다. 게다가 므비보셋의 할아버지인 사울이 십 년이 넘도록 다윗을 무시무시하게 핍박했다는 것은 천하가 다 아는 사실이었다. 므비보셋은 다윗 앞에 나오자마자 감히 왕을 마주 보지도 못하고 머리를 땅에 대고 엎드려 절했다.

그러나 다윗은 므비보셋의 두려움과는 달리 너무도 사랑에 가득 찬 눈으로 므비보셋을 바라보았다. 궁에 들어선 므비보셋의 모습은 다윗이 지난 수십 년 동안 꿈에도 잊지 못하던 고마운 친구 요나단의 판박이였다. 그런데 듣던 대로 가엾게도 두 발을 절고 있었고, 몸은 바싹 말라 있었으며, 옷차림도 너무나 남루했다.

다윗은 눈물이 왈칵 솟아올랐다. 그 오랜 세월 동안 몸도 성치 않은 므비보셋이 얼마나 가난하고 외롭고 힘들게 살아왔는지 그 남루한 행색이 다 말해주고 있었다. 다윗은 목이 메어서 "므비보셋이여" 하면서 그 이름을 불렀다.

아무것도 모르는 므비보셋은 고개를 들지도 못한 채, "보소서 당신의 종이니이다"라고 대답하며 벌벌 떨었다.

므비보셋에게 베푼
파격적인 은혜

다윗은 그제야 므비보셋이 자신의 손에 죽임을 당할까봐 두려워하고 있다는 것을 알았다. 그래서 따뜻한 목소리로 먼저 그를 안심시켰다.

무서워하지 말라 내가 반드시 네 아버지 요나단으로 말미암아 네게 은총을 베풀리라 삼하 9:7

다윗의 말에 므비보셋은 어리둥절했다. 아버지 요나단이 죽은 것은 므비보셋이 다섯 살이던 시절. 벌써 이십 년도 더 전의 일이라 아버지에 대한 기억도 가물가물한데, 그 아버지 요나단과 다윗 왕 사이에 어떤 일이 있었길래 아버지 때문에 자신에게 은총을 베풀어준다는 것인가.

내가 네 할아버지 사울의 모든 밭을 다 네게 도로 주겠고 또 너는 항상 내 상에서 떡을 먹을지니라 삼하 9:7

다윗은 요나단의 아들인 므비보셋에게 그의 할아버지 사울의 재산을 모두 되찾아줄 것을 선포한다. 여기서 '도로 준다'는 의미로 쓰인 히브리어는 '헤쉐브'로 '원래 자기 것을 도로 찾아온다, 원래 위치로 되돌린다'라는 뜻을 담고 있다. 또한 '헤쉐브'는 물질적인 보상을 넘어서 명예나 마음을 회복시킨다는 의미도 지닌다.

즉, 과거의 평안하고 명예로운 상태나 관직을 회복하는 것, 모든 것을 잃었을 때 받았던 마음의 상처마저도 다 회복하는 것을 뜻한다.

그리고 "너는 항상 내 상에서 떡을 먹을지니라"라고 했는데, 이제부터 므비보셋은 항상 왕궁에서 다윗과 함께 식사하게 될 것이었다. 삼시세끼 왕의 식탁에서 함께 식사하는 것은 왕궁에서 같이 살아야만 가능한 일이다. 이것은 왕자들에게만 주어지는 특혜였다. 므비보셋은 졸지에 다윗의 아들들과 똑같은 대우를 받게 된 것이다. 므비보셋은 단순히 사면되는 게 아니라, 이전의 모든 명예와 부를 다시 회복하게 되었으며, 거기에 보너스 혜택까지 더얹어 받게 된 것이다.

사람이 비현실적으로 너무 좋은 소식을 갑자기 듣게 되면 기쁘기보다 먼저 기가 질리게 된다. 이게 꿈은 아닌가 싶어 볼을 꼬집어보게 된다. 그리고 도무지 이해할 수가 없어 믿기 어려워한다. 지금 므비보셋의 마음이 그렇다. '혹시 다윗 왕이 나를 시험하는 것은 아닐까' 싶었다.

그저 땅에 납작 엎드려서 "이 종이 무엇이기에 왕께서 죽은 개 같은 나를 돌아보시나이까"라며 벌벌 떨었다. '죽은 개'는 자기 자신을 낮출 수 있을 데까지 최대한 낮춘 것으로, 현재 므비보셋의 비참한 처지를 묘사한 말이다. 아무리 생각해도 자신은 이런 은혜를 받을 자격도 없고, 그럴 만한 일을 한적도 없기 때문이다.

므비보셋을 섬기게 된 시바

왕은 인자하게 웃으면서 시바를 불러 므비보셋을 어떻게 섬겨야 할지를 지시한다. 므비보셋은 이제 다윗 왕의 특혜로 왕궁에서 살며 왕과 함께 먹게 되었지만, 그에게는 아내와 아들이 있었다. 다윗은 사울의 종 시바에게 므비보셋의 가족들의 의식주를 책임지라고 명령했다. 여기에는 그럴 만한 이유가 있다.

아마 본문의 전체 맥락에서 시바란 인물이 뭔가 좀 이상하다는 것을 감지했을 것이다. 그는 사울 집안의 종이었음에도 불구하고, 사울 왕조가 완전히 멸망해버린 뒤에도 열다섯 명의 아들과 스무 명의 종을 거느리고 있었다(삼하 9:10). 열다섯 명의 아들을 두려면 적어도 서너 명 이상의 아내와 첩들을 거느렸다는 이야기고, 스무 명의 종을 거느릴 정도면 대단히 부자였다는 이야기다. 일개 노예가, 그것도 망해버린 왕조의 노예가 어떻게 이렇게 부자가 되었을까? 아마도 사울 부자가 전사한 이후, 시바는 그 집안의 재산을 관리하면서 욕심이 생겼을 것이다.

주인의 재산의 정당한 상속자인 므비보셋이 어리고 절름발이라며 무시하고 한 푼도 주지 않았을 것이며, 자기가 약삭빠르게 착복하여 부자로 떵떵거리며 살았을 것이다. 그러고는 므비보셋을 예루살렘으로부터 멀리 떨어진 외지고 버림받은 곳에 보내면서 '사울의 핏줄인 것이 들통나면 너는 꼼짝 없이 죽은 목숨이니, 사람들이 많이 없는 외진 곳에 가서 죽은 듯이 숨어 살아라'라고 협박했을 수도 있다.

시바 자신은 수도 예루살렘에서 좋은 집과 많은 노예를 거느린 채 떵떵거리고 살면서, 사울의 손주인 주인 므비보셋은 그렇게 외진 곳에서 힘들게 살도록 내버려둔 것이다. 자칫 잘못했으면 가엾은 므비보셋은 평생을 그렇게 가난하고 외롭게 사람들로부터 잊힌 채 비참하게 살다가 인생을 마감해야 했을 것이다. 그러나 하나님께서는 므비보셋을 기억하셨고, 그에게 자비를 베푸셨다.

어쨌든 그렇게 주인의 재산을 착복하여 호의호식하던 시바를 다윗 왕이 갑자기 왕궁으로 소환하여 사울의 핏줄을 찾아오라고 한 것이다. 다윗은 그래도 시바를 통해서 므비보셋을 찾을 수 있었다. 그 후, 다윗은 이미 신하들을 시켜서 조사한 결과, 그동안 간특한 시바가 주인집 재산을 착복하고 가엾은 므비보셋을 먼 지방에 방치했다는 것을 다 파악하고 있었다.

하지만 현명한 다윗은 그를 벌하는 대신 지금부터라도 므비보셋 가족의 생계를 최선을 다해 돌보라는 왕명을 내린다. 다윗 왕은 세 번이나 연거푸 "네 주인의 아들"을 섬길 것을 명령했다. 그것은 시바에게 '네 분수를 알라'라는 경고였다. 왕이 이토록 극진히 여기는 므비보셋을 앞으로 또다시 소홀히 할 경우, 어떤 무서운 벌이 가해질지는 말하지 않아도 뻔한 일이었기에, 눈치 빠른 시바는 즉시 고개를 조아리며 그렇게 하겠다고 했다.

므비보셋의 인생에 햇살이 비추기 시작했다. 므비보셋의 어린 아들 미가는 이때부터 다윗의 배려로 잘 자라나서 후에 수많은 후손을 두게 되어 요나단의 집안은 다시 번성하게 된다. 이것은 하나님께서 다윗과 요나단이 맺은 언약을 성취시켜주신 것이다.

또한 "시바의 집에 사는 자마다 므비보셋의 종이 되니라"(삼하 9:12). 시바는 욕심을 부려 자기 신분을 잊고 주인집 재산을 착복하여 주인집 도련님을 홀대했지만, 이제는 처지가 완전히 바뀌었다. 그가 가진 모든 것은 므비보셋의 소유가 되었고, 그와 가족과 종들은 모두 므비보셋의 종이 되었다.

다윗의 상에서
함께 식사하게 된 므비보셋

하지만 그 무엇보다도 므비보셋에게 베풀어진 특혜 중에 최고는 왕의 상에서 항상 함께 식사하는 것이었다. 본문에서 회복된 므비보셋이 '왕의 상에서 먹었다'라는 말이 세 번이나 강조된다. 그만큼 이것이 대단한 은혜이기 때문이다.

당시 왕의 상에서 먹는 것은 나라 최고의 VIP 손님만이 누릴 수 있는 특혜였다. 여기서 '먹다'의 히브리어 '아칼'은 '교제한다'라는 의미도 지니고 있다. 고대 근동 문화에서, 함께 식사하도록 초대받는다는 것은 이제 형제 됨을 의미했고, 가족의 일원으로 받아들여짐을 의미했다. 다윗과 므비보셋은 매일 한 상에서 먹고 마시며, 신분의 차이를 뛰어넘게 되었다. 절대 권력자인 왕과 매일 식사하는 사람을 나라의 그 누가 함부로 무시하겠는가. 누가 그를 함부로 공격하겠는가. 그것은 왕국의 모든 사람에게 므비보셋을 보배롭고 존귀하게 여기라는 왕의 메시지나 마찬가지였다.

다윗이 므비보셋으로 하여금 항상 왕의 식탁에서 식사하게 했듯이, 하나님께서는 죄 사함 받고 하나님의 자녀 된 우리에게 항상 하나님의 식탁에서 교제하게 하신다.

시편 23편 5절에 "주께서 내 원수의 목전에서 내게 상을 차려주시고"란 표현이 있다. 하나님께서 우리를 하나님의 식탁으로 초대해주시는 것은 관계의 회복을 의미한다. 그것은 결코 단순한 회복이 아니다. 아버지가 돌아온 탕자를 용서했을 뿐 아니라 아들의 신분을 완전히 회복시켜주고 존귀하게 대접했듯이, 이제 하나님이 우리를 귀한 핏줄로 그분의 생명처럼 존귀하게 대해주심을 의미한다.

여기서 하나님께서 상을 차려주신다는 것 이상으로 중요한 말은 "내 원수의 목전에서"이다. 즉, 내 원수가 훤히 볼 수 있도록, 내 원수가 보라고 의도적으로 하나님께서 내게 상을 차려주신다는 것이다. 원수들은 인간적인 전력 평가로 볼 때 우리보다 훨씬 강하고 무섭고 사특한 존재들이다. 그런데 하나님께서 그 원수들의 목전에서 내게 상을 베풀어주신다는 것이다. 이것은 영적 전쟁에서 이때까지 우리를 괴롭혔던 (예를 들면 저 사특한 시바 같은) 어둠의 권세를 향한 통쾌한 경고요, 보호막이다.

강하고 악독한 원수들은 우리를 치러 오다가 하나님께서 우리에게 잔칫상을 베풀어주시며 식사하고 계시는 모습을 보게 되면 기가 질리게 될 것이다.

'저 사람은 결코 혼자가 아니구나. 전능하신 하나님이 저의 아버지가 되시는구나. 하나님이 저를 축복하시고 보호하시는구나. 하나님이 얼마나 귀하게 여기는 사람인지 우리에게 경고하시는 거구나. 함부로 그를 치지 못하겠구나.'

이 사실을 알면 원수들은 우리를 함부로 대할 수 없게 되는 것이다.

절망 같던 인생을
회복시켜주시는 하나님의 은혜

다윗과 므비보셋의 스토리는 하나님과 우리 인간들의 스토리와 흡사하다. 사람들에게 잊힌 것처럼 비참하게 살던 므비보셋이 어느 날 다윗 왕이 내민 은혜의 손을 잡고 살아났듯이, 과거 죄의 종이 되어 비참하게 살던 우리가 어느 날 하나님이 내밀어주신 은혜의 손을 잡고 구원받았다. 하나님과의 관계가 회복되면서 우리는 잃어버렸던 모든 명예와 영광을 되찾고, 풍성한 삶을 살게 되었다.

또한 다윗이 요나단으로 인하여 므비보셋에게 은혜를 베풀었듯이, 하나님께서는 독생자 예수 그리스도로 인하여 우리에게 은혜를 베푸셨다. 사실 인간적으로 생각하면 사울이 다윗에게 너무나 큰 죄를 지었기 때문에 그의 유일한 핏줄인 므비보셋을 사랑하는 것이 힘들었을지도 모른다. 그러나 사울의 죄보다 더 큰 요나단의 사랑이 있었기에 다윗은 요나단으로 인해 므비보셋에게 은총을 베풀기로 한 것이다.

죄의 자녀였던 우리를 하나님께서는 사랑하실 수 없으셨다. 하지만 우리를 위하여 친히 피를 흘려주신 예수 그리스도로 인해 하나님은 우리를 용서하시고 축복하시기로 하셨다.

이 스토리를 묵상하면서 한 사람이 나의 뇌리에 떠올랐다. 오래전 영우라는 소년이 있었다. 아버지가 어릴 때 일찍 돌아가셨고, 그리고 얼마 안 되어 열세 살 되던 해에 청천벽력 같은 사고가 터졌다. 친구들과 축구를 하다가 축구공에 눈을 맞아 실명하게 된 것이다. 이 소식을 듣고 충격을 받은 영우의 어머니도 여덟 시간 만에 세상을 떠나셨고, 공장에서 일하며 어린 세 동생들을 거두던 큰 누나마저 이 년 후 과로사로 세상을 떠났다.

어린 영우는 깊은 절망과 함께 나락으로 떨어졌다. 두 동생은 각각 친척집과 고아원으로 보내졌고, 영우는 서울 맹아학교 기숙사로 보내졌다. 영우는 암흑 속에서 너무 힘든 십 대 시절을 보냈지만, 결코 주저앉지 않았다. 앞서 말한 큰누나가 죽기 전에 앞 못 보는 영우의 손을 잡고 이렇게 당부했었다.

"불광동에 가면 천막 친 교회가 있는데 거기서 목사님 기도를 꼭 받아."

그 목사님이 바로 조용기 목사님이다. 어린 영우는 가서 조 목사님의 기도를 받으며 간절히 기도했다. 눈이 고쳐지진 않았지만 영의 눈이 뜨였다. 하나님이 주시는 거룩한 꿈을 갖게 되었다.

　"너는 비록 앞을 못 보고 고아이지만, 내가 너와 함께할 것이다. 앞으로 너는 많은 불쌍한 사람들에게 하나님의 영광을 나타내게 될 것이다."

　어린 영우는 신앙인으로서 새로운 소망을 갖고 살기로 했다. 끈질긴 노력 끝에 연세대 교육과에 입학했고, 졸업 후, 장학금을 받고 미국 유학길에 올랐다. 사 년 뒤, 그는 미국 피츠버그대학에서 박사학위를 받았다. 한국인 최초의 시각장애인 박사 강영우가 바로 그다. 미국으로 가기 전 그는 결혼하여 두 아들을 낳았다.

　강 박사가 오십칠 세가 되던 해 당시, 그는 한인 역사상 최고 고위직이었던 백악관 국가 장애위원회 정책 차관보로 발탁되는 영광을 안았다. 그는 부시 대통령 부자를 비롯한 수많은 미국 정·재계 인사들과 우정을 맺었다. 또 세계 장애인위원회 부회장 겸 루스벨트 재단 고문으로, 칠억 명에 가까운 세계 장애인들을 섬기는 귀한 인물이 되었다. 강 박사의 두 아들 중 큰아들은 아버지처럼 앞 못 보는 분들을 돕겠다는 꿈을 안고 안과의사가 되었으며, 변호사가 된 작은 아들은 백악관에서 오바마 전 대통령을 돕는 특별보좌관으로 일했다. 부자가 대를 이어 백악관에서 미 대통령을 보좌하는 고위직에 오른 것이다.

　강영우 박사는 안타깝게도 육십팔 세의 나이에 췌장암으로 세상을 떠났다. 그러나 그는 말기 췌장암 판정을 담담하게 하나님께 감사함으로 받아들였고, 자신의 장애는 저주가 아닌 축복이었음을 간증했다.

"나의 실명은 장애가 아니라 하나님의 사명을 수행하는 도구입니다."

살다 보면 자기 잘못이 아닌 남의 잘못으로, 주변 상황 때문에 어쩔 수 없이 인생이 청천벽력 같은 나락으로 떨어지는 때가 있다. 강영우 박사가 어릴 때 친구들과 놀다가 축구공에 맞아서 실명한 것이나, 연거푸 부모님과 누나가 세상을 떠나는 바람에 세상에 홀로 버려진 듯 남겨진 것이 어찌 그의 잘못이겠는가.

므비보셋도 그랬다. 므비보셋의 유모가 실수로 므비보셋을 땅에 떨어뜨리는 바람에 멀쩡한 다섯 살짜리 아이가 불구가 되었다. 안 그래도 망해버린 왕가의 핏줄로 힘든 인생인데 다리까지 절게 되었으니 얼마나 가엾은가. 이 모든 것은 결코 므비보셋의 잘못이 아니었다. 그런데 그만 주변 상황이, 세상이 그의 인생을 피워보기도 전에 반쯤 망가뜨려버렸다. 그 뒤로 므비보셋은 이십 년 가까이 죽은 듯이 숨어 살았다. 악한 종 시바의 농간으로 아버지의 재산도 다 빼앗긴 채 가난하고 외롭게 살았다.

그러나 하나님은 결코 그를 잊지 않으셨다. 그가 잃어버렸던 모든 것을 이전보다 몇 배로 더 회복시켜주셨고, 교활한 꾀로 주인을 배신하고 재산을 착복했던 악한 자는 오히려 그의 종이 되게 만들어주셨다. 세상이 그를 떨어뜨려 인생을 망가뜨렸지만, 하나님께서는 그를 기억하고 다시 찾아내서서 회복시켜주셨다. 정말 "나 같은 죄인 살리신 주 은혜 놀라워"란 찬양의 가사가 므비보셋의 간증이었을 것이다.

혹시 이 글을 읽고 있는 독자 가운데 므비보셋 같은 경험을 한 사람이 있는가? 자기의 잘못이 아닌 누군가가 당신을 떨어뜨려서 인생이 망가졌는가? 그 와중에 시바 같은 사특한 인간 때문에 더 힘들어진 적이 있지는 않은가?

그러나 하나님의 기적 같은 은혜로 회복을 경험한 적이 있는가? 그렇다면 결코 하나님의 은혜를 잊지 말라.

혹 바로 지금 당신의 인생이 그런 억울하고 외로운 아픔 속에 있다 할지라도 절망하지 말라. 므비보셋을 기억하신 하나님, 강영우 박사를 기억하신 하나님께서 당신을 기억하고 살려주실 것이다. 그분에게 살길을 달라고 기도하라. 하나님께서는 그 어떤 절망 같은 인생도 다시 살려주시는 분이다.

KING DAVID'S
HIDDEN LEGEND

5
다윗의
고 뇌

chapter **14**

선을 넘은 요압을 인내하다

사무엘하 3:22-39

아브넬은 사울 진영의 총사령관이었다. 사울의 사후, 사울의 핏줄 이스보셋을 허수아비 왕으로 세워 놓고 뒤에서 권세를 휘두르던 자였다. 그러나 강대해 보였던 사울 진영은 내분으로 어이없이 무너지게 되었다. 그 과정에서 이스보셋 왕과 아브넬의 갈등이 폭발하자, 아브넬은 이스보셋을 버리고 이스라엘을 다윗에게 바치겠다는 충격적인 선언을 한다.

그리고 이를 위해 아브넬은 이스라엘 장로들에게 같이 항복하자고 설득하며 이제는 거꾸로 다윗을 위해 최선을 다해 뛴다. 이는 그에게 통일 대업에 공을 세워 다윗의 오른팔이 되어보고자 했던 야심이 있었기 때문이다.

평생 사울의 오른팔로 온갖 권력의 단맛을 다 누렸던 아브넬이 하루아침에 줄을 바꿔 타고 이제는 다윗의 오른팔이 되려고 한다. 아브넬은 세상 나라의 정치적 파워게임에 너무나 익숙한 처세술의 달인이었다. 그러나 그는 역사를 주관하시는 이가 자기가 아닌 하나님이심을 몰랐다. 그리고 자신은 한 치 앞을 모르는 한낱 연약한 인간임을 몰랐다.

아브넬은 다윗 왕의 마음만 잡으면 된다고 생각했다. 다른 사람은 안중에도 없었다. 그저 다윗의 마음에 들어서 정권이 바뀌어도 줄을 갈아타고 계속 승승장구하겠다는 아브넬의 야망은, 그러나 그가 생각지도 못했던 한 인물에 의해 한순간에 무너지게 된다. 그 뜻밖의 인물은 바로 다윗 군대의 총사령관 요압이었다.

요압의
분노

아브넬이 다윗에게 찾아와 항복을 맹세하고, 칙사 대접을 받고 돌아가던 때에 요압은 헤브론에 없었다. 부하 병사들과 함께 외부에서 전투 중이었다. 그런데 적국 이스라엘의 항복을 받는 중요한 자리에 유다의 군을 총괄하는 요압이 없었다는 것이 좀 이상하다. 설령 외부에 나가 있었다 할지라도 이런 국가 중대사에는 사자를 보내서 헤브론으로 오게 했어야 하지 않았을까?

이는 다윗이 의도적으로 요압을 외부로 보냈다고 볼 수밖에 없다. 일찍이 아브넬이 전장에서 요압의 동생 아사헬을 죽인 바 있었다. 이 때문에 아브넬에 대한 요압의 감정이 좋지 않다는 것을 다윗은 알고 있었다. 다혈질인 요압이 회담 중에 아브넬에게 어떤 짓을 할지 예측 불가했기에 다윗은 일부러 요압에게 이 일을 알리지 않고 외부의 전쟁터에 있게 했을 것이다.

이때 요압이 치르고 있던 전쟁은 남방의 이방 족속들을 대상으로 한 것으로, 이들을 확실히 몰아내고 물자를 확보하기 위한 것으로 보인다. 요압은 뛰어난 장군이었기에 단시일에 큰 승리를 거두었고, 다윗이 예측했던 것보다 훨씬 빨리 헤브론으로 돌아왔다. 개선장군 요압이 빼앗은 많은 물자들을 가지고 헤브론으로 돌아왔을 때는 이미 아브넬이 헤브론을 떠난 뒤였다.

헤브론 성안으로 들어선 요압은 헤브론의 분위기가 뭔가 달라져 있다는 것을 직감한다. 의아해하는 요압에게 어떤 사람이(아마도 헤브론에 남아 있던 요압의 최측근) 적의 총사령관인 아브넬이 다녀갔음을 보고했다.

> 어떤 사람이 요압에게 말하여 이르되 넬의 아들 아브넬이 왕에게 왔더니 왕이 보내매 그가 평안히 갔나이다 하니 삼하 3:23

결론만 전하는 간단한 말이지만, 어제까지만 해도 유다 왕국의 철천지원수였던 아브넬 장군이 오늘 헤브론으로 와서 다윗 왕으로부터 VIP 대접을 받고 편안히 돌아갔다고 한다. 이것은 보통 일이 아니었다. 요압은 아브넬이 와서 이스라엘을 다 들어 바치고 항복하겠다는 의사를 전해 왔음도 들었을 것이다. 마침내 동족 간의 전쟁이 종식되고 평화 통일의 꿈이 이뤄지게 된 것이다.

그러나 요압은 그에 대한 기쁨보다 다윗이 아브넬을 살려 보냈다는 사실에 분노하여 화를 참을 수 없었다. 아브넬은 2년 전 기브온 전투에서 자기 동생 아사헬을 죽인 당사자 아닌가. 요압은 막내동생 아사헬에 대한 사랑이 각별했다. 사무엘하 2장을 보면, 하루 종일 치열하게 싸웠던 기브온 전투가 끝나고 양쪽 군대가 밤을 틈타 본부로 회군하던 때, 요압이 고향 베들레헴에 들러서 아사헬의 장례를 치러주고 행군을 계속하는 장면이 나온다. 그 피곤하고 다급한 때에 군대 전체를 돌려 고향에 들러 장례를 치러줄 정도로 요압은 동생 아사헬을 아꼈다.

그래서 동생을 죽인 아브넬을 언젠가 다시 만나기만 하면 반드시 복수하겠다고 이를 갈던 차였다. 그런데 그 원수 아브넬이 헤브론까지 제 발로 와서 다윗을 만나고 칙사 대접까지 받고 돌아갔다니, 얼마나 분통이 터질 일인가. 분노한 요압은 그대로 왕궁으로 달려가 다윗을 만났다. 그리고 왕을 만나자마자 얼굴을 붉히며 격하게 항의했다.

"어떻게 이러실 수 있습니까? 원수 아브넬이 왔는데 어떻게 그를 환대해서 평안히 잘 돌려보내실 수 있습니까?"(삼하 3:23 참조)

그러면서 아브넬이 온 것은 진짜 항복하기 위해서가 아니라 왕을 속이고 우리 쪽의 형편을 정탐하려는 불순한 의도라고 했다. 하지만 이것은 사실이 아니었다. 당시 아브넬과 이스보셋의 갈등이 극에 달한 상태에서, 이스라엘 장로들의 민심도 모두 다윗에게로 기울어져 있었다. 상황 판단이 빠른 아브넬은 이스라엘을 다윗에게 앞장서서 갖다 바침으로 그 공로를 인정받아 통일왕국의 고위직에 오를 생각이었던 것이다.

그렇기 때문에 아브넬은 진심으로 최선을 다해 이스라엘이 다윗에게 항복할 수 있도록 노력했다. 그런데 개인적 원한에 사로잡혀 판단력을 상실한 요압이 아브넬이 거짓 항복을 하려 한다고 모함한 것이다.

무엇보다 어전에서 감히 다윗 왕을 질타하는 요압의 이 거침없는 무례함이 놀랍다. 다윗은 하나님이 기름 부으신 왕이다. 아무리 요압이 다윗의 오른팔 같은 군대 총사령관이라고는 하나 그는 다윗의 신하다. 어찌 신하가 왕 앞으로 쳐들어와서 다짜고짜 왕의 결정이 잘못된 것이라고 이렇듯 무례하게 다른 신하들 앞에서 소리 지를 수 있는가. 이것은 그 당시 다윗 정부에서 군부를 총괄하는 요압의 위세가 얼마나 대단했던가를 보여준다.

다윗은 북쪽의 이스보셋 같은 허수아비 왕이 아니다. 골리앗을 쓰러뜨리고 수많은 전장을 누빈 용맹한 장군 출신이다. 북쪽의 이스보셋은 아브넬이라는 장군이 세운 왕이었지만, 다윗은 그 어떤 사람이 아닌 하나님이 직접 기름 부어 세우신 왕이다. 유다 지파가 마음으로 존경하여 찾아와서 옹립한 왕이고, 북쪽 이스라엘 장로들도 존경하는 왕이다.

그런데 그런 다윗 왕 앞에서 이렇게 거침없이 무례한 감정 폭발을 하다니, 정말 충격적인 일이다. 이러한 요압의 태도에는 신하로서 왕에 대해 마땅히 취해야 할 최소한의 예의도 없다. 오히려 이런 중요한 일은 자신과 먼저 의논해야 하지 않느냐는 오만함이 노골적으로 드러나 있다.

그뿐 아니다. 요압은 다윗이 미처 뭐라고 답할 사이도 없이 자리를 박차고 나가버렸다. 그에게는 다윗과 말씨름하는 것보다 이미 헤브론을 떠난 아브넬을 쫓아가 잡는 것이 더 급했다. 휭 하고 나가버리는 요압의 뒷모습을 보면서 다윗은 기가 찼을 것이다.

요압이 아브넬을
암살하다

요압은 성격이 급한 사람이다. 다윗을 만나고 나오자마자 바로 가장 빠른 기마부대를 보내서 헤브론을 떠난 아브넬을 추격하게 했다. 추격대는 시라 우물가에서 아브넬을 따라잡았다. 이곳은 헤브론 북쪽으로 약 4킬로미터 정도 떨어진 지점으로 여행객들을 위한 쉼터가 있었던 곳으로 추정된다. 아브넬 일행은 아마 이곳에서 한낮의 더위를 피하고 서늘한 저녁에 출발하려고 하다가 뒤쫓아온 요압의 사자들을 만났을 것이다.

요압의 사자들은 아마도 다윗의 이름을 팔아 아브넬을 다시 돌아오게 했을 것이다. 아브넬은 전에 요압의 동생 아사헬을 죽인 일로 요압을 경계하고 있었기 때문에 요압이 자신을 찾는다고 하면 절대 응하지 않았을 것이기 때문이다.

헤브론으로 돌아온 아브넬은 성문 앞에서 자신을 맞는 사람이 요압인 것을 보고 심장이 멎을 듯 놀랐다. 그러나 요압은 오히려 환한 미소를 지으면서 두 팔을 벌리고 오랜 친구를 맞이하듯 따뜻하게 아브넬을 맞았다. 순간 아브넬은 생각했다.

'그래, 이미 다윗 왕이 우리의 항복을 받아들였고 나의 공로를 치하한 마당에 요압이 이제 뭐 어쩌겠어. 이왕 이렇게 된 것 옛 원한을 풀고 서로 잘해보자는 것이겠지.'

요압은 "(아브넬과) 더불어 조용히 말하려는 듯이 그를 데리고 성문 안으로"(삼하 3:27) 들어갔다. 이는 마치 단둘이 은밀히 얘기할 것이 있는 것처럼 꾸민 것을 가리킨다. 처음부터 요압이 칼을 휘두르며 달려왔다면, 아브넬은 바짝 긴장해서 경계심을 늦추지 않았을 것이다. 그러나 요압이 너무나 따뜻하게 맞아주며 뭔가 중요한 일을 얘기할 듯이 성문 안으로 데려가니까 아브넬은 아무 의심 없이 요압을 따라갔다.

그러나 그는 너무 순진했다.

거기서 배를 찔러 죽이니 이는 자기의 동생 아사헬의 피로 말미암음이더라 삼하 3:27

요압은 성문 안으로 들어서자마자 돌아서서 단검으로 순식간에 아브넬의 배를 찔렀다. 불의의 일격을 당한 아브넬은 손쓸 사이도 없이 숨이 끊어졌다. 성경은 이를 "자기의 동생 아사헬의 피로 말미암음"이었다고 했다. 기브온 전투에서 아사헬이 요압의 창에 배를 찔러 죽었다. 이것을 잊지 않고 있던 요압이 똑같은 방법으로 아브넬에게 복수한 것이다.

요압의 동생 아사헬이 죽은 것은 안타까운 일이지만, 그것은 전쟁터에서 정정당당하게 싸우다 일어난 불가피한 일이다. 아브넬이 비겁하게 아사헬을 뒤에서 속여서 죽인 것이 아니었다. 아니, 오히려 아브넬은 자신을 추격해오는 아사헬을 죽이기 싫어서 두 번이나 그냥 물러가라고 경고했었다. 그런데도 아사헬이 포기하지 않고 집요하게 추격해오는 바람에 할 수 없이 창을 들어 죽인 것이다.

전쟁터에서 일어난 정당한 싸움에서 일어난 일을 가지고 같은 군인인 요압이 개인적 원한을 갖는 것은 옳지 못하다. 게다가 지금 요압이 있는 곳이 어딘가? 헤브론이다. 헤브론은 약속의 땅에서 죄를 지은 사람들이 도피할 수 있는 도피성으로 일찍이 하나님이 지정해놓으신 곳이다. 이곳에서 함부로 살인을 저지르는 것은 하나님의 율법을 범하는 일이다. 그런데 개인적인 원한에 사로잡힌 요압이 그런 것도 무시하고 아브넬을 죽여버린 것이다.

요압이 단순히 동생의 죽음에 대한 복수심만으로 아브넬을 죽인 것은 아니었다. 아브넬은 사울 진영의 군대 총사령관이었다. 게다가 그는 이제 이스라엘을 통째로 다윗에게 갖다 바침으로써 내전을 종식시키고 모두가 꿈에 그리던 통일을 이루는 데 기여한 일등 공신이 될 것이었다. 그렇게 되면 통일왕국에서 아브넬의 입지는 말할 나위 없이 커질 것이 분명했다. 그야말로 다윗 다음가는 이인자의 자리에 오를지도 모를 일이었다. 통일왕국의 군대 총사령관이 될 수도 있었다.

지금껏 다윗의 오른팔, 이인자의 자리는 요압의 차지였다. 광야 시절부터 지금까지 십 년이 넘는 세월 동안, 요압은 다윗의 곁을 지키며 그와 함께 적군들과 싸우며 생사의 고비를 함께 넘겼다. 그런데 이제 와서 이전에 다윗을 그토록 핍박했던 사울 군대의 총사령관 아브넬에게 그 자리를 넘겨줘야 한다니, 요압의 입장에서는 말도 안 되는 소리였다. 교활한 아브넬이 세상이 바뀌었다고 갑자기 다윗에게 충성 맹세해서 다시 부귀영화와 권세를 누리려 한다는 사실이 요압을 분노하게 했다.

무엇보다 요압은 아브넬이 자신보다 더 다윗의 총애를 받고, 자신의 위에 서게 될 수도 있다는 현실을 받아들일 수 없었던 것이다. 그래서 동생 아사헬의 복수까지 겸해서 일을 저질러버린 것이다.

평화통일을 무산시킬 초대형 사고

하지만 요압이 다윗의 허락도 받지 않고 무장도 하지 않고 있던 아브넬을 비겁하게 죽여버린 사건은 그야말로 초대형 사고였다. 다윗은 너무나 큰 충격을 받았다. 그토록 치열했던 내전을 한순간에 끝내고 평화통일을 이룰 수 있는 공든 탑이 한순간에 무너져내리는 것이었다.

아브넬은 이스라엘의 군대 총사령관으로 이스라엘을 대표하여 다윗에게 나라를 바치러 온 사람이다. 이를 위해 이스라엘의 모든 지도자들을 사전에 설득한 것도 아브넬이었다. 게다가 아직 통일이 실제로 이루어진 것이 아니었다. 이스라엘은 다윗을 믿고 자신들의 운명을 맡겨도 되는 것인지 불안해하고 있었다. 그러니 다윗의 입장에서는 지금은 떨어지는 낙엽 한 장도 맞지 않으려고 조심해야 하는 때였다.

그런데 이런 예민한 시기에 다윗의 최측근인 유다 군대 총사령관 요압이 아브넬을 죽여버렸으니, 누가 봐도 다윗이 자신들을 속이고 뒤를 치려고 계획한 일이라고 의심할 수 있는 상황이다.

이것은 정말 어렵게 이뤄놓은 통일을 위한 평화회담을 완전히 깨뜨려버릴 수 있는 큰 위기였다. 아브넬의 소식을 들은 이스라엘 지도자들은 "그것 봐라! 다윗이 그렇게 쉽게 우리 항복을 받아줄 리가 없지. 사울 왕에게 얼마나 당했는데! 다윗이 아브넬을 죽인 것처럼 앞으로 우리에게도 무자비한 복수를 감행할 거야. 어차피 죽을 것, 지금이라도 항복을 철회하고 죽기까지 싸워보자"라고 나올 것이었다. 그렇게 되면 이 끔찍한 내전은 다시 기약 없이 계속될 것이었다.

동생 아사헬을 죽인 아브넬에 대한 요압의 분한 마음을 모르는 것은 아니나, 지금은 개인의 복수심을 넘어 국가의 운명이 왔다 갔다 하는 중요한 순간이다. 어떻게 다른 사람도 아니고 다윗의 군대 총사령관인 요압이 이런 바보 같은 일을, 그것도 왕의 허락도 받지 않고 자기 마음대로 저지를 수 있단 말인가? 개인 감정에 치우쳐 하나님의 역사에 찬물을 끼얹은 셈이 되었다. 다윗은 얼른 이 초대형 사고를 수습해야 했다.

다윗은 먼저 자신이나 유다가 아브넬의 암살 사건과 아무 관련이 없다는 것을 하나님의 이름 앞에서 맹세한다.

> 다윗이 듣고 이르되 넬의 아들 아브넬의 피에 대하여 나와 내 나라는 여호와 앞에
> 영원히 무죄하니 삼하 3:28

요압은 자타가 공인하는 다윗의 오른팔로, 다윗 군대의 총사령관이었다. 따라서 아브넬의 암살 소식을 접한 사람들의 첫 번째 반응은 "어, 다윗이 요압을 시켜서 아브넬을 죽이게 한 것 아냐?" 하는 의심이었다. 이런 의심을 불식시키기 위해선 천하가 지켜보고 있는 상황에서 이 일에 다윗 자신과 유다 나라와 전혀 관련이 없다는 것을 확실히 해두어야 했다.

그리고 29절에 보면, 다윗은 다윗답지 않게 무서운 저주를 요압에게 퍼붓는다.

> 요압의 집에서 백탁병자나 나병환자나 지팡이를 의지하는 자나 칼에 죽는 자나 양
> 식이 떨어진 자가 끊어지지 아니할지로다 삼하 3:29

단순히 자신이 요압에게 지시한 일이 아니라고 꼬리를 자르기 위해 하는 말이 아니다. 다윗은 자신의 허락도 없이 이 중대한 시기에 아브넬을 죽여버린 요압에게 진짜로 분노하고 있었다.

그런데 하나 이상한 게 있다. 왕인데, 요압을 불러다가 관직에서 내치거나 감옥에 가두고 큰 벌을 내리면 될 텐데, 왜 뒤에서 이런 식으로 말로만 욕을 하고 끝내는 걸까? 우리 생각 같아선 왕권을 가지고 엄벌에 처하면 될 것

아닌가 싶다. 하지만 그게 그렇게 간단한 일이 아니었다. 여기서 요압과 다윗의 미묘한 관계에 대해 짚고 넘어가도록 하자.

요압 때문에 평생
남모를 속앓이를 하다

비단 이번 사건만이 아니라 앞으로도 다윗은 평생을 요압 때문에 남모르는 속앓이를 한다. 아브넬의 장례를 치르고 나서 다윗이 최측근 신하에게 한탄하듯 한 말을 보면 다윗의 고뇌를 알 수 있다.

> 내가 기름 부음을 받은 왕이 되었으나 오늘 약하여서 스루야의 아들인 이 사람들을 제어하기가 너무 어려우니 여호와는 악행한 자에게 그 악한 대로 갚으실지로다 하니라 삼하 3:39

여기서 스루야는 다윗의 이복 여동생이다. 그러므로 요압과 그의 동생 아비새와 아사헬은 다윗의 조카들이다. 요압은 다윗의 조카이자 광야 시절부터 다윗과 생사고락을 함께한 사람으로, 무예와 리더십이 뛰어나 유다 왕국의 군대 총사령관이 된 것이다. 그런데 이게 문제였다.

우리를 가장 힘들게 하는 사람은 멀리 있는 적이 아니라 오히려 바로 가까이에 있는 동료인 경우가 많고, 처음엔 우리를 가장 많이 도와준 사람일 수 있다. 그래서 점차 선을 넘어 우리를 함부로 대할 수도 있다.

요압은 뛰어난 군인이었지만, 매우 충동적인 성격의 사람이었다. 특히, 광야 시절부터 다윗과 함께했기 때문에 자신이 다윗의 오른팔이라는 자부심이 누구보다 강했다. 그래서 누구든지 자기보다 더 왕에게 신임받는 사람이 있으면 철저하게 그를 제거하여 왕의 총애를 독차지하려고 했다. 이번에는 아브넬을 죽였지만, 훗날 다윗의 또 다른 조카 아마사가 자기 대신 군대 사령관이 되었을 때도 질투심을 이기지 못하고 아마사를 참살했다.

광야 시절을 포함해서 헤브론에 와서 유다 왕이 되고 난 지금까지, 근 십년 가까이 요압 형제는 다윗의 군대를 지휘해왔다. 그러므로 이미 요압 주변엔 그를 중심으로 군부 세력이 단단히 형성되어 있었다. 훗날 밧세바의 남편 우리야 장군도 요압에 대해 "나의 주인님"이라고 할 정도로 장수들의 요압에 대한 충성은 절대적이었다. 왕궁에서는 다윗이 왕이었지만, 군대 조직 안에서는 요압이 왕이라고 해도 과언이 아니었다. 요압은 군대를 철저히 자기 카리스마로 다져놓았다. 다윗이 아무리 왕이라고는 하나 군부를 장악한 이런 사람을 함부로 대했다가는 반란이 일어날 수도 있었다.

더욱이 아직 이스라엘과의 통일이 완전히 이뤄지지 않은 불안한 정국인데다가, 또 통일이 이뤄진 뒤에도 블레셋을 비롯한 수많은 이방나라들과 전쟁을 해야 하는 상황이다. 이런 과도기에는 군대가 요압 같은 강력한 리더십 밑에서 일심동체가 되어 계속 싸워주어야 했다. 그래서 아무리 왕이라도 나라의 국방을 위해 요압 같은 장군을 함부로 건드릴 수 없었다.

다른 말로 하면 요압은 필요악과도 같은 존재였다. 그랬기 때문에 그 거친 성미로 가끔 선을 넘기도 하고 왕의 권위에 무례하게 도전하기도 했지만, 함부로 그를 제거하거나 대립할 수 없는 일이었다. 그러니 다윗 왕이 얼마나 힘들었겠는가? 이것이 바로 지도자의 입장이다. 자기 마음 같아선 제거하고 싶고 사람을 바꾸고 싶지만, 그렇게 못하는 것이다. 다윗이 "내가 비록 왕이긴 하나 약하여서 스루야의 아들들을 제어하기가 너무 어렵다"라고 한 것이 바로 그런 뜻이다.

요압은 감히 어전에 들어와서 무례하게 왕의 결정을 비판하고 야단치는 무례를 범했다. 그리고 아브넬을 왕명 없이 독단적으로 죽여서 나라의 중대사를 망가뜨릴 뻔한 큰 죄를 지었다. 신하로서 선을 넘어도 한참 넘은 셈이다. 다른 신하 같으면 당장에 처형당했을 중죄인데도, 요압이었기 때문에 다윗은 참고 넘겨야 했다. 참는 정도가 아니라 계속해서 그를 요직에 앉히고 중용해야 했다. 사무엘하 8장을 보면, 다윗은 요압을 통일왕국의 군사령관으로 임명한다. 과도기 군부를 이끄는 데 있어서 능력이나 영향력에서 그를 대신할 사람이 없었기에 왕을 거스를 수도 있는 거친 사람인 것을 알면서도 요압을 세워야 했다.

왕이라고 해서 항상 모든 것을 마음대로 할 수 있는 '절대 갑'은 아니다. 때로는 요압같이 사납고 영향력이 큰 부하 때문에 고뇌하는, 리더의 외로움이 있다. 다윗은 자신이 죽을 때까지 앞으로 35년 이상을 요압 때문에 남모르는 속앓이를 하면서도 그를 품는다. 다윗에게 있어서 요압은 제거되지 않는 암덩이 같은 사람이었다. 그러나 나라를 위해서 아프더라도 품어야 했다. 지도자의 길은 '참을 인(忍)'자의 끝없는 반복이라지 않는가.

직장생활을 하는 사람들의 이야기를 들어보면, 상사 때문에 고생하는 사람도 많지만 요압처럼 선을 넘는 부하 직원 때문에 가슴앓이하는 경우도 많다. 속으로 '저 사람은 없었으면 좋겠다. 분명히 내가 리더인데 저 사람은 어쩜 저렇게 주관이 세고 자기 마음대로일까' 싶으면서도 그 사람을 내보내면 조직이 흔들리니까 품어야 하니 마음이 너무 힘들다는 사람들도 종종 만난다. 독자 중에도 우리 옆의 요압 때문에 잠 못 이루고 괴로워하는 사람들이 많을 것으로 안다.

가만히 보면 기업이나 교회, 혹은 나라의 창업 공신들 중에 요압 같은 사람이 많다. 물불 가리지 않는 열심으로 창업에 큰 공을 세우며 큰 힘이 되었지만, 그 공 때문에 기고만장하여 리더를 리더로 존중하는 게 아니라 큰형님 정도로 알고 함부로 대한다. 게다가 커져버린 조직을 운영하기 위해 다른 전문가들의 의견을 경청하려 하면, 그것을 견디지 못하고 사납게 견제하기도 한다.

나도 교회를 개척하고 목회를 하면서 교회 초창기에 요압 같은 장로님이나 교역자들을 겪었다. 지금은 잘 헤어져 각자의 길을 가고 있지만, 그때 나는 경험이 없어서 남몰래 속앓이를 많이 했다. 다윗 만큼은 아니겠지만, 그런 경험들을 하고 보니 다윗이 얼마나 스트레스를 많이 받았을지 짐작이 된다.

다윗의 위대함은 요압같이 드세고 강한 창업 공신을 그래도 끝까지 품고 가는 인내가 있었다는 데 있다. 다윗에게 있어서 요압은 힘들기는 했지만 당장 죽일 만한 악질은 아니었다. 그래서 광야 생활을 포함해서 오십 년을 함께할 수 있었다. 그러나 다윗은 요압에 대한 처벌을 유보한 것이지 사면한 것은 아니다. 훗날, 다윗은 죽기 전에 아들 솔로몬에게 요압을 제거하라는 유언을 남긴다.

다윗이 백성들과 함께
아브넬의 죽음을 애도하다

자, 다시 아브넬 암살 사건 수습으로 돌아가보자. 어쨌든 엎질러진 물이다. 죽은 아브넬이 다시 살아올 것도 아니고, 이제 이 엄청난 사태를 수습해야 했다. 다윗은 이 위기를 어떻게 넘겨야 할지 눈앞이 캄캄했을 것이다. 그러나 하나님께서는 하나님의 사람 다윗에게 이 위기를 넘길 수 있는 선한 길을 자연스럽게 열어주셨다.

다윗은 온 백성들에게 옷을 찢고 굵은 베를 띠고 아브넬의 관 앞에서 애도하라는 명령을 내린다. 이것은 히브리인들이 극한 슬픔이나 절망에 빠졌을 때 하던 모습이다. 다윗은 이 비극의 원인 제공을 한 요압에게 앞장서서 백성들과 함께 아브넬의 죽음을 애도하라고 명령한다. 요압도 왕의 분노 앞에 기가 죽어서 순순히 시키는 대로 했다.

애도하는 백성들과 함께 다윗도 아브넬의 상여를 따라 걸었다. 이는 아브넬의 장례식이 국장으로 치러졌음을 의미한다. 한마디로 다윗 왕으로부터 시작해서 유다 왕실의 모든 신하들과 백성들이 헤브론을 가득 메우고, 최선을 다해서 애도하며 국상을 치러주었다는 것이다.

아브넬을 장사한 뒤에도 다윗은 그 무덤에서 큰 소리로 울었고, 이에 백성들도 따라 울었다. 다윗이 이토록 앞장서서 아브넬의 죽음을 애도한 것은 유다와 이스라엘 백성 사이에 아브넬의 죽음으로 인해 일어날 수 있는 또 다른 불화를 방지하기 위해서였다. 무엇보다 아브넬의 죽음 배후에 혹 다윗 왕이 있는 것이 아닌가 하는 사람들의 오해와 의심을 없애야 했다.

오래전 사울과 요나단 부자가 죽었을 때 그랬듯이, 다윗은 친히 애가를 지어 아브넬의 죽음을 애도했다. 그 애가의 내용이 너무나 진솔했기에 듣는 사람들의 마음을 울렸다.

왕이 아브넬을 위하여 애가를 지어 이르되 아브넬의 죽음이 어찌하여 미련한 자의 죽음 같은고 네 손이 결박되지 아니하였고 네 발이 차꼬에 채이지 아니하였거늘 불의한 자식의 앞에 엎드러짐같이 네가 엎드러졌도다 하매 온 백성이 다시 그를 슬퍼하여 우니라 삼하 3:33,34

"아브넬의 죽음이 어찌하여 미련한 자의 죽음 같은고"라는 표현은, 아브넬이 미련하다는 것이 아니라 그토록 뛰어난 인물이 요압의 교활한 모략에 넘어가 너무 어처구니없이 죽어서 안타깝다는 말이다. "네 발이 차꼬에 채이지 아니하였거늘"은 아브넬이 죽임당할 만한 공적인 범죄 행위가 없었기 때문에 그의 죽음이 억울하고 무고한 것임을 뜻한다. 즉, 무죄한 아브넬을 살해한 요압의 범죄행위를 규탄하고 있는 것이다. "불의한 자식의 앞에 엎드러짐같이 네가 엎드러졌도다"란 말은 요압이 폭행과 강포를 일삼는 불의한 자임을 노골적으로 지적하는 것이다.

백성들은 다윗의 애가를 듣고 다시금 슬픔이 복받쳐서 함께 울었다. 다윗의 애가는 가식이 없고 진실했기 때문에 사람들의 마음을 움직이는 힘이 있었다. 38절에서 다윗은 자신의 최측근 신하에게 말하기를 "오늘 이스라엘의 지도자요 큰 인물이 죽은 것을 알지 못하느냐"라고 했다. 다윗은 민심을 사로잡기 위해 정치적 쇼를 한 것이 아니었다. 그는 아브넬의 죽음을 진심으로 안타까워했다. 공식 석상이 아닌 사석에서 말한 것이니 입에 발린 말이 아니라 다윗의 진심이다.

다윗은 항상 상대의 장점을 높이 살 줄 아는 사람이었다. 아브넬이 비록 그동안 사울 군대의 사령관으로서 자신을 대적했던 사람이었으나, 오랜 세월 사울 군대를 잘 이끈 유능한 장군이었다. 열한 지파 지도자들도 그가 설득했기 때문에, 어쨌든 그로 인하여 내전을 종식하고 통일을 앞당기게 되었다. 다윗은 이제 통일왕국을 만들어가는 과정에서 아브넬이 꼭 필요한 인물이라고 판단하여 중용하려고 했던 것 같다. 그러면 두 나라가 하나 되는 과정이 훨씬 부드러웠을 텐데, 요압이 그것을 망쳐버렸다.

아브넬을 조상하는 애가를 부른 다윗은 이어서 그날 하루 종일 금식했다. 다윗이 이토록 처절하게 아브넬의 죽음을 슬퍼하는 모습은 혹 다윗이 아브넬 암살에 관련되었을 것이라는 사람들의 오해와 의심을 완전히 없애버렸다. 혹자는 다윗이 통일 대업을 망가뜨리지 않기 위해 정치적 쇼를 한다고 생각할 수도 있겠지만, 다윗은 진심으로 아브넬의 죽음을 슬퍼했다. 진정성이 없으면 결코 사람들의 마음을 움직일 수 없는 법이다.

다윗의 진심 어린 애가와 금식으로 인하여 모든 백성이 기뻐하였고, 왕을 더욱 신뢰하게 되었다. 무엇보다 다윗이 아브넬의 죽음에 관여했을지도 모른다는 의심을 벗게 되었다. 37절의 "이날에야 온 백성과 온 이스라엘이 넬의 아들 아브넬을 죽인 것이 왕이 한 것이 아닌 줄을 아니라"라는 말씀에서 알 수 있듯이, 이스라엘 열 지파뿐만 아니라 유다 지파까지도 처음에는 다윗이 아브넬의 죽음을 사주한 것이 아닌가 의심하고 있었다. 그러나 다윗의 진심어린 애도로 이제 그 모든 의심이 풀렸다.

따라서 통일왕국으로 가는 길은 중단되지 않고 계속 열리게 되었다. 다윗은 정말 큰 위기를 넘긴 것이다.

백성은 다윗의 눈물에서, 그의 진심어린 애가에서, 그리고 그의 금식에서 왕의 진실함을 보았다. 그가 권모술수로 아브넬을 암살한 것이 아니라는 것도 확연히 알았다. 백성들의 오해가 풀린 정도가 아니라, 비온 뒤에 땅이 더 단단히 굳는다고 다윗은 왕으로서 더 큰 신망을 백성들로부터 받게 되었다. 이렇듯 하나님의 사람에게는 모든 것이 합력하여 선을 이룬다.

인생은 예측할 수 없는 좋은 소식과 나쁜 소식의 반복이라고 하더니, 정말 그랬다. 당시 다윗을 비롯한 유다 사람들은 뜻하지 않은 아브넬의 항복으로 축제 분위기였다. 이로써, 너무나 간단하게 내전이 끝나고 통일이 되는 줄 알았다. 그런데 생각지도 못하게 요압이 아브넬을 죽여서 그 모든 것이 수포로 돌아갈 위기가 닥쳤다. 그러나 다윗의 진심어린 애도로 인해 하나님께서 다시 그 위기를 극복하게 하셨다. 하지만 문제의 원인 제공자 요압은 계속 옆에 남아 있다. 긴장을 늦출 수 없다.

그래서 이번 장의 이야기에는 어떤 시원하고 간단한 결론이 나오진 않는다. 위기가 잘 마무리된 것 같으면서도 아직 긴장을 풀 수가 없다. 그런데 사실 그것이 우리의 인생 아닌가. 하루하루 살면서 생각지도 못했던 기쁨과 사건 사고가 꼬리를 물고 터진다. 잘 된다고 교만할 수 없고, 잘 안 된다고 절망할 필요도 없다. 그저 순간순간, 모든 상황 속에서 교만하지 말고 오직 주님을 의지하며 전진하자. 어떤 상황 속에서도 하나님께서 우리를 지키시리라.

chapter 15

아들의 반역

사무엘하 15:1-12

어느 시대, 어느 나라의 왕이든 가장 두려워하고 경계하는 것은 외부의 적이 아니라 내부의 반란이다. 절대 권력자에게 도전하는 반역은 항상 가까이 있는 사람에게서 시작된다.

믿었던 도끼에 발등 찍히는 배신감은 당해보지 않은 사람은 결코 알 수가 없을 정도로 쓰라리다. 사울 왕은 반역을 생각하지도 않는 다윗을 반역자로 낙인찍고 몰아붙였지만, 다윗은 인생 말년에 실제로 온 나라가 뒤집히는 엄청난 반역을 당한다.

반역의 주동자는 다윗이 가장 총애하던, 그리고 다윗을 너무나 많이 닮았다고 사람들이 칭송하던 아들 압살롬이었다. 아들의 반역은 다윗의 인생에 가히 가장 무서운 위기였다고 할 만하다.

압살롬과 아버지 다윗의
해묵은 갈등

압살롬 반역 사건의 뿌리를 추적해간다면 그것은 11년 전, 다윗 왕이 저지른 밧세바와의 불륜 사건으로 거슬러 올라간다. 그때 다윗은 밧세바가 유부녀인 것을 알면서도 그녀와 간음했다. 그리고 이를 은폐하기 위해 그녀의 남편이자 자신의 충직한 부하였던 우리야 장군을 일부러 사지로 보내서 죽게 했다. 이때 하나님께서는 선지자 나단을 보내 다윗을 엄히 꾸짖으시면서 "칼이 네 집에서 영원토록 떠나지 아니하리라"(삼하 12:10)라고 하셨다. 이는 다윗의 피붙이들이 서로를 죽고 죽일 것이라는 뜻이었다. 절대 권력을 이용해서 불륜과 살인을 저질러 멀쩡한 부하의 가정을 파괴한 다윗, 그로 인해 하나님은 다윗의 가정을 무섭게 심판하신다.

먼저 다윗의 맏아들 암논이 배다른 동생 다말을 성폭행하는 사건이 벌어졌다. 이 소식을 들은 다윗은 분노했지만 그렇다고 맏아들 암논을 확실하게 징계하지도 않았다. 이에 실망한 다말의 친오빠 압살롬은 이 년 동안 치밀하게 복수를 계획한다. 유목민의 축젯날인 자기 집 양털 깎는 잔치에 암논을 초대하여 그를 살해한다. 그리고 나서는 아버지의 진노를 피해 외국으로 도피한다.

그렇게 삼 년이 흐른 뒤, 다윗의 군사령관 요압의 중재로 다윗은 압살롬의 귀국을 허락한다. 하지만 그러고 나서 이 년 동안 압살롬을 만나주지도 않았다. 그러니까 다윗은 압살롬을 확실히 징계한 것도 아니고, 확실히 용서한 것도 아닌 어정쩡한 태도를 보인다. 맏아들 암논이 이복누이를 성폭행했을 때처럼 다윗은 자식들의 잘못을 말씀에 입각해서 확실히 징계하지 않는 우유부단함을 보인다.

예루살렘에 돌아와서도 가택연금 상태로 이 년을 보낸 압살롬은 요압을 압박해서 왕궁에 들어가 아버지 다윗 왕과 재회한다. 이때 다윗은 아들 압살롬의 죄를 사면하는 입맞춤을 해준다. 그러나 이것은 사람들의 눈을 의식한 형식적 제스처였을 뿐이다. 이때, 다윗은 먼저 압살롬이 하나님과 사람 앞에서 자신이 저지른 죄악을 회개하도록 엄히 꾸짖고 징계했어야 했다. 그러나 그러지 못하고, 다만 부성애에 이끌려, 그리고 대중의 눈을 의식해서 압살롬을 어정쩡하게 사면했다.

다윗은 아버지로서, 왕으로서 때를 놓치지 않고 정의로운 결정을 내렸어야 했다. 괴롭다고 확실한 징계도 안 하고, 그렇다고 확실한 용서를 한 것도 아닌 영적 회색지대에 자신을 두면, 영적으로 회복할 수 있는 소중한 시간이 낭비된다. 압살롬이 처음 암논에게 복수를 준비하던 이 년, 그리고 암논을 죽이고 도망가서 망명 생활하던 삼 년, 돌아와서 아버지 다윗에 의해 가택연금 당하던 이 년, 합쳐서 총 칠 년이라는 시간은 짧은 시간이 아니었다. 다윗이 언제든지 결단하고 잘못을 바로잡을 수 있는 소중한 시간이었다.

그러나 이 소중한 시간을 다윗은 감정적으로 흔들려서 올바른 영적 결정을 내리지 못하여 어영부영 낭비해버렸다. 그동안 압살롬의 마음은 완전히 완악해졌고 마귀에게 사로잡히게 되었다. 압살롬은 어정쩡한 용서를 베푼 아버지 다윗에게 전혀 고마운 마음이 없었고, 오히려 분노의 칼을 갈고 있었다. 때에 맞는 징계와 용서, 그리고 회개가 없는 곳은 마귀가 역사할 수 있는 틈이 되고, 이는 엄청난 비극으로 이어지게 된다.

압살롬의
반역 준비

압살롬은 출중한 외모, 특히 아름다운 머리털로 백성들의 칭찬을 받았다고 했다. 그 당시 히브리인들에게 있어 머리털은 그 사람의 힘과 기백을 나타냈다. 따라서 이는 압살롬이 남자로서 지녀야 할 힘과 용맹이 남들보다 출중한 영웅적 풍채를 가졌음을 뜻한다.

거기다 압살롬은 혈기 왕성한 젊은이답지 않게 철저하게 자기감정을 통제하는 절제력을 가졌다. 자기 누이를 성폭행한 암논을 이 년이나 기다리며 준비했다가 완벽하게 살해한 것을 보라. 또한 아버지의 심복 장군인 요압을 압박해서 자신에게 가해진 이 년의 가택연금을 풀고 예루살렘에 거주할 수 있는 허락을 받아냈다. 배짱과 지략이 보통이 아닌 인물이다.

한마디로 압살롬은 인간적으로 아주 뛰어난 리더의 자질을 구비한 사람이었다. 그래서 백성들의 칭송을 받으며 왕의 후계자로 손색이 없다는 소문이 자자했다. 그러나 압살롬은 자신이 가진 그 모든 능력을 나쁘게 사용했다. 자신에게 모여드는 민심을 최대한 이용하여 아버지를 몰아낼 반역을 본격적으로 준비하기 시작했다.

압살롬은 주도면밀하게 반역을 준비한다. 먼저 자신을 위해 병거와 말과 호위병들을 확보했다. 고대 근동에서는 왕들이 자기 위용을 과시하기 위해 곧잘 병거를 타고 오십 명의 호위병을 거느리며 행차하는 것이 관례였다. 그런데 압살롬은 왕도 아니면서 이렇게 했다. 압살롬의 행동은 반역에 필요한 실제적 병력 확보의 목적도 있었지만, 고대 근동 왕들이 거느리는 규모의 호위병들을 거느림으로써 자신이 이스라엘의 차기 왕이 될 것을 간접적으로 백성들에게 암시하고자 하는 의도도 있었다.

우리는 여기서 압살롬의 일그러진 인간성을 목도하게 된다. 그는 스스로 왕이 되고자 하는 오만한 마음을 품었다. 그리고 물리적인 힘으로 아버지의 왕좌를 찬탈하려는 준비를 하기 시작했다. 그야말로 권력의 욕망에 사로잡힌 사람의 전형적인 모습이다. 그러나 압살롬의 진짜 교활한 음모는 이제부터가 시작이었다.

압살롬이 백성들의 마음을 훔치다

그는 매일 아침 일찍 일어나 성문 길 곁에 서서 백성들을 만났다. 당시 '성문'은 단순히 예루살렘 성안으로 들어오는 출입구만이 아니었다. 성문은 이스라엘에서 법정으로 이용되던 곳이었다. 이곳에서 왕이 임명한 장로 및 재판관들이 나와 정치나, 경제, 사회 전반에 걸친 문제들을 재판해주었다. 압살롬은 교활하게도 바로 그 성문에 지키고 서 있다가 왕에게 재판받으러 오는 백성들의 문제를 중간에서 가로채서 상담해줌으로써 이들의 환심을 사려 한 것이다.

아마 압살롬은 재판받으러 온 사람에게 가장 친절한 목소리로 어느 성 사람이냐고 물었을 것이다. 백성들은 이 잘생긴 왕자의 친절한 음성에 황송해서 엎드렸을 것이다. 그때 압살롬은 백성의 사정을 들은 뒤 "네 일이 옳고 바르다"라면서 '네가 힘이 없어 억울하게 당했구나'라고 위로했다. 가난하고 힘없는 백성은 너무 감격해서 눈물이 났을 것이다. 때를 놓치지 않고 압살롬은 덧붙여서 이렇게 말한다. "네 송사를 들을 사람을 왕께서 세우지 아니하셨다"(삼하 15:3)라고. 여기서 '송사를 들을 사람'은 재판관을 말한다. 따라서 이 말은 '아버지 다윗 왕이 재판관을 제대로 많이 세우지 않아서 너희들의 법적 문제를 제대로 처리하지 못하고 있다. 왕은 너무 바빠서 너희 같은 평범한 백성들의 억울함에 관심이 없다'라고 말한 것이다.

아마 이 당시 다윗 왕은 나이도 많고 여러 가지 국정에 바빠서 실제로 백성들의 재판을 일일이 차분하게 챙겨주지 못했을 가능성이 크다. 압살롬은 바로 그 틈을 노린 것이다.

그러면서 압살롬은 때를 놓치지 않고 자신을 대안으로 내세운다. "내가 이 땅에서 재판관이 되면" 달라질 것이라고 했다. 모든 백성이 자기에게로 와서 재판을 받으면 그들의 억울함을 다 풀어주는 정의로운 판결을 할 것이라고 말한다. 압살롬은 아버지 다윗과 다윗이 구축한 사법조직 전체를 싸잡아 비판하고 있다. 자신이 왕이 되면 힘없는 백성을 위한 정치를 할 것이라는 은근한 암시를 주고 있는 것이다. 넘치는 카리스마로 안 그래도 백성들의 인기를 한 몸에 받고 있던 왕자 압살롬이 힘없는 백성들의 입장을 대변하며 이렇게 따뜻하게 말해주자, 순진한 백성들은 거기에 깜빡 넘어갔다.

백성들이 너무 감사해서 그에게 와서 절하려 하면, 압살롬은 오히려 그 사람을 따뜻하게 안아주며 축복의 키스를 해주었다. 젊고 뛰어난 왕자님이 이렇게 자비롭기까지 하니, 어지간한 사람들은 다 압살롬에게 넘어갔을 것이다.

이렇듯, 압살롬은 군중 심리를 어떻게 이용해야 하는지 아는 심리전의 대가였다. 어느 나라든 불평 세력은 있게 마련이다. 압살롬은 예루살렘에 있는 동안 이런 식으로 재판받으러 오는 백성들을 하나하나 포섭해서 그들을 자신의 심복으로 만들었다. 성경에 보면 "압살롬의 행함이 이와 같아서 이스라엘 사람의 마음을 압살롬이 훔치니라"(삼하 15:6)라고 했다. 여기서 '훔쳤다'로 번역된 히브리어는 '은밀한 술책으로 사람들을 자신의 편으로 끌어들였다'는 의미다.

이 같은 일을 사 년이나 계속했으니, 이스라엘 전역에서 매년 세 번씩 절기 성수를 위해 예루살렘으로 오는 열두 지파 사람들 수천, 수만 명이 마음에서 압살롬을 왕으로 인식하게 되었을 것이다.

달콤한 말로 백성들과 다윗 왕의 관계에 틈을 내고 그들을 미혹하여 자기편으로 끌어들이는 압살롬의 모습에서 교묘한 말로 성도들의 마음을 현혹하여 하나님에게서 멀어지게 하는 마귀의 모습을 볼 수 있다. 에덴동산에서 아담에게 '이 선악과만 먹으면 너는 하나님같이 될 것'이라고 속삭이던 마귀는 지금도 하나님의 사람들을 끊임없이 말로 유혹한다. 우리가 힘들고 어려울 때 꼭 우리가 듣고 싶은 말을 하나님의 음성으로 가장해서 들려준다. '하나님은 너무 크시고 바쁘신 분이어서 네 문제엔 관심이 없으니, 대신 내 손을 잡으라'고 한다. 대신 자기에게 충성을 바치라고 한다. 여기에 순응하면 마귀에게 낚이는 것이다.

힘들 때일수록 우리는 듣고 싶은 말을 듣는 게 아니라, 들어야 할 말을 들어야 한다. 우리가 하나님의 음성이라고 착각하는 많은 말들이 우리가 '하나님의 음성이었으면' 하는 욕심에 마귀가 부채질을 해준 것이다. 우리는 말씀 충만, 성령 충만으로 깨어 있어서 영적 분별력을 가져야 한다. 그렇지 않으면 압살롬에게 기만당했던 이스라엘 백성들처럼, 우리도 마귀에게 기만당하여 이용당할 수 있다.

압살롬이 아버지를 속이고
헤브론으로 가다

그렇게 또 사 년이란 세월이 흘렀다. 그동안 압살롬은 계속해서 이런 식으로 자기 추종자들을 모으고 군사력을 키워갔다. 그리고 마침내 정권을 찬탈할 정도의 세력이 되었다고 판단되었을 때 압살롬은 아버지 다윗 왕을 찾아간다. 그리고 자신이 하나님께 서원한 것을 지킬 수 있도록 헤브론에 가게 허락해달라고 한다.

압살롬은 거사 장소인 헤브론으로 가기 위해서 하나님의 이름까지 도용하며 아버지에게 거짓말을 하고 있다. 헤브론이 어떤 곳인가? 믿음의 조상 아브라함의 땅이요, 갈렙의 땅이다. 무엇보다 헤브론은 다윗이 처음 왕으로 기름 부음을 받은 곳으로 7년 반 동안 유다의 왕으로 머물렀던 곳이며, 유다 백성들의 영적 고향과도 같은 곳이다. 때문에 압살롬이 그곳에 가서 하나님께 제사를 드리겠다고 하니까, 다윗은 아무 의심도 하지 않고 오히려 기특한 일이라고 생각해서 축복하고 보낸다.

압살롬은 치밀한 전략가였다. 압살롬은 유다 백성들의 성지와도 같은 헤브론으로 예배하러 간다는 말로 아버지를 속였지만, 실은 그의 속내는 딴 데 있었다. 유다 백성들의 영적 고향인 헤브론에서 반란을 시작함으로써 자신이 아브라함과 갈렙과 다윗의 뒤를 잇는, 새 시대의 왕이라는 명분을 만들려고 했던 것이다.

압살롬은 조금의 시간도 낭비하지 않았다. 반란 개시와 맞추어 이스라엘 열두 지파에게 다 사자들을 보내어 이미 왕권이 압살롬에게 넘어간 것처럼 소문을 퍼뜨리게 했다. 요즘으로 하면 SNS나 유튜브, 황색언론사 등에 말을 퍼뜨린 것이다. 고도의 사전 심리전을 편 셈이다. 압살롬은 반란은 단순히 군사력만으로 성공할 수 없으며, 민심을 흔들어야 한다는 것을 알고 있었던 것이다. 정말 많은 것을 계산하고 준비한 전략가다.

압살롬이 뛰어난 인물인 것은 사실이었지만 그는 처음부터 거짓말과 기만으로 일을 꾸몄다. 아무리 좋은 명분이라 해도 하나님의 사람은 거짓을 말하면 안 된다. 하나님은 진리의 영이신데, 마귀는 거짓의 영이다. 하나님의 사람도 목표를 이루기 위해 남을 속이고 거짓말을 하기 시작하면 그는 마귀의 종이 되어버린다. 그것은 하나님의 적이 되는 것이고, 그러면 그는 결코 성공할 수 없다.

압살롬의
사람들

압살롬이 헤브론으로 갈 때 압살롬이 반역을 일으키려는 줄 모르고 따라간 이백 명이 있었다. 이들은 거의 왕실의 고위 관리들이었을 것으로 추측되며, 새 정부를 세우기 위해 꼭 필요한 엘리트 인재들을 이미 사전에 치밀히 파악하여 데려갔을 것이다. 압살롬은 일단 반란이 터진 뒤에, 국가를 운영할 인재들을 최대한 자기 손에 확보하고 있어야 함을 알았다. 정말 놀랍도록 치밀한 사람이었다.

그때 청함을 받은 이백 명이 압살롬과 함께 예루살렘에서부터 헤브론으로 내려갔으니 그들은 압살롬이 꾸민 그 모든 일을 알지 못하고 그저 따라가기만 한 사람들이라

삼하 15:11

압살롬은 반란 계획을 철저히 비밀에 부쳤기 때문에 이들은 아무도 압살롬의 무서운 계획을 알지 못했다. 그러나 이것이 그들의 잘못에 면죄부를 주는 것은 아니다. 결국 그들은 얼마 후 압살롬의 반란 세력에 아무 저항 없이 동참하기 때문이다.

영리한 그들은 무엇이 옳고 그른가, 무엇이 하나님의 뜻인가 아닌가보다 당장 어느 쪽에 서는 게 유리할까를 계산한다. 그래서 당장 정국의 주도권을 장악하는 압살롬 편에 선다.

나는 우리가 이런 식으로 "알지 못하고 그저 따라가기만 하는" 인생을 살아선 안 된다고 믿는다. 그들은 기도하며 하나님의 뜻을 분별하기보다는 당장 눈에 보기에 유리한 쪽으로 줄 서려 하는 기회주의 인생을 살기 때문이다. 이런 인생은 잠깐은 성공하는 것 같으나, 결국은 무너지게 된다. 압살롬을 따랐던 무리는 초기에 반역이 성공할 때는 승승장구했지만, 곧 반역이 진압되면서 인생이 나락으로 떨어지게 된다. 그들의 야심은 일장춘몽으로 끝나버리게 된다. 그들은 다 당시 기준으로 좋은 대학 나온 일류 엘리트 관료들이었을 것이다. 그러나 아무리 칼이 좋아도 칼집이 나쁘면 헛것이듯이, 아무리 실력이 뛰어나도 영적 분별력이 없으면 소용없다.

압살롬은 또 한 가지 중요한 일을 꾀한다. 다윗의 모사 아히도벨을 반란에 끌어들인 것이다. 이 사실은 성경에 따로 언급될 정도로 중요했다. 이는 반란의 성공 여부를 결정지을 수 있는 너무나 중요한 변수 중에 하나였다. 다윗의 곁을 오랜 세월 지켜왔던 아히도벨은 옛날 중국의 제갈공명과 같은 뛰어난 지략가였다. 다윗 군대의 모든 허와 실을 훤히 꿰뚫고 있는 사람이었기에, 후에 아히도벨의 배신을 알게 된 다윗의 충격은 너무나 컸을 것이다.

그리고 우려했던 것은 곧 사실로 확인된다. 사무엘하 16장에 보면 압살롬의 반란군을 지휘하던 그 당시 아히도벨의 지혜와 전략은 '하나님이 주시는 지혜처럼 뛰어났다'고 했다(삼하 16:23 참조). 이로 인해 다윗의 군대는 제대로 된 싸움 한 번 못 해보고 수도 예루살렘을 반란군에게 내어주고 도망가게 된다.

하나님을 떠난 자의
탁월한 능력

아히도벨은 왜 다윗을 배신했을까? 사무엘하 11장과 23장의 인물 정보들을 종합해보면, 아히도벨은 바로 다윗의 아내 밧세바의 할아버지였다. 아히도벨의 입장에서 보면, 정말 충직했던 손주 사위 우리야를 음모로 죽이고 손녀딸을 아내로 삼아버린 다윗 왕에 대한 실망과 분노가 컸을 것이다. 그리고 교활한 압살롬은 이를 미리 간파하고 평소 그의 마음을 사기 위해 정성을 들여 놓았을 것이다. 그리고 결정적인 순간에 아히도벨은 다윗의 진영을 떠나 압살롬의 참모가 되어버렸다. 다윗은 아히도벨의 배신 소식을 들으면서 이 반란이 오래전 자신이 저지른 밧세바 사건의 죄와 무관하지 않음을 직감했을 것이다.

너무나 뛰어난 능력을 가진 아히도벨. 그러나 그는 자신의 능력을 악하게 썼다. 개인적 복수심에 사로잡혀 그 마음이 하나님을 떠났기 때문이다. 총신이 비뚤어져 있으면 아무리 명사수라도 과녁을 맞추지 못한다. 마음이 하나님을 떠난 사람은 아무리 뛰어난 능력이 있어도, 그 능력을 선하게 쓰지 못한다. 아히도벨의 뛰어난 능력이 나중에는 무용지물로 돌아가서 결국은 자신도 죽이고 남도 죽이게 된다.

아히도벨뿐 아니라 압살롬도 그랬다. 너무 능력이 많아 자신감이 지나쳤던 것이 문제였다. 그래서 그런지 몰라도, 압살롬은 왕이 되는 과정이나 전쟁을 하는 과정에서 하나님 앞에 기도함으로 하나님의 뜻을 구한 적이 한 번도 없었다. 처음부터 끝까지 자신의 인간적 처세술과 정치적 술수와 포섭 작전, 인간적 준비로 일관한다. 인간적으로 너무 잘난 사람의 문제가 바로 이것이다. 너무 자신으로 충만해서, 그 영혼 속엔 하나님이 거하실 틈이 없다.

이것이 바로 아버지 다윗과 압살롬의 차이였다. 잠언에 보면 "사람이 마음으로 자기의 길을 계획할지라도 그의 걸음을 인도하시는 이는 여호와"(잠 16:9)시라고 했다. 압살롬은 그 모든 철저한 인간적 준비도 하나님의 권능 앞에선 아무것도 아니라는 것을 알지 못했다.

압살롬은 군사적 준비, 민심 사로잡기, 아버지 다윗을 속이는 명분 만들기, 언론 장악 등 모든 변수를 고려해서 철저하게 준비했지만, 딱 하나 가장 중요한 것을 빠뜨렸다. 그것이 바로 하나님의 인도하심이었다. 반대로 아버지 다윗은 이 모든 것에서 다 압살롬에게 허를 찔렸지만, 하나님의 손을 굳게 잡고 있었다. 그리고 이것이 앞으로 두 사람의 운명을 가르게 된다. '먼저 그의 나라와 그의 의를 구하면 이 모든 것을 우리에게 더하실 것'이지만, 반대로 '먼저 그의 나라와 그의 의를 구하지 않는 사람은 다른 모든 것들도 다 사라지게 될 것'이다(마 6:33 참조).

유유상종이라고 하더니, 압살롬 같은 사람 주위에는 비슷한 부하들이 모여든다. 인간적으로 탁월한 재주를 가진 젊은 인재들, 출세할 기회와 일확천금의 기회를 노리는 야심만만한 엘리트들이 운집했다. 이들은 압살롬에게서 하나님의 임재를 본 것이 아니라, 그의 인간적 카리스마에 매료된 사람들, 달콤한 그의 감언이설에 속은 사람들, 성공과 출세의 기회를 보고 몰려든 사람들일 뿐이다. 압살롬이나 이들이나 서로가 서로를 이용할 뿐이었다.

우리 주위에 모여든 사람은 어떤 사람들인가? 똑똑한 사람이 많은가? 거룩한 사람이 많은가? 그것이 우리가 어떤 사람인지를 말해준다. 조건을 보고 쉽게 몰려든 사람들은 쉽게 몰려든 만큼 쉽게 우리를 떠나버린다. 압살롬도 시간이 지나서야 이 사실을 처절하게 깨닫게 된다.

나는 우리나라 각 분야의 지도자들을 위해 기도할 때, 그들이 정말 지혜로운 눈으로 사람들을 잘 분별하여 등용하기를 구한다. 압살롬의 무리처럼 능력은 많아도 거짓되고 약삭빠른 기회주의자들로 참모진을 꾸린다면 그 결과는 너무 불행할 것이다. 정직하고 선한 사람들을 옆에 두고 중용하여 나라를 잘 운영할 수 있기를 기도한다.

세상 군주와
다윗의 차이

우리가 주목해야 할 한 가지 사실은, 압살롬이 사 년이나 예루살렘에 머물면서 서서히 반역을 준비했는데, 어떻게 그 사실이 다윗 왕의 정보망에 걸리지 않았는가 하는 점이다. 압살롬이 왕도 아니면서 감히 자기를 호위하는 호위병들과 병거와 말들을 둔 것은 예루살렘 전체에 소문이 다 났을 것이다. 그뿐 아니라 성문 앞에 서서 지방에서 올라오는 불만이 있는 백성들의 송사를 들어주면서, 자기가 왕인 것처럼 그들을 선동해서 자기 세력을 키워나갔는데, 어떻게 이런 압살롬의 눈에 띄는 언행들을 다윗이 몰랐을 수 있을까?

조금만 의심의 눈으로 바라보고 정보원들을 가동했다면 압살롬의 반란은 일어나기 전에 막을 수 있었을 것이다. 그런데 다윗은 마치 무능력한 왕처럼 전혀 모르고 있다가 당한 것 같다.

나는 이것이 쉽게 이해가 되지 않아 곰곰이 기도하며 오래 묵상했다. 그러다 두 가지를 깨닫게 되었다.

첫째, 다윗은 전임자 사울 왕이나 아들 압살롬과는 인생관이 달랐다. 인간적인 방법으로 자기 권력을 지키기 위해 정보 조직을 가동하며 백성들을 감시하고 통제하지 않았다. 자신의 권위에 위협이 될 만한 요주의 인물들을 견제하고 억제하지 않았다. 한마디로 세상의 보통 군주들이나 전임자 사울 왕이 했던 것 같은 공포 정치를 거부한 것이다. 다윗은 죽을지언정 제2의 사울이 되기를 거부했다. 자기 힘으로 얻은 왕좌가 아니므로 자기 힘으로 지키려고 안달복달하지 않았다. 오직 하나님만 의지했다.

전에는 다윗도 세상 군주처럼 비겁한 모략과 거짓된 방법으로 뜻을 이루려 한 적이 있었다. 바로 11년 전, 밧세바와 간음하고 그녀의 남편 우리야를 죽였을 때였다. 그러나 그 일로 인해 하나님의 매서운 징계를 받은 뒤, 다윗은 다시는 그렇게 살지 않기로 결심한 것 같다. 모든 것을 아시는 하나님의 눈을 속일 수 없음을 알고 다시는 거짓되고 비열한 정치모략으로 권력을 지키지 않기로 결심했다.

둘째, 같은 맥락에서 다윗은 사람을 의심의 눈으로 바라보지 않았다. "권력은 부자지간에도 나누지 못한다"라는 말도 있듯이, 권력을 잡은 사람은 누구도 믿지 못하고 항상 의심의 눈길로 바라보게 된다. 예전에 어느 영화에서 군주가 자기 뒤를 이를 아들에게 하던 말이 기억난다.

"내가 이때까지 이 자리에 있는 것은 아무도 믿지 않았기 때문이다. 자식인 너도 나는 완전히 믿지 않는다. 너도 나중에 그렇게 해야 왕의 자리를 지킬 수 있다."

옳은 말인 것 같지만 얼마나 서글픈 말인가. 아무리 높은 자리에 앉아본들 이렇게 사는 것이 어디 사람 사는 것인가. 탈북자들의 말을 들어보면, 공산주의 사회는 너무나 치밀하게 가족과 이웃들끼리 서로 감시하고 고발하게 만들어놓았다고 한다. 항상 의심하고, 견제하고, 감시한다. 그렇기 때문에 그 누구도 사랑할 수 없고 항상 마음이 불안하고 초조하다. 그것은 세상 권세 잡은 마귀의 영이다.

하지만 다윗은 아니었다. 사실 의심의 눈으로 보기 시작했다면 압살롬이야말로 요주의 인물 1호가 아니던가. 다윗 왕의 젊은 시절을 연상케 하는 외모에 카리스마와 지략까지 겸비한 압살롬이었다. 그런데다가 치밀한 복수극으로 이복형제를 죽일 정도로 대담하고 잔혹했다. 아버지에 대한 감정도 좋지 않았다. 만약 다윗이 여느 군주 같았다면 압살롬을 철저히 감시했을 것이고, 그러면 압살롬은 감히 이렇게 몇 년 동안 대규모 반란을 준비할 꿈도 못 꿨을 것이다.

아마 실제로 주변의 많은 참모들이 압살롬이 하는 짓이 이상하다고 경계하라는 첩보를 다윗에게 전해주었을 것이다. 그러나 다윗이 압살롬을 끝까지 건드리지 않은 것은, 그는 끝까지 아들 압살롬의 선한 면을 믿어주었기 때문이다.

예수님도 유다의 배신을 일찍부터 감지하고 계셨으면서도 열두 제자 그룹에서 쫓아내지 않으시고 끝까지 기다려주셨다. 하나님께서도 우리를 끝까지 믿어주시고 참아주신다. 우리가 그렇게 하나님을 실망시키고 사고를 쳐도, 우리를 의심하지 않으시고 믿어주시고 기다려주신다. 그 때문에 실망도 많이 하시고 배신당하는 아픔도 겪으셨다. 그럼에도 불구하고 우리에게 자유의지를 주신 것을 후회하지 않으신다.

사람에게 한두 번 배신당하고 나면 그 상처로 마음이 강퍅해지게 마련인데, 다윗은 수없이 당하면서도 결코 그렇게 강퍅해지지 않았다. 하나님의 마음을 닮았기 때문이다. 그렇게 순진하게 살아서 험한 세상에서 어떻게 살아남을 수 있겠나 싶겠지만, 이후에 전개되는 다윗의 인생의 스토리에서 확인되듯이 최후 승자는 영악한 압살롬이 아니라 예수님의 마음을 닮은 다윗이었다. 하나님은 반드시 하나님의 사람을 지키시고 승리하게 하신다.

chapter 16

아버지의 반격

사무엘하 17:24-29 ; 18:1-8

역사를 돌아보면 한 개인이나 나라의 운명을 바꾼 중요한 전투들이 있다. 워털루 전투는 유럽 전역을 두렵게 했던 나폴레옹 시대를 무너뜨렸고, 2차 세계대전 때 미드웨이 해전은 그때까지 태평양 전쟁에서 승승장구하던 일본 군의 패망의 시작이 되었다.

다윗은 평생 수많은 전투를 치렀지만, 그의 인생에 가장 중요한 전투를 두 개 꼽으라고 한다면, 하나는 스무 살도 안 된 그를 국민 영웅으로 만들어준 골리앗과의 전투였고, 또 하나는 이번 장에서 다루게 될 아들 압살롬의 반 란군과 벌인 에브라임 숲의 전투다.

엄밀히 따지면 이 전쟁은 추격해오는 압살롬의 반란군으로부터 살아남기 위해 치른 방어전이었다. 객관적인 정황으로는 압살롬의 반란군 쪽이 훨씬 유리했다. 이스라엘 열두 지파 대부분의 민심을 장악하고, 수도 예루살렘을 차지했으며, 압도적인 군사력의 우위를 점하고 있었기 때문이다. 따라서 당시 대부분의 사람들은 압살롬 쪽에 붙었고, 설마 다윗이 반격하여 이길 거라고 생각하는 사람은 거의 없었다.

전세 역전의
전조

그러나 단 하룻밤 사이의 상황 전개로, 압살롬 측은 세 가지 치명적인 약점을 안게 되었다. 그것이 지금부터 다루게 될 양측의 운명이 걸린 전투에 결정적 영향을 미치게 된다.

첫째는 압살롬이 전략회의에서 다윗이 요단강을 건너기 전에 추격해서 죽이자는 아히도벨의 뛰어난 전략을 폐기한 것이다. 오래 세월 다윗의 곁에서 모든 전략을 수립했던 아히도벨이 다윗을 배신하여 압살롬에게 간 것은 압살롬에게는 천군만마를 얻은 것과 진배 없는 일이었다. 하지만 초반의 승리에 취한 압살롬은 아히도벨의 전략을 무시해버렸고, 이것이 양군의 운명을 뒤집게 된다.

대신, 압살롬은 이스라엘 열두 지파 전체의 연합군이 결성될 때까지 기다리며 신중을 기하자는 후새의 의견을 택했다. 다윗을 살리기 위한 후새의 계략임을 알지 못하고 속은 압살롬은 반란을 조기에 끝낼 수 있는 결정적 기회를 놓쳤다.

둘째는 후새가 밀사를 보내 다윗에게 압살롬 측의 참모회의 결과를 알려주어 다윗과 백성들이 그날 밤새 무사히 요단강을 건너게 한 것이다. 강을 무사히 건너간 다윗은 시간을 가지고 전열을 재정비한 뒤, 자신이 유리한 광야 지형으로 압살롬 군대를 끌어들여서 전투를 벌일 수 있게 되었다.

셋째는 자신의 의견이 묵살된 것에 절망한 아히도벨이 집으로 가서 자살한 일이다. 압살롬은 이제 최고의 참모를 잃은 채로 다윗 군대와 운명을 건 전투를 치러야만 했다. 수십 년간 전장에서 단련된 아버지 다윗과 겨룰 수 있는 유일한 천재 아히도벨 없이 이 중요한 전투를 치른다는 것은 압살롬에게 너무나 불행한 일이었다.

이 세 가지 일로 인해서 지금까지 상승세에 있던 반란군의 기세가 꺾이고 오히려 열세였던 다윗 쪽이 다시 일어나는 계기를 만들어주었다. 그런데도 압살롬은 자신의 병력이 다윗에 비해 압도적으로 많다는 사실에 도취되어, 진다는 생각은 꿈에도 하지 않고 있었다.

다윗이 마하나임에서
전열을 재정비하다

하나님의 은혜로 다윗은 무사히 요단강을 건너 후퇴하는 데 성공했다. 하지만 시간을 조금 벌었을 뿐이다. 이스라엘 전역에서 달려온 병사들로 연합군을 결성한 압살롬은 바로 며칠 뒤에 요단강을 건너 다윗을 추격해왔다.

이에 다윗은 마하나임에 이르고 압살롬은 모든 이스라엘 사람과 함께 요단을 건너니라 삼하 17:24

"모든 이스라엘 사람"이라고 한 것으로 봐서, 압살롬이 이끄는 연합군의 규모는 다윗 군대의 다섯 배에서 열 배에 달하는, 적어도 몇만 명의 대군이었음이 분명하다. 학자들은 이에 비해 다윗의 군대는 많아야 사천 명 정도였을 것이라고 추정한다. 다윗은 '마하나임'이란 곳을 임시 사령부로 삼아서 전열을 정비하고, 압살롬의 군대와의 일전을 준비했다.

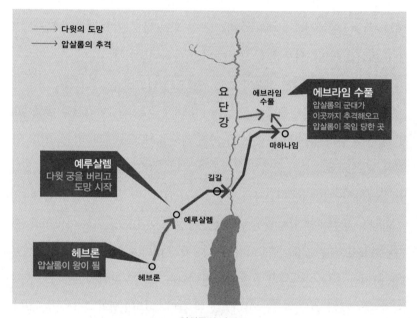

압살롬의 반역

마하나임은 갓 지파와 므낫세 지파의 경계를 이루는 곳에 위치한 요새지로, 이스라엘의 모든 백성이 아는 영적인 의미가 있는 장소였다. 그 옛날 고향으로 돌아오던 야곱이 형 에서와 만나기 위해 얍복강을 건너기 전, 너무나 두렵고 떨리던 시점에 하나님께서 그에게 환상을 하나 보여주셨다.

야곱이 길을 가는데 하나님의 사자들이 그를 만난지라 야곱이 그들을 볼 때에 이르

기를 이는 하나님의 군대라 하고 그 땅 이름을 마하나임이라 하였더라 창 32:1,2

태어날 때부터 장대한 체격에 영웅적인 리더십으로 수백 명의 부하들을 이끌고 있는 에서에 비해 자기는 너무 미약한 존재여서 두려워하고 있던 야곱에게 하나님은 에서의 군대와는 비교도 안 되는 하나님의 군대가 야곱을 지키고 계심을 확인시켜주셨다. 그곳이 바로 마하나임이다.

그 후 팔백 년이 넘는 시간이 흐른 지금 다윗이 이곳을 거점으로 삼아 압살롬의 반란군과 운명을 건 일전을 준비하게 된 것이다. 이스라엘 백성이라면 누구나 마하나임이라는 장소가 가진 역사적 배경과 영적 의미를 알고 있었다. 이곳에서 다윗의 군대는 상대가 아무리 강해도 하나님의 군대가 우리와 함께하시면 반드시 이긴다는 믿음을 다시 한번 다졌는지도 모르겠다.

다윗을 추격해간 압살롬이 한 일은, 자살한 아히도벨 대신 아마사를 총사령관으로 세운 것뿐이다. 아마사는 다윗 군대의 사령관 요압의 사촌이었다. 하지만 훗날 아마사가 요압에게 살해되는 것으로 보아, 사촌 간이긴 해도 둘이 그렇게 좋은 관계는 아니었던 것 같다. 아히도벨의 죽음 이후, 그나마 아마사가 가장 유능한 장군이었기 때문에 그를 세운 것으로 보인다.

그러나 아마사는 아히도벨을 대신할 만한 그릇이 아니었고, 백전노장 다윗을 대적할 만한 그릇은 더더욱 아니었다. 하지만 반란 초기부터 제대로 된 전투는 한 번도 해본 적 없이 순조롭게 예루살렘을 차지한 데다가 압도적 병력의 우위를 점하고 있는 압살롬은 여전히 자신감이 충만했다.

그래서 그런지 압살롬은 다윗이 왜 마하나임에 본영을 구축했는지, 어떻게 병력 배치를 하는지에 대해 치밀하게 고민하고 대처하지 않았다. 그것은 앞으로 전개될 전투 양상을 보면 알 수 있다. 그렇다고 전투를 앞두고 하나님 앞에 엎드려 간절히 지혜를 구하지도 않았다. 그저 자기 힘만 믿고 오만하게 진군해왔다. 그 교만과 안일함이 그의 멸망의 단초가 되었다.

뜻밖에 전해진 도움의 손길

마지막 운명의 전투를 앞두고 다윗 군대가 극복해야 할 가장 큰 문제는 병참 문제였다. 식량과 식수, 그 외 야영에 필요한 여러 가지 물품을 제 때에 공급받지 못하면 전쟁은 싸워보기도 전에 지는 것이다. 밤을 새워 요단강을 건넌 뒤 마하나임까지 정신없이 퇴각하느라 다윗과 군사들과 백성들은 모두 지칠 대로 지쳐 있었다. 예루살렘에서 이미 풍부한 물자를 공급받아 가지고 오는 압살롬의 군대에 비해 병참 문제가 절대적으로 불리했다. 그런데 이 때 가뭄에 소나기 같은 반가운 도움의 손길들이 나타났다.

첫 번째 조력자는 '암몬 족속의 나하스의 아들 소비'였다. 이 사람은 이십 대 광야 생활을 하던 시절 다윗과 친분이 있던 암몬 족속의 왕 나하스의 아들이다. 암몬 족속을 정복한 뒤 다윗은 나하스의 아들인 그에게 자비를 베풀어 그 지역의 통치자로 임명했다. 다윗이 워낙 후덕한 인품으로 소비를 세워주었기 때문에, 소비는 다윗이 위기에 처한 이 때에 와서 은혜를 갚으려고 필요한 양식을 조달했다.

두 번째 조력자는 '로데발 사람 마길'이었는데, 그는 다윗의 벗 요나단의 절뚝발이 아들 므비보셋의 부하였다. 다윗은 므비보셋에게 지극한 은혜를 베풀어 모든 재산을 회복시켜주고, 왕의 식탁에서 함께 식사할 수 있게 배려

했다. 마길은 이 은혜를 잊지 않고 있다가 다윗이 위급한 때에 역시 양식을 갖고 찾아온 것이다.

세 번째 조력자는 '로글림 길르앗 사람 바르실래'였다. 길르앗 땅에 위치한 로글림은 지금 다윗이 있는 곳에서 아주 먼 곳에 위치해 있었는데, 늙은 바르실래가 어찌 이 힘든 길을 양식을 들고 왔을까? 부자였던 바르실래가 살고 있던 길르앗 지역은 항상 아람족의 침략으로 피해를 입어왔는데, 다윗의 강력한 통치로 인해 그동안 안정되게 살아올 수 있었다. 그래서 바르실래가 지역 사람들을 대표하여 다윗에게 은혜를 갚으려고 찾아온 것이다.

이들 세 사람은 다윗 일행이 먹을 수 있는 식량뿐 아니라, 야영에 필요한 담요 및 침구, 전쟁에 필요한 야외용 가마솥들까지 다 가져왔다. 피난길에 아무것도 없이 굶주린 다윗 일행에게 이 세 사람의 물자 공급은 다시 힘을 충전시키는 큰 힘이 되었다. 이들 세 사람이 가져온 군수품이 아니었다면 결코 기력을 회복하기 힘들었을 것이다. 하나님께서는 이렇게 우리가 가장 필요할 때, 우리가 가장 궁핍할 때 도울 손길을 준비하신다.

또한 이것은 다윗이 평소 하나님의 사랑을 항상 주변 사람들에게 풍성히 베풀어주는 사람이었기 때문에 가능했다. 성경은 남에게 베풀 힘이 있거든 베풀기를 아끼지 말라고 했다. 그러면 하나님의 때에 반드시 거둘 것이라고 했는데, 바로 이런 경우를 두고 한 말이다.

다윗과 부하들이
비장한 각오로 전투에 임하다

성경은 이때 "다윗이 그와 함께한 백성을 찾아가서 천부장과 백부장을 그들 위에"(삼하 18:1) 세웠다고 했다. 비록 늙었고, 병력과 무기도 절대 열세였지만, 다윗은 수많은 전투에서 단련된 백전노장이었다. 그는 흐트러진 전열을 정비하여, 전투하기에 효율적으로 군대를 재편성했다.

처음 다윗이 예루살렘을 빠져나올 때 육백 명 정도의 친위대 병사들이 함께했었고, 마하나임까지 오는 동안 여기저기서 모여든 병사들까지 합쳐서 숫자가 불어났다. 역사학자들은 이렇게 해서 전열을 정비한 다윗의 군대 숫자는 약 사천 명 정도 되었을 것으로 추정한다. 앞에서도 말했듯이, 이에 비해 전 이스라엘의 연합군을 구성해서 밀려오는 압살롬의 대군은 적어도 몇만 명은 되었을 것으로 추정되어, 병력 면에서 다윗은 절대적으로 불리했다.

그러나 전쟁은 머릿수로만 하는 것이 아니다. 싸우고자 하는 병사들의 정신력과 지휘하는 장군의 능력이 승패를 좌우하는 열쇠다. 다윗은 수십 년간 전쟁에서 단련된 노련한 장수였으며, 그의 부하들은 숫자는 적었지만 경험과 의지 면에서 압살롬의 군대와는 비교도 되지 않을 만큼 강하고 단단했다.

다윗은 군대를 재정비하고 천부장과 백부장을 세웠다. 이는 요즈음으로 하면 군대 조직을 사단, 연대, 대대 식으로 구분하고 이를 이끌 사단장, 연대장, 대대장들을 일일이 자신이 엄선해서 임명했다는 뜻이다. 다윗은 압도적으로 우세한 압살롬의 대군과 정면으로 붙어서는 승산이 없다고 판단하고, 이때부터 작은 단위로 부대를 나누어서 압살롬의 군대를 사방으로 흩어지게 하여 공략할 작전을 세운 것 같다.

다윗은 자신의 군대를 크게 세 부대로 나누어서 압살롬과 맞섰다. 요압, 아비새, 잇대 이 세 사람에게 각각 1군, 2군, 3군의 지휘를 맡겼다. 여기서 잇대의 등장이 좀 의외다. 요압과 아비새는 다윗의 이십 대 젊은 시절부터 다윗 군대를 지휘해온 장수들이었지만, 가드 사람 잇대는 이방인인 블레셋 가드 출신이었다.

이 중요한 전투에서 잇대를 요압, 아비새와 똑같은 반열의 최고 지휘관으로 배치한 것이다. 당시 이방인들을 한 단계 아래로 무시하던 풍토에서 이방인, 그것도 이스라엘과 적대국인 블레셋 출신 군인을 나라의 명운이 걸린 중요한 전쟁의 최고 지휘관 자리에 임명한 것은 실로 파격적인 인사였다. 이것은 그동안 잇대가 다윗에게 보여준 충성심과 실력으로 얻어낸 신뢰였다.

또한 잇대는 다윗의 친위대장이고, 그가 거느린 육백 명의 호위부대는 모두 다윗의 개인 신변을 경호하던 자들이었다. 그런데 다윗은 이들 전부를 전투에 투입시켰다. 이는 만약 압살롬이 별동대를 따로 보내어 후방이나 측면에서 다윗 본영을 공격해온다면 다윗은 지켜줄 사람이 아무도 없이 무방비 상태로 당하게 된다는 얘기다. 그러나 다윗은 그런 위험을 감수하고 자신의 개인 경호부대까지 모두 전투에 투입시켰다. 어차피 이 싸움에서 지면 자신의 개인의 안전도 보장할 수 없기 때문에, 다윗은 목숨을 건 배수진을 친 것이다. "생즉사 사즉생"(生卽死 死卽生)이라는 말처럼, "죽으려 하면 살 것이요, 살려 하면 죽을 것이다"란 각오였다.

내일이 없는 싸움. 이 한 판에 모든 것을 올인하는 전쟁이었다. 우리도 어둠의 권세와 영적 전쟁을 치를 때 쉽게 생각하지 말고, 정신을 바짝 차려야 한다. 목숨을 건 각오로 최선을 다해야 한다.

군대 배치를 마치고 난 다윗은 자신이 직접 전투에 출정하겠다고 나섰다.

왕이 백성에게 이르되 나도 반드시 너희와 함께 나가리라 하니 삼하 18:2

여기서 '반드시 함께 나가리라'의 히브리어 원문의 표현은 '꼭 하고야 말겠다'는 다윗의 결연한 의지를 보여준다. 다윗은 왕위에 있으면서 전장에 직접 나가지 않는지 벌써 오래였다. 나이도 육십이 넘었다. 하지만 지금같이 절박한 상황에서는 이것저것 따질 형편이 아니었다. 병력의 차이가 너무 커서 절대적으로 불리한 싸움이었기에 다윗은 자신이 직접 전장에 나가 죽을 각오로 부하들과 함께 싸울 작정이었다.

그러나 다윗의 부하들이 출정하려는 다윗을 극구 만류한다. 다윗의 부하들은 자신들이 다 죽고 도망해도 적은 신경도 쓰지 않을 것이지만, 다윗이 죽으면 모든 것이 끝난다고 했다. 그들은 압살롬 측이 바라는 것이 단순한 전투의 승리가 아니라 다윗을 죽이는 것임을 잘 알고 있었다. 일찍이 압살롬의 참모 아히도벨이 내놓은 전략의 핵심도 오직 다윗을 죽이는 데 있었다.

아무리 많은 전투에서 패해도, 아무리 많은 병사들이 희생되어도 다윗이 살아 있는 한 반란은 성공한 것이 아니었다. 그렇기 때문에 압살롬 측 병사들은 모두 다윗을 죽이는 것을 지상목표로 삼고 전투에 나올 것이었다. 다윗의 부하들은 만에 하나라도 그런 무도한 적군의 손에 다윗이 죽을 수 있는 기회를 만들고 싶지 않았다.

다윗의 신하들은 이처럼 자신들의 주군인 다윗을 자기들의 목숨을 던져 지키려고 했다. 반면에 압살롬의 부하들은 후새의 계략에 넘어가서 압살롬의 교만함을 오히려 부추겨 전장에 직접 출정하게 만들었다.

양쪽 총수인 다윗과 압살롬의 결기와 지휘력 차이, 그리고 부하들의 충성심만 비교해 보아도 우리는 이미 전쟁의 승리가 다윗 쪽으로 기울어져 있었음을 알 수 있다. 다윗의 부하들이 목숨 바쳐 다윗을 지키려 했듯이, 우리도 우리의 대장 되신 예수 그리스도를 위해 목숨 바쳐 충성하려는 의지가 있어야 한다.

다윗은 자신의 출정을 결사적으로 말리는 부하들의 충정을 받아들여 자신은 후방 지휘부에 남기로 한다. 병력이 절대 열세인 상황에서 부하들이 자신의 개인 안전까지 신경 쓰게 되면 마음 놓고 전투에 임할 수 없을 것이라는 사실도 마음에 걸렸을 것이다. 다윗이 전쟁터에 나가지 않음으로 해서 다윗을 죽이려는 압살롬 쪽의 계략은 완전히 산산조각이 나버렸다. 이 또한 다윗을 지키시려는 하나님의 섭리였다.

어쨌든 그렇게 운명의 일전을 앞두고 다윗의 군대가 출병했다. 다윗 왕은 문 옆에 서서 백 명씩, 천 명씩 부대별로 출정하는 부하들을 친히 전송했다. 무기도, 병력도 모든 것이 절대적으로 불리했기 때문에 승패는 물론, 살아 돌아오는 것도 보장할 수 없는 싸움이었다. 모두가 그 사실을 알고 있었기 때문에 떠나는 병사들이나 보내는 다윗과 백성들도 정말 비장한 심정이었을 것이다.

이미 압살롬 쪽은 수도 예루살렘을 점령하고 이스라엘 전 지파에서 모여든 병사들로 대군을 이루었다(당시 계산 빠른 엘리트들은 이미 다 압살롬의 반란군 쪽으로 줄을 섰을 것이다). 그러나 끝까지 배신하지 않고 다윗 곁을 지킨 충성스러운 부하들이 이제는 마지막이 될 수도 있는 전장으로 출정하는 것이다. 자신들이 사랑하는 왕 다윗을 위해 기꺼이 목숨을 바칠 각오를 하고 말이다. 다윗은 왕에게 경례를 하고 차례로 문을 빠져나가는 병사들의 얼굴을 보면서 마음이 저려왔을 것이다. 그는 간절히 기도하는 마음으로 눈에 눈물이 글썽한 채 부하들을 보냈다.

아들 압살롬을 향한
아버지 다윗의 마음

그런데 군대를 지휘하는 세 명의 지휘관들에게 다윗은 의외의 명령을 내린다.

나를 위하여 젊은 압살롬을 너그러이 대우하라 삼하 18:5

다시 말해서, '아버지인 나를 생각해서 압살롬의 목숨만큼은 살려주라'는 명령이다. 그러나 사실 이것은 다윗이 군 총사령관으로서 해서는 안 될 명령이었다. 압살롬은 아버지의 사랑을 배신하고 반역을 일으켜서 아버지를 수도 예루살렘에서 몰아낸 무도한 아들이다. 지금도 아버지를 죽이기 위해 대군을 휘몰아 살기등등하여 달려오고 있다. 이처럼 모든 것이 불리한 전투에서는 오히려 적의 수장인 압살롬을 죽이는 것이 필승 전략이다.

어찌 다윗이 이렇게 공사를 구분 못 하는 명령을 내릴 수 있단 말인가? 생각하기에 따라서는 목숨을 걸고 싸우려 하는 부하들의 사기를 떨어뜨릴 수 있는 명령이었다.

다윗도 이런 명령이 앞뒤가 안 맞는다는 것을 알고 있었을 것이다. 그럼에도 불구하고 다윗은 아들 압살롬을 살리고자 했다. 원래 부모는 자식을 위해서 상식에 어긋나는 일도 할 수 있는 것이다. 다윗은 "젊은 압살롬을 너그러이 대우하라"라고 했는데, 여기서 '젊은 압살롬'의 원어적 의미는 '아직 아무것도 모르는 어린아이, 철없는 소년'이란 뜻이다. 당시 압살롬은 이미 결혼하여 아이가 있는 서른 살 넘은 장년이었는데도, 아버지 다윗의 눈에는 철이 없어서 저러는 가엾은 어린아이로 보였다. 자기를 죽이려고 반역을 일으킨 아들인데도, 뭘 모르는 어린아이이니 용서하고 살려주려고 한다.

　우리는 여기서 아버지 재산의 반을 가지고 먼 나라로 가버렸던 탕자를 끝까지 기다려주고 용서하고 받아주었던 아버지의 모습을 볼 수 있다. 아들이 저지른 죄를 생각하면 결코 용서할 수 없지만, 그래도 아버지이기 때문에 그를 용서하고 살려주고 싶은 것, 다윗의 그 마음이 바로 우리 하늘 아버지의 마음이다. 하나님은 그 선한 마음을 축복하셨다.

에브라임 숲의
기적 같은 승리

　어쨌든, 다윗 군대와 압살롬 군대는 에브라임 숲에서 운명의 일전에 들어갔다. 에브라임 수풀은 상수리나무와 바위, 웅덩이나 늪지대가 많았다. 탁 트인 들판에서 싸우면 숫자가 많은 쪽이 유리하겠지만, 이런 험한 지형에서 싸울 때는 지형에 익숙하여 게릴라전으로 치고 달아나는 쪽에 일방적으로 끌려다닐 수밖에 없다. 다윗은 바로 이 점을 이용하여, 압살롬의 대군을 이곳으로 끌어들인 것이다.

　손자병법에서 장수는 반드시 자신이 상대할 적과 싸울 전장을 사전에 잘 파악해야 한다고 했다. 그런데 압살롬은 자기 군대가 숫자 많은 것만 믿고 죽을 자리인 줄도 모르고 진격해왔다.

　험한 에브라임 수풀로 적을 끌어들인 다윗은 주력 부대를 셋으로 나누어 적의 군대를 분산시켰다. 그 안에서도 백 명, 천 명 단위로 부대를 나누어서 지형을 이용해서 치고 빠지는 작전을 구사했다.

그 땅에서 사면으로 퍼져 싸웠으므로 그날에 수풀에서 죽은 자가 칼에 죽은 자보다

많았더라 삼하 18:8

'그 땅에서 사면으로 퍼져 싸웠다'는 말은, 압살롬의 군대가 처음 진군해 왔을 때와는 달리 사방으로 뿔뿔이 흩어지게 되었다는 뜻이다. 수적 우세만 믿고 아무 생각 없이 달려온 압살롬의 대군은 동에 번쩍 서에 번쩍 하는 다윗의 소규모 기동부대들을 상대하기 위해 사방으로 흩어져서 우왕좌왕하다가 속수무책으로 무너져내렸다.

게다가 에브라임 숲의 험한 지형이 다윗 군의 승리에 결정적 역할을 했다. "그날에 수풀에서 죽은 자가 칼에 죽은 자보다 많았더라"라는 말은 다윗 군대가 얼마나 탁월하게 험준한 에브라임 수풀의 지형을 잘 이용했는지를 말해준다.

압살롬이 점령한 수도 예루살렘은 오랜 세월 그 누구도 점령하지 못한 천혜의 요새였다. 다윗의 때에 이르러서야 기적같이 함락된 곳이었다. 그런데 압살롬이 그 안전한 요새 예루살렘 성에 머무르지 않고, 자신이 직접 군대를 이끌고 다윗을 쫓아 광야로 달려나간 것은 너무나 큰 실수였다. 압살롬은 수십 년간 전쟁터를 누빈 아버지 다윗에 비해 실제 전쟁을 지휘해본 야전 경험이 전혀 없었고, 유다 광야에 대해서도 아는 게 별로 없었다.

반면에, 아버지 다윗은 이십 대 젊은 시절에 십 년이 넘도록 사울 왕의 추적을 피해 광야를 도망다녔다. 유다 광야 구석구석을 다윗은 손바닥 보듯 훤히 꿰뚫고 있었다. 어느 곳에 오아시스가 있는지, 어느 곳에 몸을 피할 동굴들이 있는지, 어디에 진을 치면 적은 병력으로 많은 병력을 상대할 수 있는

지 그 모든 것이 다윗의 머릿속에 들어 있었다. 다윗의 부하들 또한 다윗과 함께 광야 전투에서 오랜 세월 잔뼈가 굵은 노련한 전사들이었다. 따라서 일단 싸움터가 광야로 옮겨진 이상 압살롬은 다윗을 이길 수 없었다.

이렇듯 하나님께서는 우리의 광야 시절에 쌓인 경험을 결정적인 순간에 우리를 살릴 수 있는 도구로 사용하신다. 아이러니하게도 그 당시는 그토록 힘들었던 광야의 경험이 수십 년이 지난 지금, 운명이 걸린 큰 전쟁에서 다윗이 승리하는 밑거름이 되었다. 우리가 과거에 겪었던 고난도 우리의 미래 어느 시점에 우리를 살리는 도구가 되게 하실지 모른다.

승리는
오직 하나님의 도우심에 달려 있다

하지만 무엇보다도 "그날 수풀에서 죽은 자가 칼에 죽은 자보다 많았더라"라는 말씀은 다윗의 군대가 사람의 힘과 노력에 의해 승리한 것이 아닌 오직 하나님의 도우심으로 승리했음을 말해준다. 그날 전사자가 이만 명이나 나왔는데 대부분이 압살롬의 반란군이었을 것이다. 모든 것이 불리한 상황에서 벌어진 전투에서 얻은 이런 기적 같은 승리는 하나님의 은혜가 사람의 노력이나 힘보다 크다는 것을 보여준다. 우리는 언제나 하나님 앞에서 겸손해야 하며, 하나님의 마음을 얻는 데 힘을 기울여야 한다. 또한 자신의 힘만 믿고 하나님의 사람을 죽이려 하는 자, 하나님나라를 대적하고 교회를 위협하는 자들은 하나님이 반드시 심판하심을 믿어야 한다.

압살롬과 다윗의 전투를 보면 세상 권세와 맞서야 하는 교회의 모습을 보는 것 같다. 압살롬 쪽의 객관적 전력이 훨씬 위였지만, 전쟁은 하나님께 속한 것이다. 다윗이 젊은 날 겪었던 광야의 경험, 그의 뜨겁고 진실한 예배, 그를 끝까지 따르는 부하들의 충성심, 이 모든 것을 하나님이 사용하셔서 기적 같은 승리를 안겨주셨다.

세상 권세는 갈수록 교회를 에워싸고 핍박해올 것이다. 객관적 전력으로는 세상 권세에게 교회가 절대 열세다. 하지만 우리가 겸손히 하나님과 동행하기만 한다면, 압살롬이 다윗을 무너뜨리지 못했듯이, 세상은 결코 우리를 무너뜨리지 못할 것이다. 그러므로 교회는 어린양 되신 예수님께 끝까지 충성해야 한다. 그러면 반드시 선한 능력으로 승리할 것이다.

chapter **17**

아들의 죽음에 울다

사무엘하 18:9-33

압도적으로 많은 병력을 자랑하던 압살롬의 반란군은 다윗의 군대와 운명을 건 에브라임 수풀 전투에서 대패했다. 아무도 예측하지 못한 기적 같은 반전이었다. 사실 그 전투 전까지만 해도 압살롬 반란군의 기세는 하늘을 찔렀다. 사 년에 걸친 치밀한 준비를 통해 압살롬은 이스라엘 열두 지파 거의 대부분 백성의 광범위한 지지를 등에 업고 있었다. 수도 예루살렘에도 무혈입성했다.

이에 반해, 늙은 다윗 왕은 얼마 안 되는 부하들을 이끌고 비참한 몰골로 요단강을 건너 도주해야 했다.

승승장구하던 압살롬은 다윗 군대보다 몇 배나 더 되는 대군을 이끌고 요단강을 건넜다. 예루살렘을 정복한 것만으로는 만족하지 못하고, 기어이 아버지 다윗 왕을 죽이겠다는 생각이었다. 하지만 전열을 재정비한 다윗의 군대는, 지형이 험한 에브라임 숲으로 반란군을 유인해 들인 뒤, 운명을 건 반격에 들어갔다. 이때까지만 해도 이스라엘의 그 누구도 다윗 왕이 재기하고, 압살롬이 질 것이라고 믿는 사람은 없었을 것이다.

하나님이 계셨기에 승리

그런데 기적이 일어났다. 다윗은 군대를 여러 개로 나누어서 압살롬의 군대를 분산시킨 뒤, 에브라임 숲의 험한 지형을 이용해 사방에서 반란군을 공격하게 했다. 그날 벌어진 전투에서 압살롬 군은 대패하여 무려 2만 명이 넘는 전사자가 발생했다. 하나님이 함께하시지 않고서는 도저히 있을 수 없는 승리였다.

> 사람이 마음으로 자기의 길을 계획할지라도 그의 걸음을 인도하시는 이는 여호와시니라 잠 16:9

압살롬은 철저하고 치밀하게 반란을 계획했다. 그러나 그는 하나님의 인도하심을 받지 않았다. 그랬기 때문에 결코 질 수 없는 싸움에서 진 것이다. 반면 다윗은 늙었고 모든 조건이 안 좋았다. 그러나 철저히 하나님과 동행했다. 죄를 지으면 즉시 하나님 앞에 진실하게 회개했고, 어떤 일이 있어도 하나님만 붙잡았다. 그랬기에, 결코 이길 수 없는 싸움에서 대승을 이뤄냈다. 압살롬은 돈, 병력, 민심 등 모든 것을 갖고 있었지만, 하나님을 예배함이 없었다. 반면에, 다윗은 모든 것이 불리했지만, 하나님이 계셨기에 승리했다.

다윗은 전투 전에 군을 세 부대로 나눈 뒤, 각 부대를 지휘하는 요압, 아비새, 잇대 세 사람에게 '젊은 압살롬을 살려주어라'라는 명령을 내렸다. 다윗은 이 명령을 모든 부하 병사들이 듣는 데서 했는데, 이는 혹 한 명의 병사라도 명령을 잘 전달받지 못하여 실수하는 일이 없게 하려 함이었다.

사실, 엄청난 수의 적군과 싸워야 하는 불리한 전투로 부하들을 내보내면서 '너희들의 수고를 잊지 않겠다' 같은 말을 해야 마땅했다. 그런데 반란군의 수괴를 살려주라는 이 말은, 어찌 보면 아군의 사기를 떨어뜨릴 수도 있는 말이었다.

한편 다른 쪽으로 생각해보면, 이미 다윗은 이 전투에서 자신이 이길 것을 확신하고 있었다는 뜻도 된다. 그러니 적장 압살롬을 살려주라는 여유를 가질 수 있는 것 아니겠는가. 에브라임 수풀로 압살롬의 대군을 유인해서 분산시키고, 지형을 이용하여 공격하는 작전도 하나님이 주신 지혜였을 것이다. 그대로 행하면 반드시 이길 수 있다는 확신을 하나님이 주셨을 것이다.

압살롬의
최후

에브라임 수풀 전투에서 압살롬의 군대는 무참하게 패배했다. 살아남은 압살롬과 부하들은 사방으로 흩어져서 살길을 찾아 에브라임 수풀을 빠져나가기 위해 필사적으로 도주하고 있었다. 사실 압살롬의 군대는 다윗의 군대보다 압도적으로 많았기 때문에 전투에서 패배했다 할지라도, 압살롬이 목숨이라도 살아서 도망갔더라면 후일을 기약할 수 있었을 것이다. 그러나 압살롬은 전투 중 정말 어이없는 상황에 봉착하여 다윗의 부하들에게 죽임을 당하게 된다.

압살롬이 다윗의 부하들과 마주치니라 압살롬이 노새를 탔는데 그 노새가 큰 상수

리나무 번성한 가지 아래로 지날 때에 압살롬의 머리가 그 상수리나무에 걸리매 그

가 공중과 그 땅 사이에 달리고 그가 탔던 노새는 그 아래로 빠져나간지라 삼하 18:9

압살롬은 우연히 다윗의 부하들과 정면으로 맞닥뜨리게 되었고, 놀란 그
는 황급히 상수리나무 숲으로 도망쳤다. 그런데 상수리나무 가지는 땅에서
그렇게 높지 않은 경우가 많아서, 노새를 탄 압살롬이 황급히 도망가다가
그만 가지에 걸리고 말았다. 노새는 그 당시 왕권을 상징하던 동물이었기에
압살롬이 노새를 탄 것인데, 차라리 도보로 탈주한 병사들보다 못하게 되어
버렸다. 본문은 '머리가 걸렸다'라고 했는데, 엄밀히 말하자면, 압살롬의 숱
이 많고 긴 머리털이 나뭇가지에 걸려버린 것이다.
　전투에 패배한 압살롬이 도주하던 중 하필이면 머리카락이 나뭇가지에
걸려서 죽음에 이르게 된 것은 참으로 아이러니한 일이다. 왜냐하면 압살롬
의 머리카락은 이스라엘 전체에 모르는 사람이 없을 정도로 유명했던, 그의
자랑이었기 때문이다.

온 이스라엘 가운데에서 압살롬같이 아름다움으로 크게 칭찬받은 자가 없었으니 그

는 발바닥부터 정수리까지 흠이 없음이라. 그의 머리털이 무거우므로 연말마다 깎

았으며 그의 머리털을 깎을 때에 그것을 달아본즉 그의 머리털이 왕의 저울로 이백

세겔이었더라 삼하 14:25,26

압살롬은 출중한 외모, 특히 아름다운 머리털로 백성들의 칭찬을 받았다고 했다. 그 당시 히브리인들에게 있어 머리털은 그 사람의 힘과 기백을 나타냈다. 따라서 이는 압살롬이 남자로서 지녀야 할 힘과 용맹이 남들보다 출중한, 영웅적 풍채를 가졌음을 뜻했다. 이처럼, 하나님께서는 악인의 자랑거리를 도리어 수치와 멸망의 도구로 사용하신다.

머리털이 상수리나무에 걸려 대롱대롱 매달린 압살롬을 요압의 병사 한 명이 발견하여 요압에게 보고했다. 이에 요압은 왜 바로 죽이지 않았느냐고 부하를 꾸짖고는, 바로 달려가 부하들과 함께 압살롬을 에워싸고 난도질해서 죽였다. 그들은 압살롬의 시신을 수풀 가운데 큰 구멍에 던지고 그 위에 돌무더기를 쌓았다. 시체를 던지고 그 위에 돌무더기를 쌓는 것은 그 당시 큰 반역 죄인에게 수치를 나타내기 위해 행하여졌던 조치였다. 반역자 압살롬의 최후는 비참했다.

> 압살롬이 살았을 때에 자기를 위하여 한 비석을 마련하여 세웠으니 이는 그가 자기 이름을 전할 아들이 내게 없다고 말하였음이더라 그러므로 자기 이름을 기념하여 그 비석에 이름을 붙였으며 그 비석이 왕의 골짜기에 있고 이제까지 그것을 압살롬의 기념비라 일컫더라 삼하 18:18

압살롬은 스스로 자신의 명성을 후세에 전하기 위해 기념비를 세웠었다. 정말 엄청난 자기 과시욕에 사로잡힌 사람이었음을 알 수 있다. 다윗의 선임자였던 사울도 몇 번 전쟁에서 승리를 거둔 뒤, 자기를 위하여 기념비를 세웠다. 애굽의 왕들이 자기 영광을 위해 피라미드를 쌓듯이, 사울은 자신의 승리를 과시하는 기념비를 세운 것이다. 그런데 압살롬도 반역이 성공하여 예루살렘까지 손에 넣게 되자, 오만하게 스스로에게 영광을 돌리는 기념비를 세운 것이다.

기념비를 히브리어로 '야드'라고 하는데, 이것은 '자신의 수고로 이룬 일'이라는 의미를 담고 있다. 그러나 전쟁의 승리는 하나님이 주시는 것이지, 스스로 이루는 것이 아니다. 사울이나 압살롬 같은 사람은 스스로 기념비를 세움으로 하나님이 받으셔야 할 영광을 자신이 가로채버렸다.

인간이란 얼마나 간사한 존재인가. 남보다 조금이라도 더한 능력이 있으면, 그래서 조금만 성공하면 스스로가 최고인 줄로 착각한다. 그리고 스스로를 위해 기념비를 세운다. 하나님은 이런 자기 과시형 교만을 싫어하신다. 다윗은 이런 교만이 없었다. 젊은 시절부터 광야 생활을 통해 하나님께서 그를 겸손한 예배자로 준비시키셨기 때문이다.

그러나 압살롬이나 사울은 이런 광야의 연단 과정 없이, 사람들의 열화와 같은 요구에 의해 갑자기 지도자의 자리에 세워진 사람이다. 너무 빨리 성공하는 것이 꼭 좋은 일은 아니다. 사람이 인격과 실력이 다듬어질 시간도 없이 중요한 자리에 오르면, 그 자리가 오히려 그를 죽이기 쉽다. 무슨 일이든지 하나님의 방법대로, 하나님의 시간에 하지 않으면 문제가 발생하는데, 지도자의 경우는 더더욱 그러하다.

지도자는 겸손해야 한다. 안 그러면 압살롬처럼 다 이겨 놓은 전쟁도 져서 비참하게 몰락한다. 하나님께서는 아무리 강성하다 해도 교만한 자를 반드시 무너뜨리시고 만다. 사실 압살롬이 겸손했더라면 솔로몬이 아닌 압살롬이 다윗의 후계자가 되었을 수도 있었다.

사람의 마음의 교만은 멸망의 선봉이요 겸손은 존귀의 길잡이니라 잠 18:12

"하나님 없는 교육은 현명한 악마를 키우는 것과 같다"라는 말이 있다. 우리의 아이들을 압살롬같이 하나님을 모르는데 세상적으로는 뛰어난 인재로 키우려는 것은 아닌가.

요압의 비정함

자, 우리가 또 한 가지 주목해야 할 것은 요압의 비정함이다. 출정하기 전 다윗은 분명히 압살롬을 죽이지 말라는 당부를 했다. 그러나 요압은 다윗의 간곡한 명령을 무시하고 상수리나무에 달린 압살롬을 잔혹하게 칼로 쳐 죽였다.

'지금 다윗 왕은 아버지의 정에 얽매여서 공과 사를 구별하지 못하고 있다. 이런 힘든 전투를 하면서 적의 수괴에게 자비를 베풀라는 것이 말이 되는가. 내가 대신 악역을 감당해서 이 일을 깨끗하게 매듭지어야 한다.'

요압은 이렇게 생각했을 것이다. 사실 반란의 조기 진압을 위해서라면 압살롬을 죽이는 것이 어쩔 수 없는 일이었다고는 하지만, 이미 다윗의 군대는 전투에서 대승을 거둔 뒤였다. 압살롬의 군대는 전의를 상실하고 사방으로 도주하고 있었다. 굳이 압살롬을 죽이지 않고 생포만 해도 충분히 반란을 진압할 수 있었다.

그러나 요압은 그런 옵션은 처음부터 염두에 두지도 않았다. 처음부터 그는 압살롬을 발견하면 반드시 죽일 생각을 하고 있었다. 젊은 압살롬을 너그러이 대해주라는 왕의 애틋한 당부를 처음부터 지킬 생각이 없었다. 압살롬을 제일 먼저 발견한 병사가 다윗 왕의 명령을 상기시켜주었을 때도 요압은 오히려 그 병사에게 면박을 주었다. 왜 그렇게까지 요압은 압살롬을 증오했을까.

먼저 요압은 다윗의 조카로 그 옛날 다윗의 이십 대 광야 시절부터 시작하여 수십 년간 다윗의 군대를 이끌어온 군부의 수장임을 기억해두자. 충성심과 용맹함이 남다른 인물이었고, 다윗을 위해 큰 공도 많이 세웠다. 하지만 그는 매우 충동적인 성격이었다. 자신이 대체 불가능한 다윗의 오른팔이라는 자부심이 누구보다 강했다. 그래서 누구든지 자기보다 더 왕에게 신임받는 사람이 있으면 철저하게 그를 제거하여 왕의 총애를 독차지하려는 성향이 강했다.

문제는 요압 주변엔 그를 중심으로 군부 세력이 단단히 형성되어 있었다는 사실이다. 군대 조직 안에서는 요압이 왕이라고 해도 과언이 아닐 정도였다. 그래서 요압은 다윗의 명령을 거스르고 자기 주관대로 일을 처리해버리는 경우도 종종 있었다.

그런 요압 장군과 압살롬 왕자 사이에는 사실 오랜 세월 묘한 악연이 있었다. 오래전, 압살롬은 이복형제 암논을 죽인 뒤, 아버지 다윗의 노여움을 두려워하여 삼 년이나 외국으로 망명한 적이 있었다. 다윗도 세월이 흐르면서 압살롬을 그리워했고, 이런 다윗의 마음을 눈치챈 요압은 다윗을 설득하여 압살롬이 다시 귀국할 수 있도록 한 적이 있다. 아마 요압은 다윗이 압살롬을 후계자로 세울지도 모른다는 생각에, 다음 왕도 자기에게 신세를 지게 해서 계속 권력의 중심에 있으려고 생각했던 것 같다.

그러나 막상 압살롬이 귀국하자 다윗은 아들을 만나주지 않고 거의 가택연금 상태로 이 년을 지내게 했다. 혹시 압살롬이 다윗의 후계자가 되지는 않을까 하여 다윗과 다리를 놓아주었던 요압은, 의외로 다윗이 압살롬에 대한 감정을 풀지 않자, 자신이 잘못 판단했음을 깨달았다. 요압은 즉시 몸을 사리고 압살롬과 거리를 두었다. 동기가 불순한 사람은 이렇게 처세가 조석으로 변한다.

변해버린 요압의 마음을 눈치챈 압살롬은 부하들을 시켜 요압의 밭에 불을 질렀다. 화가 난 요압이 찾아오자, 압살롬은 '이제 와서 당신이 나를 외면하겠다는 것이냐. 나도 혼자 죽지는 않는다'라는 식으로 요압을 압박했다. 그 덕에 압살롬은 아버지 다윗과 다시 만나게 되었다. 극적으로 가택연금이 풀리게 되고 표면적으로는 아버지와 관계를 회복했지만, 자신을 바라보는 아버지의 눈빛이 예전 같지 않음을 압살롬은 읽었다. 고심 끝에 그는 그때부터 본격적인 반역 계획에 들어가게 된 것이다. 그러니까, 어찌 보면 압살롬이 오늘날 이렇게 된 것에 대해 요압도 일조한 셈이다.

하지만 어찌 된 일인지, 요압은 그 후 압살롬의 반역에 가담하지 않았다. 악인은 악인을 알아본다고 하던가. 요압이 보기에 하나님을 두려워하고 순수한 마음이 있는 아버지 다윗과는 달리, 압살롬은 야심만만하고 정치적으로 교활하여 뜻을 이루기 위해 수단과 방법을 가리지 않는, 결이 다른 인간이었다. 아마도 요압은 그런 인간 밑에 있다가는 언제 어떻게 될지 모른다고 판단한 것 같다. 게다가 압살롬 밑에는 새 정부에서 출세해보겠다는 젊은 인재들이 많아서 요압의 입지도 결코 탄탄하지 못했다.

그래서 온 이스라엘이 압살롬에게 붙어버린 것 같은 불리한 상황에서도 요압은 끝까지 다윗 편에 서기로 한 것이다. 이것은 다윗을 향한 순수한 충성심이었다기보다는 자기 자신을 위한 정치적 판단을 한 것이다. 훗날 요압은 다윗의 다른 아들, 아도니야의 반란에 동참하여 다윗에게 칼을 겨누게 된다. 즉, 요압은 왕이라고 할지라도 자기 마음대로 통제할 수 없으면 견딜수 없어 하는 파괴적인 성정의 사람이었다.

요압과 압살롬. 둘 다 정치적인 계산이 복잡한 인물이었고, 그랬기에 서로를 믿지도 않고, 좋아하지도 않았다. 둘은 필요에 따라 서로를 이용하다가 결정적인 순간에는 원수처럼 변해버렸다. 사실 압살롬을 죽일 때, 요압 자신이 먼저 가서 심장을 찌르고 이어서 부하 열 명이 에워싼 채 난도질해서 죽인것은 너무 잔인했다. 전쟁에서 어쩔 수 없이 적장을 죽이는 정도가 아니라, 감정이 잔뜩 실린 지나치게 잔인한 살인이었다. 이렇듯 요압은 한번 적의를 품으면 물불을 가리지 않고 잔혹하게 피를 보았다.

이날 상수리나무에 머리카락이 매달린 압살롬이 요압의 군대에게 먼저 발견된 것은 참으로 불행한 일이었다. 다윗의 세 개 부대 중, 다윗의 시위대장이었던 잇대의 군대에게 발견되었더라면, 압살롬을 죽이지 않고 생포했을지도 모른다. 왜냐하면 잇대는 다윗의 명령을 100퍼센트 순종하는 충신이었기때문이다. 그러나 하필이면 요압에게 걸려서 압살롬은 비참한 죽음을 맞고만다. 이 또한 하나님의 섭리였으리라.

아들의 죽음을 애통해하는 아버지 다윗

압살롬의 죽음과 함께 요압은 나팔을 불어 전투를 중단시켰다. 압살롬의 군대는 수장을 잃고 사방으로 흩어져 도주함으로 완전히 붕괴되었다.

승리의 소식을 가진 사자가 다윗 왕에게 도착했을 때, 주변에 둘러서 있던 모든 신하들은 만세를 부르며 환호했다. 이때, 한 나라의 왕으로서 다윗은 어떤 반응을 보여야 했을까. 에브라임 수풀 전투는 압도적인 군세를 가진 적을 이기기 위해서 다윗의 모든 부하들이 죽음을 불사한 중요한 전투였다. 이런 전투에서 승리했다면, 먼저 전쟁의 승리를 치하하며 아군의 피해는 크지 않았느냐고 물었어야 했다.

그러나 다윗은 전혀 뜻밖의 반응을 보였다. 다짜고짜 "젊은 압살롬은 잘 있느냐"(삼하 18:29)라며 압살롬의 생사를 물었다. 압살롬이 전사했다는 소식을 듣는 순간, 다윗은 심장이 멎는 것 같은 슬픔을 느꼈다. 성경은 "왕의 마음이 심히 아파 문 위층으로 올라가서 우니라"(삼하 18:33)라고 했다. 이것은 다윗의 마음이 격하게 동요했다는 표현이다. 격렬한 전율에 사로잡힐 만큼 슬퍼 탄식했다는 말이다. 그는 성문 위로 올라가면서 다섯 번이나 "내 아들 압살롬아"라며 아들의 이름을 부르며 "차라리 내가 너를 대신하여 죽었더면"이라고 울부짖었다.

사실 정상적인 군주라면, 아무리 아들이라도 반란군의 수괴가 죽었을 때 이렇게 해서는 안 되었다. 오히려 목숨을 걸고 반란군과 싸워 승리한 부하 병사들을 치하했어야 했고, 전사한 부하들의 가족을 위로했어야 했다.

그런데 다윗은 오히려 압살롬의 죽음을 가슴 아파했다. 아들이 아니었다면 어림도 없는 일이다. 얼핏 보면 다윗은 공과 사를 구별하지 못하는 군주로 여겨질 수도 있었다. 그러나 이런 다윗의 모습에서 우리는, 우리 인간을 사랑하시는 하나님 아버지의 마음을 엿볼 수 있다.

탕자와 형과
아버지

이 스토리의 세 명의 핵심 인물인 압살롬과 요압과 다윗을 보면서 나는 누가복음 15장에 나오는 '돌아온 탕자' 이야기의 세 인물이 생각났다. 먼저 압살롬은 물어볼 필요도 없이 탕자다. 탕자는 아버지의 집에서 아버지의 사랑을 흠뻑 받고 온갖 풍요를 다 누리면서 자랐으나, 아버지의 재산을 반이나 챙겨 집을 떠났다. 그는 아버지의 재산을 타향에서 온갖 허영과 사치로 다 탕진하고 거지꼴로 전락했다. 압살롬도 아버지 다윗의 사랑을 받고 왕자로서 온갖 풍요를 다 누렸다. 그런데도 그는 반역을 일으켜 왕좌를 차지하고 아버지를 죽이려고까지 했다가, 처참하게 망했다. 압살롬의 배은망덕한 죄에 대해서는 언급할 가치도 없다. 죽어 마땅하다. 누가복음 15장의 탕자는 그래도 회개하고 집에 돌아온 까닭에 아버지의 용서를 받았다. 그러나 압살롬은 회개도 하지 못하고 비참한 최후를 맞았다.

두 번째로 요압이 있는데, 그는 탕자가 집에 돌아왔을 때 기뻐하지 못한 탕자의 형을 닮았다. 탕자의 형은 탕자인 동생의 귀환을 전혀 반기지 않고 오히려 화를 냈다. 자기는 그동안 아버지 집에서 충성을 다하며 성실히 일했는데, 아버지는 별 치하도 없고 아버지 재산을 타향에서 다 탕진해버린 저 못된 녀석이 돌아오니까 어찌 잔치를 열어주시느냐며 화를 냈다. 요압이 바로 그 심정이었을 것이다. 자신은 광야 시절부터 다윗의 군대를 지휘하며 온갖 고생을 다 했는데, 감히 아버지를 상대로 반역을 일으킨 저 못된 압살롬에게 다윗은 어찌 자비를 베풀려 하는가 하는 마음이었다. 요압은 압살롬은 죽어 마땅하다고 생각했다. 탕자의 형은 율법적이다. 정의를 말하고 심판을 말한다. 옳은 말을 하는데, 사랑이 없다. 무서운 논리와 정죄의 칼을 휘두를 뿐이다. 못난 자식도 끝까지 사랑하는 아버지의 마음을 이해하지 못한다.

마지막으로, 압살롬을 위해 울었던 다윗이다. 그의 모습은 재산을 다 탕진해버렸어도 돌아온 탕자를 따스히 감쌌던 탕자의 아버지와 같다. 사실 압살롬이 저지른 죄를 생각하면 백번 죽여도 시원찮다. 아버지를 모욕하고 아버지가 가진 모든 것을 빼앗은 걸로도 모자라, 대군을 몰고 쫓아와서 아버지를 죽이려고까지 했다. 그런데도 아버지이기 때문에 다윗은 그를 살리려 했고, 그의 죽음을 애통해했다.

이는 참으로 탕자 같은 인간들을 위해 우시는 하늘 아버지의 모습과도 같지 않은가? 마찬가지로 우리가 저지른 죄를 생각하면 우리는 죽어 마땅하다. 그러나 하나님 아버지는 독생자 예수 그리스도를 보내서 우리를 살리고자 하셨다. 도저히 이해할 수 없는 하늘 아버지의 크고도 넓은 사랑이다.

주 여호와의 말씀이니라 내가 어찌 악인이 죽는 것을 조금인들 기뻐하랴 그가 돌이켜 그 길에서 떠나 사는 것을 어찌 기뻐하지 아니하겠느냐 겔 18:23

그런데 교회 생활을 오래한 성도들이 의외로 하나님 아버지의 이 마음을 잘 모른다. 요압처럼 너무 날카롭고 너무 율법적으로 사람을 대한다. 옳고 그른 것을 따지려 하고, 남의 연약함을 정죄하려고만 한다. 하지만 우리는 우리의 허물을 용서하시는 하늘 아버지의 마음을 이해하기 위해 노력해야 한다. 하나님은 우리를 심판받아야 할 죄인으로 보시기 전에, 잃어버린 탕자로 보신다. 은혜가 필요한 아들로 보신다.

압살롬은 끝까지 회개하지 않고 반역의 길을 가다가 멸망했지만, 압살롬 같이 주님의 교회를 대적했다가도 회개하고 돌아온 사도 바울 같은 사람도 있다. 하나님의 용서와 사랑은 그렇게 신비한 힘이 있기에, 우리는 사람에 대해서 포기하거나 단정 짓지 말고, 아버지의 마음으로 사랑해야 한다. 그 런 마음으로 서로를 대할 때, 교회는 은혜가 넘칠 것이고, 구제도 전도도 선 교도 기쁘게 감당할 수 있을 것이다.

chapter 18

왕의 귀환

사무엘하 19:1-15

반란의 수괴 압살롬이 다윗의 부하장군 요압의 손에 비참하게 죽었다. 비록 압살롬은 아버지의 사랑을 배신하고, 아버지에게 칼을 겨눈 반란의 수괴였지만, 다윗은 아들 압살롬의 죽음을 접하고 비탄에 빠졌다.

다윗의 슬픔이
모두를 당혹하게 하다

다윗은 아들 압살롬을 잃고 큰 충격과 슬픔에 빠졌다. 한두 시간 조용히 방에 들어가 슬퍼하는 정도가 아니었다. 모든 부하와 백성이 보는 앞에서 몇 시간이 넘도록 계속 통곡했던 것 같다. 문제는 마하나임 성이 작은 성이고, 다윗은 일반인이 아닌 왕이었다는 사실이다. 그날 다윗을 위해 싸웠던 많은 병사도 죽었을 것이고, 성안에도 자식 잃은 부모들이 많았을 것이다.

그래도 큰 승리를 거두었기에 다들 참고 있었는데, 왕을 위해 목숨 걸고 싸운 아군이 아닌, 반란군의 수장의 죽음을 왕이 너무 공식적으로 드러내며 슬퍼하니, 어떻게 되었겠는가. 성안 분위기는 순식간에 어색하게 가라앉아 버렸다.

병력이나 무기, 물자 면으로 규모가 몇 배나 큰 반란군과의 전투에서 거둔 기적 같은 대승이었다. 보통 같으면 왕과 신하들, 백성들 모두가 춤을 추며 승리의 잔치를 벌여야 마땅할 국가적 경사였다. 그런데 전투 중에 죽임당한 반란군의 수장이 왕의 아들이라는 이유 하나 때문에, 왕은 실신할 정도로 큰 슬픔에 빠졌다.

왕의 통곡 소식이 귀환하는 병사들에게 전해지니까, 환호하며 돌아오던 다윗의 병사들이 갑자기 입을 다물고 눈치를 보기 시작했다. 그렇게 피땀 흘려 싸워서 승리해놓고도, 병사들은 기가 죽어서 마치 패배한 것처럼 조용히 성문으로 들어설 수밖에 없었다.

백성들도 의기소침해져서 마음껏 소리 지르며 이들을 환영하지도 못했다. 세상 어느 나라, 어느 역사에 이리 큰 대승을 거두고도, 이렇게나 썰렁한 분위기에서 귀환하는 병사들이 있었을까?

다윗은 그런 성안의 분위기와는 전혀 상관없이, 대놓고 더 애절하게 아들 압살롬의 죽음을 크게 통곡했다. 만약 다윗이 왕이 아니었다면 감히 반란군의 수장의 죽음을 애도하는 것만으로도 사형감이었다.

다윗의 슬픔은 단순히 아들을 잃은 이유 때문만은 아니었다. 이 모든 것이, 오래전 밧세바와의 불륜과 그것을 은폐하려고 그녀의 남편 우리야를 죽인 자신의 죄로 인한 하나님의 징계의 일부임을 다윗은 알았다. 이로 인해 자기 자식들 사이에 근친상간이 일어나고, 형제간의 살상도 일어나며, 마침내는 아들이 아버지를 향해 반역을 일으키다가 죽는 처참한 비극이 일어난 것이다. 영적 분별력이 뛰어난 다윗은 이 모든 일의 발단이 바로 자신의 죄였다는 것을 깨닫고 있었다. 그래서 한 가정의 가장으로서, 하나님 앞에서 다시금 자신의 죄를 통회하며 자복하고 있는 것이다.

그러나 다윗 왕의 그런 깊은 고뇌까지 백성들이 다 알 수는 없었기에, 겉으로만 보면 그는 그저 아들 잃은 슬픔에 공과 사를 구별 못 하는 리더로 비칠 수 있었다. 다윗은 공인이었기에, 조용히 아무도 안 보는 밀실에서 슬퍼하고 회개했어야 할 일이다. 일단 밖에 나와서는 왕으로서 자신의 위치와 자신만 바라보고 있는 백성들의 마음을 생각했어야 했다. 자신을 위해 압살롬의 반란군과 목숨 걸고 싸운 수많은 부하들을 생각했어야 했다. 모두의 희생과 하나님의 은혜로 기적 같은 승리를 거둬서 국가적인 잔치를 벌여야 하는 때였다. 그런데 오히려 모든 사람이 왕의 눈치를 보며 의기소침해져 버린 묘한 상황이 되었다.

우리도 상처를 크게 받아서 내가 너무 고통스러우면 다른 사람을 신경 쓰지 못하고 내 감정이 가는 대로 표현해버리는 때가 많다. 고통이 우리를 극한 이기주의자로 만드는 것이다. 그러나 어른이나 리더가 그렇게 하면 주변에 끼치는 피해가 크다. 힘들고 어려운 때일수록 감정을 조심스럽게 표현하자. 하나님 앞에 홀로 나가서 마음껏 울고 아파할지라도, 공동체 앞에서는 내가 가지고 있는 영향력을 생각하며 절제하는 법을 배우자.

요압이 다윗을
심하게 질책하다

이 상황을 지켜보던 군사령관 요압은 이대로 상황을 방치하면 성안 분위기가 끝도 없이 가라앉겠다고 판단했다. 그는 결국 자신이 총대를 메야겠다고 생각하고, 다윗 왕의 사무실로 들어와서 직언했다.

요압이 집에 들어가서 왕께 말씀드리되 왕께서 오늘 왕의 생명과 왕의 자녀의 생명과 처첩과 비빈들의 생명을 구원한 모든 부하들의 얼굴을 부끄럽게 하시니 이는 왕께서 미워하는 자는 사랑하시며 사랑하는 자는 미워하시고 오늘 지휘관들과 부하들을 멸시하심을 나타내심이라 오늘 내가 깨달으니 만일 압살롬이 살고 오늘 우리가 다 죽었더면 왕이 마땅히 여기실 뻔하였나이다 삼하 19:5,6

이번에는 요압의 말이 틀린 것이 하나도 없었다. 만약 이 전쟁에서 졌더라면 지금쯤 자신들이 어떻게 되었을지를 생각해보라는 것이다. 압살롬의 반란군은 왕과 왕의 자녀들과 아내들까지 무자비하게 다 죽였을 것이다. 지금까지 반란군이 행한 일들을 보면, 그 사실을 익히 짐작할 수 있다. 그 위험한 상황에서 다윗 왕의 병사들이 목숨 걸고 싸워, 다윗 왕가의 목숨을 구한 것이다.

그런데 왕을 위해서 자신들의 생명을 아끼지 않았던 군사들의 개선을 성대한 축제 분위기 속에서 맞아도 모자란 판에, 어찌 반역의 수괴 압살롬을 위하여 왕이 이토록 슬퍼함으로써 왕의 군대를 오히려 죄인처럼 만들 수 있느냐는 것이다. 이것은 다윗 왕께서 정작 사랑해야 할 부하 충신들은 미워하고, 미워해야 할 반역자 압살롬은 사랑하시는 것이 아니냐는 것이다. 요압은, 차라리 자신들이 다 죽고 압살롬이 살았기를 바라신 것은 아니냐고 했다. 실제로 그러진 않았겠지만, 지금 왕이 하는 말과 행동은 그런 오해를 모두에게 심어주고 있다는 뜻이다.

요압은 왕에게 이제라도 늦지 않았으니 정신을 차리고 상황을 수습하라고 직언했다. 지금이라도 빨리 나가서 왕을 위해 목숨 걸고 싸운 병사들의 공로를 치하하고, 전사자나 부상자의 가족을 위로하라고 했다. 그러지 않고 이 밤이 지나면, 왕의 옆에 아무도 남지 않고 다 떠나버릴 것이다. 반란군 수장의 죽음을 자신의 부하들의 희생보다 더 애통해하는 왕에게 누가 충성을 바치겠는가. 그런 상황이 되면 정말 모든 것이 끝나는 것이다.

요압은 다윗에게 "그 화가 왕이 젊었을 때부터 지금까지 당하신 모든 화보다 더욱 심하리이다"(삼하 19:7)라고 말했다. 그는 다윗의 청년 시절부터 수십 년 동안 환란과 기쁨의 시간을 함께해온 사람이다. 그런 사람으로서 다윗에게 지금이 당신의 인생에서 가장 큰 위기라고 경고하는 것이다. 그나마 다윗 곁에서 끝까지 남아 싸웠던 부하들의 마음마저 이렇게 낙심하게 하면, 정말 아무도 당신 곁에 남지 않을 것이라는 말이다. 잘못하면 모든 것을 다 잃고 완전히 망할 수도 있다는 말이다. 압살롬의 반역으로 민심이 돌아섰던 때보다 더 큰 위기가 바로 이것이었다.

군부의 실력자 요압이 아니면, 감히 다윗에게 이렇게 무례하게 직언할 수 있는 사람은 없었을 것이다. 물론 사태가 꽤나 심각하긴 했다. 하지만 아무리 그래도 요압은 신하고 다윗은 왕이다. 언어가 너무 직설적이고 과격했고, 거의 폭언에 가까운 무례한 어투였다. 조언을 해도 꼭 이렇게까지 과격한 말로 해야 하나 싶은 느낌이 든다. 성경은 우리가 '진리를 말해도 사랑 가운데 말해야 한다'고 가르친다. 다윗은 요압이 말하는 내용보다 그 사나운 어투에 상처를 받았을 것이다.

게다가 요압은 다윗의 당부를 무시하고 압살롬을 죽인 장본인이다(지금쯤 다윗도 그 사실을 보고 받아 알고 있었을 것이다). 그렇다면 요압은, 일단 자신이 왕의 당부를 어기고 압살롬을 죽인 것은 불가피한 일이었다고 한마디라도 사과하는 것이 도리였다. 그런데 너무나 오만하게 다윗 왕의 잘못만 질책하는 요압의 태도는 문제가 있었다. 게다가 요압은, 다윗의 슬픔이 단순히 압살롬의 죽음만이 아니라, 오래전 다윗 스스로가 저질렀던 죄들에 대한 회개까지 포함한다는 것을 알지 못했다. 최측근 신하도 미처 헤아리지 못하는 왕의 내면의 고통이 있는 법이다.

하지만 다윗은 모든 상황 속에서 하나님의 뜻을 분별하는 사람이 아니던가. 요압의 무례하고도 사나운 말에 상처는 받았지만, 정신을 차리고 자신의 잘못을 바로잡기로 했다.

다윗이 평정심을 되찾다

다윗은 정신을 수습하고 일어나 성문에 앉았다. 당시 이스라엘에서는 성문 앞에서 재판이나 행정, 소송 등이 이루어졌다. 따라서 "왕이 일어나 성문에 앉으매"(삼하 19:8)라는 말은 다윗이 다시 평정심을 되찾고 왕으로서의 임무를 재개했다는 의미다. 물론 요압의 무례할 정도의 직언도 영향이 있었겠지만, 궁극적으로는 하나님의 강권적인 섭리가 역사하신 것이다.

이 소식을 듣고 "모든 백성이 왕 앞으로 나아오너라"라는 말은 첫째, 시기적으로 늦긴 했지만 승리한 군대의 행진이 있었을 것이며, 백성들도 왕의 판결을 받아야 할 여러 가지 문제들을 가지고 다윗에게 나아왔다는 말이다. 이 말은 압살롬의 죽음에 평정심을 잃은 다윗으로 인해 잠시 중단되었던 통치가 다시 회복되었음을 보여준다.

이를 보면 다윗은 참으로 감성이 여리고 마음이 약한 사람이면서도, 동시에 하나님의 힘으로 다시 일어나는 자기 회복 능력이 강한 사람임을 알 수 있다. 오래전 광야 생활을 할 때, 시글락에서 모든 것을 잃고 부하들에게도 버림받았던 적이 있지 않았던가. 그때도 다윗은, 하나님 앞에서 울며 쓰러질 것 같았다. 그러나 하나님을 예배하며 다시 일어나서 모든 것을 회복시켰다. 다윗의 시편들을 쭉 보면 항상 절망적인 슬픔을 마음껏 토로하면서도 결론은 늘 하나님의 힘으로 다시 평정심을 되찾고 일어나는 내용들이다.

이번에도 그랬던 것 같다. 다윗은 분명 아들의 죽음으로 지나친 상심에 빠져서 평정심을 잃었다. 그런 그의 모습은 목숨 걸고 싸워 승리를 얻어낸 부하들을 오히려 의기소침하게 만들었다. 왕으로서 분명히 잘못한 것이다. 그러나 지도자도 사람이다. 몸과 마음이 무너져 내려서, 주변 사람들에게 미칠 영향까지는 미처 생각하지 못하고, 감정을 쏟아내며 주저앉을 때가 있다. 백성들도 그것을 알기에 어쩔 줄 몰라 하면서도 잠잠히 기다려준 것이 아닐까.

하지만 이 시간이 너무 오래가면 모두가 낙심의 늪에 가라앉아서 큰 사달이 날 수도 있다. 하나님의 사람은 잠시 무너져 내렸다가도, 성령의 힘으로 오뚝이처럼 다시 일어난다. 바로 다윗이 그랬다. 지금 혹시 슬픔과 낙심의 늪에 빠져서 일어나지 못하고 있는 사람이 있다면, 하나님의 손을 잡고 다시 일어서기를 바란다.

반란 세력들의 회개와 고민

8절 끝부분에서 "이스라엘은 이미 각기 장막으로 도망하였더라"라고 했다. 여기서 '각기 장막으로 도망한 이스라엘'은 에브라임 수풀 전투에서 전사한 이만 명을 제외하고, 간신히 목숨을 건진 반란군 잔여 세력들을 말한다. 그들은 모두 자기들이 속한 지파의 땅으로 돌아갔을 것이고, 그들의 입을 통해 에브라임 수풀 전투 뉴스가 이스라엘 전역에 알려졌을 것이다. 아마 이스라엘 땅 전체가 큰 충격에 빠졌을 것이다. 그 막강한 열두 지파 연합군이 그렇게 단 하루의 전투로 어이없이 무너지리라고는 아무도 생각지 않았기 때문일 것이다.

다윗의 시대는 가고, 압살롬의 시대가 열릴 것이라 믿고 그에게 충성을 바쳤던 대부분의 이스라엘 사람은 아마 큰 혼란에 빠졌을 것이다. 고금의 역사에서 그 어떤 왕도 반역에 가담했던 사람들에게 자비를 베풀지 않았기 때문이다. 따라서 반란에 동조했던 사람들은 자신들이 앞으로 살아남기 위해서 어떻게 해야 하는지 의견이 분분했다.

이스라엘 모든 지파 백성들이 변론하여 이르되 왕이 우리를 원수의 손에서 구원하여 내셨고 또 우리를 블레셋 사람들의 손에서 구원하셨으나 이제 압살롬을 피하여 그 땅에서 나가셨고 삼하 19:9

여기서 "이스라엘 모든 지파"는 유다 지파를 제외한 이스라엘 열한 지파를 말한다. 한글 개역개정성경에는 이들이 '변론하여'라고 되어 있는데, 실은 서로 '다투었다, 의견이 분분했다'라고 번역하는 것이 더 정확하다. 그들이 섬겼던 가짜 왕 압살롬이 죽고 반란이 실패하자 그들은 패닉에 빠졌다.

먼저 그들은 다윗 왕이 그동안 어떻게 수많은 이방 나라들과의 전투를 통해서 자신들을 구원해 냈는지를 기억했다. 그런 다윗 왕을 배신하고 자신들은 압살롬 편에 붙어서 이 땅에서 그를 몰아낸 것이다. 반란이 실패하고 나서야 그들은 정신을 차렸다.

누가복음 15장의 돌아온 탕자 비유가 여기서 또다시 생각난다. 탕자는 타향에서 모든 것을 잃고 돼지 쥐엄 열매를 먹는 비참한 신세로 전락하고 나서야, 아버지의 집이 얼마나 풍족한 곳이었는가를 기억했다. 반란에 가담했던 백성들은 자신들의 왕 다윗이 얼마나 좋은 왕이었는지를 기억해야 했고, 그런 왕을 배신한 것이 얼마나 큰 죄였는지를 기억해야 했다. 그래야 회개하고 다시 집으로 돌아올 수가 있다.

그들은 입을 모아 말했다.

우리가 기름을 부어 우리를 다스리게 한 압살롬은 싸움에서 죽었거늘 삼하 19:10

이들의 말대로 압살롬은 인간들을 선동해서, 인간들이 추대한 왕이다. 그러나 다윗 왕은 하나님이 기름 부으신 왕이다. 인간들이 세운 왕은 결코 하나님이 세운 왕을 이기지 못한다. 그래서 압살롬은 한때 강성하다가도 모래성처럼 무너진 것이다.

그런데 중요한 것은 당시 히브리 문화에서 어쨌든 한 번 기름 부어 압살롬을 왕으로 세웠다는 건, 선왕 다윗 왕권의 종식을 의미했다. 압살롬이 비록 죽었다고 하더라도, 이미 왕의 즉위식을 치렀던 만큼 다윗이 섣불리 다시 왕의 자리에 앉을 수는 없었다. 따라서 그가 예루살렘으로 귀환하기 위해서는 압살롬의 기름 부음 받음이 무효라는, 즉 다윗이 복권할 수 있는 명분이 필요했다. 그 명분은 바로 이스라엘 열두 지파 전체의 자발적이고 전폭적인 지지였다.

압살롬이 망함으로써, 그를 따랐던 모든 이스라엘 사람들도 망한 것이었다. 그것은 참된 왕 다윗을 버리고 잘못된 왕 압살롬을 섬겨 따랐기 때문이다. 이제 그들은 잘못된 왕을 따랐던 과거를 청산하고, 참된 왕을 다시 자기들의 인생의 왕으로 모셔 와야 했다. 이것은 제삼자가 대신해줄 수 없는, 오직 자기 자신들의 결단으로 해야만 하는 일이었다.

그들은 원래 다윗의 백성들이었는데, 잠시 가짜 왕 압살롬에게 미혹되어 잘못된 선택을 해서 인생이 망했다. 이제 진짜 왕 다윗이 승리했고, 귀환할 준비를 하고 있었다. 그렇다면 이들은 빨리 가짜 왕을 따랐던 자신들의 죄를 참회하고, 달려 나가 진짜 왕을 맞아들여야만 했다.

우리도 하나님만 따라야 할 주의 백성들인데, 잠시 가짜 왕 마귀에게 미혹되어 잘못된 길을 가다가 망했다면, 빨리 회개하고 돌아와서 진짜 왕을 맞아들여야 한다. 망했는데도 원인을 깨닫지 못하고 뭉그적거리면, 사태는 더 악화될 것이다. 이 선택은 누구도 대신해 줄 수 없는 우리 자신의 결단만으로 해야 하는 일이다.

볼지어다 내가 문 밖에 서서 두드리노니 누구든지 내 음성을 듣고 문을 열면 내가
그에게로 들어가 그와 더불어 먹고 그는 나와 더불어 먹으리라 계 3:20

자, 그렇게 이스라엘 지파 사람들은 다윗을 다시 모셔 와야 한다는 결론
에는 도달했다. 하지만 그들은 자신들이 살아남기 위해서 걱정하고 고민하
며 정치적으로 결정한 것이지, 하나님 앞에서 함께 기도하며 한 마음이 된 것
은 아니었다. 다윗이 자신들을 용서하고 받아줄 것인지에 대한 의심과 걱정
이 많았다. 그래서 왕의 환궁을 추진하기로 해 놓고도 바로 실천에 옮기지
못하고, 서로 갑론을박하면서 소중한 시간을 허비했다.

다윗이 유다 지파에
먼저 손을 내밀다

이렇게 되자 다윗도 마음이 초조해졌다. 그래서 은밀히 사독과 아비아달,
두 제사장을 통해서 유다 지파 장로들에게 밀사를 보냈다. 다른 열한 지파
들이 이러이러한 논의를 하고 있는데, 어째서 유다 지파가 좀 더 앞장서지 않
느냐고 재촉했다.

다윗은 유다 지파 출신이었고, 오래전 유다의 헤브론에서 먼저 왕으로 추
대된 후에 전 이스라엘의 왕이 되었었다. 그런데, 압살롬도 반역을 일으킬 때
헤브론에서 시작하여 유다 지파의 지지를 등에 업고 시작한 것이다. 가장 다
윗의 편이 되었어야 할 유다 지파가 다윗을 배신한 셈이었기에, 이들을 향한
다윗의 분노가 클 것이 분명했다. 게다가 압살롬 반란군의 사령관 아마사
도 유다 지파였다. 따라서 유다 지파 지도자들은 자신들이 다윗이라면 결

코 자기들을 가만두지 않을 것이라는 두려움에 사로잡혀 있었다. 다윗은 그런 마음을 짐작하고 먼저 그들에게 손을 내민 것이다.

다윗도 인간적인 감정으로만 생각한다면 반역에 가담한 그들이 너무나 괘씸했을 것이다. 그러나 그렇다고 해서 자신의 출신 지파요, 이스라엘 열두 지파 중 가장 인구가 많은 지파이자, 수도 예루살렘이 그 영역 안에 있는 유다 지파를 모두 적으로 돌릴 수는 없었다. 그렇게 해서는 결코 온전히 왕권을 회복할 수 없었다. 그래서 과거의 모든 잘못을 용서하고, 유다 지파를 적극 포용하기로 한 것이다. 왕의 자리란 그런 것이다. 사적인 분노를 참고, 알면서도 속아주고 용서해주어야 할 때가 있는 법이다.

다윗은 자신이 유다 지파 출신이기 때문에, "너희는 내 형제요 내 골육"임을 강조한다. 아무리 당신들이 한때 압살롬에게 미혹되어 그의 반역을 도왔다고는 하나, 어찌 내가 형제인 당신들을 버리겠느냐는 것이다. 정치 보복은 없을 것이니 안심하라. 오히려 당신들이 다른 열한 지파들보다 앞장서서 나의 환궁을 추진한다면, 다시 모두 새롭게 새 역사를 시작할 수 있지 않겠느냐는 것이다.

그뿐이 아니었다. 다윗은 압살롬 반란군의 총사령관이었던 아마사에게 '너와 나는 골육'임을 강조했다. 실제로 아마사는 다윗의 조카요, 요압의 사촌이었다. 허나 아마사는 압살롬 반란군의 총사령관이었다. 전범 1호로 처벌해야 할 인물을 다윗은 용서할 뿐 아니라, 요압 대신 자신의 군대 사령관으로 삼겠다고 한다. 그것도 하나님의 이름을 걸고 꼭 그렇게 하겠다고 공표한다.

이것은 파격이 아니라 충격에 가까운 인사였다. 아마 다윗은 반란군의 군장인 아마사를 빨리 회유함으로써 추후에 일어날지도 모르는 반란을 미연에 방지하고, 유다 지파를 안심시키려 했던 것 같다. 또한 자신의 뜻을 어기고 압살롬을 잔혹하게 참살한 요압, 그러고서도 사나운 말로 무례할 정도로 자신을 질책한 요압을 다윗은 더 이상 그냥 참아줄 수 없었던 것 같기도 하다.

그러나 아무리 그렇다고 해도, 이는 좀 무리한 결정이었다. 미우나 고우나 요압은 목숨 걸고 싸워 반란을 진압한 장군이었다. 그런 큰 공이 있는 장군을 해임하고, 그 자리에 어제까지 반란군의 수장이었던 사람을 앉힌다는 것은 너무한 일이었다. 통치는 상벌이 공정해야 하는 법인데, 이것은 목숨 바쳐 반란군과 싸웠던 다윗의 군대 전체가 납득할 수 없는 일이었다. 결국, 이 일은 군부와 백성들 사이에 큰 반발을 일으키게 되고, 이 불공평한 인사에 분노한 요압으로 하여금 아마사를 죽이게 만드는 원인 제공을 한다.

하지만 아마사를 군대 사령관으로 임명하겠다는 다윗의 파격적인 제안은 당장은 유다 지파를 안심시키는 효과가 있었다. 모든 유다 사람의 마음이 하나같이 다윗에게 기울게 되었고, 그들은 사자를 보내 왕의 귀환을 적극 요청했다. 이로써 다윗은 자신의 계획대로 유다 지파의 전폭적인 지지를 등에 업고 요단강을 건너오게 되었다. 유다 족속은 다윗을 영접하여 함께 요단을 건너기 위해 길갈에 도착했다. 다윗의 인간적인 술책은 잠시 성공하는 듯 보였다. 그러나 이는 곧 다른 이스라엘 지파들 사이에 큰 오해와 분열이 일어나게 하고, 또 하나의 큰 반란 사건으로 이어지게 된다.

참으로 안타까운 일이다. 다윗은 자기가 속한 유다 장로들의 경쟁심을 부추겨 그들로 하여금 다른 지파들보다 먼저 자신의 예루살렘 귀환을 추진하게 하려 했다. 그러나 이것은 유다 지파와 다른 이스라엘 열한 지파를 혈육이라는 기준으로 가르는, 왕으로서 결코 하지 말아야 할 일이었다. 지금 다윗은 유다만이 아닌 이스라엘 전체의 왕이기 때문이다. 비록 반란군은 패배했지만, 아직 민심이 흉흉했다. 그래서 왕은 어느 때보다도 더 이스라엘 전체를 포용해야 했다. 그런데 왕이 단편적인 시각으로 자신이 속한 유다 지파에 혈육으로 호소하는 잘못된 방법을 썼다.

만약 사자를 보내 백성들로 하여금 서둘러 왕의 환궁을 준비하라고 재촉하려 했다면, 유다 지파뿐 아니라 다른 이스라엘 지파 모두에게 보냈어야 했다. 그랬다면 유다뿐 아니라 모든 지파들이 함께 나와 다윗의 귀환을 환영했을 것이고, 앞으로 벌어질 여러 불행한 사태들을 막을 수 있었을 것이다.

다윗이 예루살렘으로 돌아와 왕권을 회복하는 것은 반드시 해야 하는 중요한 일이었다. 하지만 아무리 목표가 옳아도 그것을 이루는 과정을 무시할 수는 없다. 중요한 일일수록 하나님의 뜻을 물어서 신중하게 행해야 했다. 기도하며, 하나님의 때를 따라서, 하나님의 방법대로 해야 했다. 그런데 조급해진 다윗이 하나님께 기도하지 않고 무리수를 두었기 때문에 여러 문제를 야기하게 되었다. 하나님의 뜻을 행하는 과정에서도, 우리는 한걸음 한걸음 하나님의 뜻을 물으면서 가야 한다.

왕이 있어야 할 자리, 예루살렘

비록 그 과정에서 방금 언급한 무리수를 두긴 했지만, 그래도 어떻게든 예루살렘으로 돌아가려는 다윗 왕의 열정만큼은 높이 살 필요가 있다. 반란군을 물리친 다윗은 어떻게 해서든 속히 예루살렘으로 돌아가고자 했다. 자신이 있어야 할 곳이 바로 그곳이었기 때문이다.

사실 예루살렘에 돌아가면 수많은 문제들이 그를 기다리고 있을 것이었다. 예루살렘은 수십 년간 다윗이 다스려온 옛날의 예루살렘이 아니었다. 압살롬의 반란군이 점령하여 휘젓고 간 곳이다. 복구하고 회복해야 할 일들이 많았을 것이다. 아직도 도시 어느 곳이나 정부 조직 어디에 반란군의 잔여 세력들이 남아서 다윗을 노리고 있을지도 몰랐다. 또, 수많은 사람들이 반란군에 동참했기 때문에, 옥석을 가려서 누구를 벌하고 누구를 상줄 것인지 결정해야 했다. 포용하고 용서한다 해도 앞으로 제2의 반란을 막기 위해서 어느 정도의 정의는 세워야 했다. 이제 누구를 믿어야 할지 알 수 없는 상태에서 정부 조직 인사를 완전히 새로 다시 조정해야 했다.

이렇게 골치 아픈 일들이 산적해 있는 곳이 예루살렘이었다. 그러나 아무리 힘들고 어려워도 다윗은 사명의 자리, 예루살렘으로 반드시 돌아가야만 했다. 거기서 하나님이 주신 사명을 감당해 내야만 했다. 마하나임 성에 계속 머물러 있으면 몸은 편해도 마음은 편하지 않았을 것이다. 우리의 영혼은 우리가 있어야 할 사명의 자리, 예루살렘에 있어야 평안을 누린다.

유다 백성들은 나라가 망하고 이방에 포로로 끌려갔을 때 자나 깨나 예루살렘으로 다시 돌아오기를 갈망했다. 끌려간 나라는 세계 최강대국들이어서 자리 잡고 나니 육체적으로는 훨씬 살기 편했는데도, 그들의 마음은 항상 예루살렘에 가 있었다.

그렇다. 하나님의 백성들은 예루살렘과 영적으로 연결되어 있었기 때문에 그곳을 떠나서는 기쁨이 없을 수밖에 없었다. 그래서 우리는 어떤 일이 있어도 반드시 우리가 지켜야 할 예루살렘으로 돌아가야만 한다. 그곳은 편하고 쉬운 자리는 아닐 것이다. 내게 영광과 함께 실패와 상처도 안겨준 곳일 것이다. 그러나 그곳에서 다윗은 왕으로서 나라를 경영해야만 했다. 그것이 하나님의 뜻이었다.

우리에게도 하나님이 섬기라고 세워주신 자리, 예루살렘이 있다. 교회도 예루살렘이고, 가정도 예루살렘이다. 거기에 내가 지켜야 할 자리가 있다. 힘들어도 다시 돌아가서 그곳을 지킬 때, 하나님이 주시는 평안과 기쁨과 축복을 누릴 것이다. 상처와 실패가 있었던 자리이지만 사명의 자리이기에, 순종하는 마음으로 다시 돌아가면 하나님께서 감당할 은혜를 주실 것이다. 선한 능력으로 다시 일어나게 하실 것이다.

선한 능력으로 일어서리

올해는 제가 섬기는 새로운교회 창립 14주년이 되는 해입니다. 창립기념 주일예배 후에 저와 친분이 있는 한 구약학 전공 신학 교수님이 미국에서 메시지를 보내주셨습니다.

"14는 다윗의 숫자입니다(4 + 6 + 4)."

저는 그 짧은 메시지에 깜짝 놀랐습니다. 히브리어 알파벳에는 그 알파벳 마다 숫자 값이 있는데, 다윗의 히브리어 이름의 숫자 값을 모두 더하면 '14' 라는 숫자가 나옵니다. 신약 사복음서 중에서 유대인들을 향한 복음서라고 할 수 있는 마태복음에는, 예수님의 족보를 설명하면서 아브라함부터 예수 님까지의 족보를 14세대씩 세 번에 끊어서 표현했는데, 이는 다윗의 숫자를 세 번 사용하여 다윗의 자손으로 오신 예수님을 강조한 것입니다.

코로나를 지나오며 우리 교회는, 강원도 정선에서 성인과 아이들 모두 합쳐서 이천 명이 함께 2박 3일 동안 "다윗-새벽을 깨우는 사람"이라는 주제로 가족 리트릿을 진행했습니다. 그리고 이번에 다윗에 관한 책을 내게 되었는데, 마침 올해가 우리 교회 창립 14주년으로 다윗의 숫자인 14를 담은 해라는 것이 우연치고는 너무 놀랍다고 생각했습니다. 올해 저와 제가 섬기는 교회, 그리고 이 책을 읽는 독자 여러분에게 인생의 거룩한 돌파구가 열리게 되리라는 기대감이 생겼습니다.

2년이 넘는 기간 동안 다윗의 전 생애를 설교하면서 새삼스레 깨달은 것이 있다면, 그는 선으로 악을 이긴 사람이었다는 점입니다. 다윗은 십 년이 넘는 세월 동안 사울 왕이 자신을 광야로 내몰고 집요하게 쫓아다니면서 죽이려 했음에도, 악으로 사울을 대하지 않았습니다. 두 번이나 사울을 죽일 수 있는 기회가 있었음에도, 그 기회를 스스로 포기하고 사울을 살려주었습니다. 그리고 그 선택을 후회하지 않았습니다.

그뿐만이 아닙니다. 다윗이 왕이 되고 한참이 지난 뒤에도 사울의 추종 세력들은 다윗을 향한 반란을 계속 시도했습니다. 그중 하나가 베냐민 지파의 족장 시므이였습니다. 사무엘하 16장을 보면 압살롬의 반역을 피해 피난 가는 다윗 일행을 향해 시므이는 입에 담을 수 없는 사나운 말로 저주합니다. 아무리 패주해 달아나는 다윗이지만, 그 주변에는 호랑이 같은 용사들이 많았기에 마음만 먹으면 당장 그를 응징할 수 있었을 것입니다. 그러나 다윗은 묵묵히 참고 가던 길을 계속 갔습니다. 훗날 다윗이 반란을

진압하고 돌아왔을 때, 시므이가 완전히 달라져서 아부하며 화해하자고
했을 때도 그는 못 이기는 척 또 참고 시므이를 품습니다.

저는 그런 다윗을 보면 로마서 12장 21절의 "악에게 지지 말고 선으로
악을 이기라"라는 말씀이 생각납니다. 어떻게 선(善)으로 악(惡)을 이길 수
있습니까? 사도 베드로가 이에 대하여 성경적인 해답을 줍니다.

> 악을 악으로, 욕을 욕으로 갚지 말고 도리어 복을 빌라 이를 위하여 너희가 부르심
> 을 받았으니 이는 복을 이어받게 하려 하심이라 벧전 3:9

'선으로 악을 이기는 길'의 첫 단추는 일단 '악을 악으로 갚지 말고 욕을
욕으로 갚지 말아야 한다'는 것입니다. 왜냐하면 복수는 끝없이 이어지기
때문입니다. 악을 악으로 갚기 시작하면 저쪽에서도 똑같이 할 것이고, 그
렇게 이어지다 보면 끝이 없습니다.

동유럽에 백 년이 넘도록 서로 원수처럼 싸우는 두 집안이 있다는 이야
기를 들었습니다. 그 긴 세월 동안 양가에서 죽어 나간 사람들이 수십 명이
넘고, 남자들은 무서워서 바깥출입도 잘 안 한다고 합니다. 얼마나 불행합
니까.

악을 악으로 갚는 인생은 모두가 지는 게임입니다. 다 같이 망하는데,
자기만 망하는 게 아니라 자손까지 망합니다. 누군가가 악의 사이클을 끊

어야 하는데, 바로 예수 믿는 사람이 그 일을 해야 합니다.

왜 성경 말씀은 악을 악으로 갚지 말라고 할까요? 왜 선으로 악을 이기라고 할까요? 왜냐하면 악을 악으로 이길 수 없기 때문입니다. 어떤 영화 대사에서 "나쁜 놈 잡으려면 그보다 더 나쁜 놈이 되어야 한다"라고 했는데, 그건 틀린 말입니다. 그러면 그보다 더 나쁜 악인이 또 나타날 것이고, 그렇게 계속 가다 보면 세상은 악인들로 가득 차서 망해버릴 것입니다.

적에게 유리한 싸움터로 끌려가서 싸우면 백전백패입니다. 악은 더한 악을 만듭니다. 칼 든 사람 이기려고 총을 만들면, 곧 저쪽에선 대포를 들고 나오고, 이쪽에선 핵무기를 들고 나오게 되어 있습니다. 그러면 세상은 점점 더 악한 자들의 소굴이 되고, 그게 마귀가 원하는 것입니다. 그러므로 우리는 결코 악을 악으로 이기려 해선 안 된다는 것입니다.

우리에게 주신 하나님의 지침은 선으로 악을 이기는 것입니다. 악한 자를 우리가 유리한 전쟁터, 선으로 끌어오는 것입니다. 지구와 중력이 다른 화성으로 가면 제대로 움직일 수 없어서 당황하듯이, 세상이 알 수 없는 사랑, 세상이 알 수 없는 용서의 세계로 악인들을 끌고 오면 그들도 당황하기 시작합니다. 거기에서는 성령이 역사하시기 때문에, 악인들은 자기도 모르게 마음이 부서지고 변하기 시작합니다. 우리가 선으로 악과 맞설 때, 예수님의 보혈이 거기서 역사하기 시작합니다.

한 걸음 더 나아가서, 너에게 악을 행하고 욕을 한 사람을 위하여 "복을 빌라", 즉 '축복해주라'고 하십니다. 그게 선으로 악을 이기는 길이라는 것입니다. "이를 악물고 기도해서 용서하는 것까지는 어떻게 해보겠는데, 어떻게 축복까지 해줍니까? 이건 성경말씀이 너무 심한 것 아닙니까?"라고 생각할 수도 있겠지요.

그런데 말씀은 분명합니다. 하나님께서는 하나님의 자녀에게 입술의 권세를 주셨습니다. 이것은 천사를 동원하고 마귀를 묶을 수 있는 권세입니다. 하나님께서는 그 입술의 권세를 가지고 우리를 핍박하는 자들을 축복하라고 하시는 것입니다.

힘들겠지만, 우리가 입술로 핍박하는 자들을 축복할 때 영의 세계에서 어떤 놀라운 일이 일어난다고 저는 믿습니다. 그러니까 하나님께서 힘들어도 하라고 하신 것 아니겠습니까.

마귀는 미움과 저주를 먹고 삽니다. 그러므로 우리가 미워하고 저주하면 마귀에게 밥을 주는 격이 되어, 오히려 마귀는 더 힘을 받고 날뛰게 됩니다. 그러나 우리가 마귀의 기대와는 다르게 우리를 저주하는 자를 용서하고 축복해버리면 마귀의 세력이 급속도로 힘을 잃기 시작합니다. 마귀가 먹고 사는 미움이라는 밥을 우리가 주지 않고, 오히려 마귀를 무너뜨리는 사랑을 흘려보냈기 때문에 마귀는 약해지고, 천군 천사가 역사하며 영혼들을 변화시킬 것입니다. 저주하는 말은 파괴하는 능력밖에 없지만, 축복하는 말은 사람을 변화시키는 능력이 있습니다.

베드로는 이렇게 하는 것은 우리가 "복을 이어받게 하려 하심이라"라고 했습니다. 영어성경에 보면 '축복을 유산으로 물려받는다'(inherit a blessing)라고 표현되어 있습니다. 하나님께 순종하여 복 받았던 믿음의 선진들의 복을 우리도 유산처럼 물려받을 수 있다는 것입니다. 아브라함이 받았던 복, 다윗이 받았던 복을 우리도 풍성히 받고 누릴 수 있습니다. 원수까지 축복하는 하나님의 말씀을 실천하면 말입니다.

우리를 욕하는 자들을 축복하는 것도 축복받는 비결입니다. 우리가 시므이 같은 이들도 축복할 때, 하나님께서는 그 축복과 그 이상의 하늘 축복이 다 우리에게 돌아와 쌓이게 하실 것입니다. 세상이 아무리 악하게 우리를 공격해도 우리는 선한 능력으로 승리해야 합니다.

아들 압살롬의 반역이 다윗에게 얼마나 무섭고 괘씸한 일이었겠습니까? 그런데도 다윗은 끝까지 압살롬을 살리려고 했습니다. 악한 압살롬을 그와 똑같이 악하게 다루지 않은 다윗은, 예수님을 닮은 선한 지도자입니다. 이런 지도자가 악하고 교활한 자에게 당할 것 같지만, 하나님께서는 마지막 승리를 그에게 주십니다.

그러니 우리가 세상을 살아가면서 아무리 압살롬 같은 사람에게 상처받는다 할지라도, 같은 방법으로 보복해선 안 됩니다. 그러면 우리도 같은 사람이 됩니다. 우리는 악으로 악을 이기는 것이 아니라, 선으로 악을 이기는 사람이 되어야 합니다. 이기는 게 문제가 아니라 선한 능력으로 이겨야 합니다.

의심하지 말고 믿어주어야 하고, 보복하지 말고 용서해주어야 하며, 거짓으로 뜻을 이루려 하지 말고, 끝까지 진리를 말해야 합니다. 사랑으로 이기고, 기도로 이겨야 합니다. "그게 가능할까" 싶겠지만, 가능합니다. 다윗이 그러했고, 예수님이 그렇게 승리하셨습니다.

예수님을 믿는 우리는 그냥 능력이 아니라 선한 능력으로 일어나야 합니다. 그러면 영악한 악의 무리에게 항상 당하기만 하지 않을까 싶겠지만, 그렇지 않습니다. 세상적 인간들은 교활하지만, 하나님의 지혜는 차원이 다르기 때문에 결국 최후의 승자는 하나님의 사람입니다. 우리 모두 선으로 악을 이기는 다윗 같은, 예수님 같은 사람이 되어야 합니다.

다윗의 숨겨진 전설

초판 1쇄 발행	2023년 11월 1일
초판 2쇄 발행	2023년 11월 6일

지은이　　　　한 홍

펴낸이　　　　여진구
책임편집　　　이영주 박소영
편집　　　　　최현수 안수경 김도연 김아진 정아혜
책임디자인　　마영애 노지현 | 조은혜 이하은
홍보 · 외서　　진효지
마케팅　　　　김상순 강성민　　　마케팅지원　최영배 정나영
제작　　　　　조영석 허병용　　　경영지원　　김혜경 김경희 이지수

303비전성경암송학교 유니게 과정
이슬비전도학교 / 303비전성경암송학교 / 303비전꿈나무장학회

펴낸곳　　　　규장

주소 06770 서울시 서초구 매헌로 16길 20(양재2동) 규장선교센터
전화 02)578-0003　　팩스 02)578-7332
이메일 kyujang0691@gmail.com　　　홈페이지 www.kyujang.com
페이스북 facebook.com/kyujangbook　인스타그램 instagram.com/kyujang_com
카카오스토리 story.kakao.com/kyujangbook
등록일 1978.8.14. 제1-22

ⓒ 저자와의 협약 아래 인지는 생략되었습니다.
이 출판물은 저작권법에 의해 보호를 받는 저작물이므로 무단 전재와 무단 복제를 할 수 없습니다.

책값 뒤표지에 있습니다.
ISBN 979-11-6504-478-7　03230

규 | 장 | 수 | 칙

1. 기도로 기획하고 기도로 제작한다.
2. 오직 그리스도의 성품을 사모하는 독자가 원하고 필요로 하는 책만을 출판한다.
3. 한 활자 한 문장에 온 정성을 쏟는다.
4. 성실과 정확을 생명으로 삼고 일한다.
5. 긍정적이며 적극적인 신앙과 신행일치에의 안내자의 사명을 다한다.
6. 충고와 조언을 항상 감사로 경청한다.
7. 지상목표는 문서선교에 있다.

하나님을 사랑하는 자 곧 그의 뜻대로 부르심을 입은 자들에게는 모든 것이 合力하여 善을 이루느니라(롬 8:28)

규장은 문서를 통해 복음전파와 신앙교육에 주력하는 국제적 출판사들의
협의체인 복음주의출판협회(E.C.P.A:Evangelical Christian Publishers
Association)의 출판정신에 동참하는 회원(Associate Member)입니다.